Le triomphe de l'injustice

EMMANUEL SAEZ
GABRIEL ZUCMAN

Le triomphe de l'injustice

Richesse, évasion fiscale et démocratie

Traduit de l'anglais (États-Unis)
par Cécile Deniard

ÉDITIONS DU SEUIL
57, rue Gaston-Tessier, Paris XIXe

Ce livre est publié dans la collection
« Les livres du nouveau monde »
dirigée par Pierre Rosanvallon

Titre original : *The Triumph of Injustice*
Éditeur original : W. W. Norton & Company, Inc.
ISBN original : 978-1-324-00272-7

ISBN 978-2-02-141212-3

www.seuil.com

Préface à l'édition française

Tout le monde en convient : le système économique contemporain laisse au bord de la route une partie croissante des classes moyennes et populaires. Ce sentiment d'abandon s'exprime avec une vigueur particulière aux États-Unis, et l'on comprend aisément pourquoi. Les revenus des classes ouvrières américaines, en effet, ont stagné depuis le début des années 1980 ; l'espérance de vie décline depuis le milieu des années 2010 ; les ultra-riches s'acquittent de taux d'imposition qui sont désormais inférieurs à ceux des classes moyennes ; et, à la suite de l'explosion des frais d'inscription à l'université, les jeunes adultes entrent dans la vie active lestés de dettes.

En Europe, les inégalités n'ont certes jusqu'à présent pas augmenté aussi fortement qu'aux États-Unis, mais attendre que la situation se détériore autant de ce côté-ci de l'Atlantique pour agir serait une grave erreur. Du Brexit au mouvement des « gilets jaunes », en passant par l'émergence de nouveaux partis d'extrême droite dans des régions où ils étaient quasiment absents jusqu'au milieu des années 2010 (telles l'Espagne et l'Allemagne de l'Est), le mécontentement des électeurs face à la montée des inégalités économiques et géographiques est palpable.

De fait, l'injustice fiscale – c'est-à-dire le déclin de la progressivité des impôts, dans un contexte de montée des hautes rémunérations et d'explosion des grandes fortunes – n'est en rien spécifique aux États-Unis : c'est un phénomène mondial, aux manifestations politiques protéiformes. À l'origine, par exemple, le mouvement des « gilets jaunes » apparu à la fin de l'année 2018 peut se lire comme une révolte fiscale contre un pouvoir politique qui, venant d'abolir l'impôt de solidarité sur la fortune, cherchait à compenser le manque à gagner par une imposition accrue des carburants.

Que faire ? Si l'on en croit la plupart des commentateurs, taxer de façon plus juste les hauts patrimoines et les sociétés multinationales sur le Vieux Continent relève de l'utopie, car la concurrence fiscale est inscrite dans l'ADN de la construction européenne. L'Europe assure en effet une parfaite mobilité du travail et du capital, mais elle ne prévoit aucune politique fiscale commune. Les différents États membres sont ainsi libres de choisir leurs taux d'imposition comme ils le souhaitent. Même des taux de 0 % sur les bénéfices des grandes sociétés ne posent aucun problème au regard des traités existants. Tous les pays de l'Union européenne sont de même libres d'offrir des régimes fiscaux dérogatoires à de riches expatriés (la Grèce est le dernier pays en date en passe d'introduire un système de cette nature), aux professionnels hautement rémunérés (à l'instar du Danemark), ainsi bien sûr qu'aux sociétés multinationales (comme le font les Pays-Bas, l'Irlande ou le Luxembourg, entre autres).

Sans surprise, cette (non-)régulation économique s'est traduite par une course accélérée au moins-disant en matière d'impôt sur les sociétés, par la disparition des impôts sur la fortune, l'adoption d'une *flat tax* sur les revenus du capital, la baisse des taux marginaux progressifs d'imposition sur ceux tirés du travail, et la montée en puissance des impôts régressifs sur la consommation.

Cette dynamique n'est pas soutenable, car à terme elle ne peut que finir par miner le consentement à l'impôt, tout en alimentant la montée des inégalités, avec des conséquences sociales et politiques potentiellement explosives.

La bonne nouvelle, c'est que ce processus n'a rien d'inéluctable. Comme ce livre le démontre, la progressivité fiscale est parfaitement compatible avec la mondialisation, et la concurrence fiscale qui fait rage aujourd'hui pourrait vite être remplacée par une course au mieux-disant. Non seulement des solutions techniques existent pour réconcilier justice économique et intégration européenne et mondiale, mais, qui plus est, ces idées apparaissent de plus en plus viables politiquement, en cette fin d'année 2019.

Après des années de léthargie, de premiers pas sont ainsi en passe d'être accomplis pour limiter l'optimisation fiscale des multinationales. Plusieurs pays, à l'instar de la France en 2019, ont adopté des taxes sur l'industrie du numérique afin de remédier à la délocalisation des profits des multinationales dans les paradis fiscaux. Disons-le clairement : ces taxes sont très imparfaites et lacunaires. Elles ne sont pour le moment imposées que sur un seul secteur de l'économie, celui du numérique, alors même que la délocalisation des profits dans les paradis fiscaux est un phénomène généralisé, qui concerne aussi bien l'industrie pharmaceutique, celle de la finance, l'industrie manufacturière, ou bien encore le luxe. Les taux de ces taxes, de surcroît, sont minuscules. En dépit de ces défauts, leur adoption constitue le signe d'un début de volonté de reprise en main politique.

Il faudra bien sûr aller plus loin. Pour commencer, les plus grandes économies – dans lesquelles sont domiciliés la plupart des sièges sociaux des grandes entreprises – doivent policer leurs propres multinationales, c'est-à-dire collecter les taxes que les paradis fiscaux choisissent de ne pas prélever. La France, les États-Unis ou l'Allemagne – qui sont, avec tous les autres non-paradis fiscaux, les grands perdants de la concurrence fiscale et de l'évasion fiscale contemporaines – peuvent changer la face de la mondialisation en jouant *de facto* le rôle de percepteur fiscal de dernier ressort, éliminant toute incitation pour les centres financiers offshore à proposer une fiscalité réduite.

Il convient également de tirer les leçons de l'imposition de la fortune telle qu'elle a été pratiquée en Europe, avant d'être abandonnée par l'Allemagne et le Danemark dans les années 1990, la Suède en 2007 et la France en 2018. Ces expériences ont en commun trois défauts. Le choix, d'abord, de ne mettre aucun frein à la concurrence fiscale a miné ces impôts à mesure que l'intégration européenne progressait : pour échapper à l'ISF français, par exemple, il suffisait de s'exiler en Belgique ou en Suisse, Paris ne taxant pas le patrimoine de ses expatriés. Deuxième problème : l'Union européenne s'est montrée d'une grande faiblesse dans la lutte contre la dissimulation des fortunes dans les paradis fiscaux, tolérant des décennies durant l'évasion fiscale offshore. Les impôts sur la fortune européens avaient enfin fini par être mités par des niches fiscales, plafonnements et autres déductions permettant aux plus grandes fortunes de s'exonérer parfois complètement de ces impôts pourtant censés les frapper au premier chef.

Mais ces problèmes ont des solutions. Avec une politique de recouvrement volontariste – incluant des sanctions contre les paradis fiscaux et la construction d'un cadastre financier européen –, une taxation des exilés fiscaux et une valorisation systématique de toutes les formes de richesse à leur prix de marché, au-delà d'un seuil d'exonération élevé, rien n'empêche les États qui le souhaitent de taxer les grandes fortunes d'aujourd'hui.

Ces idées pour une nouvelle justice fiscale gagnent du terrain aux États-Unis. L'idée d'un impôt sur l'extrême richesse se trouve ainsi au cœur de la primaire du Parti démocrate pour l'élection présidentielle de 2020. Les propositions que nous formulons dans cet ouvrage pour mieux taxer les multinationales et stopper la concurrence fiscale ont de même été reprises par certains candidats, tels que la sénatrice du Massachusetts Elizabeth Warren.

Il ne faut pas s'étonner que l'Amérique se trouve actuellement à l'avant-garde de ces débats. Car, avant de faire machine arrière à partir des années 1980, ce sont les États-Unis qui, au XXe siècle, ont été le plus loin dans la régulation démocratique des inégalités *via* la fiscalité. L'histoire des impôts en Amérique, comme nous allons le voir dans les pages qui suivent, est pleine de retournements et révèle un éventail de possibilités riches et variées. Si l'on veut éviter que l'Europe ne s'enfonce dans la dérive inégalitaire et oligarchique qui a amené Donald Trump au pouvoir, il serait sage d'étudier cette histoire de près. Et si l'on veut commencer à réfléchir à des solutions adaptées au Vieux Continent, il n'est pas inutile d'observer attentivement les débats fiscaux américains contemporains.

Décembre 2019

Introduction

Réinventer la démocratie fiscale

Le premier débat télévisé de l'élection présidentielle américaine de 2016 – six semaines avant l'élection qui allait voir la victoire de Donald Trump – avait pourtant bien commencé pour Hillary Clinton. La candidate du Parti démocrate brillait dans son face-à-face avec la vedette de téléréalité qui avait remporté quelques mois auparavant la primaire républicaine. Nerveux et agressif, le candidat du Parti conservateur ne cessait de couper la parole à son adversaire, qui, bien préparée et détendue, marquait point sur point – quand soudain le thème de la fiscalité s'invita dans la conversation.

Rompant avec une tradition en vigueur depuis la candidature de Jimmy Carter en 1976, Donald Trump avait refusé de publier sa déclaration de revenus, prétextant un contrôle fiscal en cours. Hillary Clinton mit le magnat de l'immobilier au défi de parler de ses maigres contributions aux finances publiques : « Les seules déclarations qu'on lui connaisse remontent à l'époque où il cherchait à obtenir une licence de casino ; elles révèlent qu'il ne payait aucun impôt sur le revenu. » Trump l'admit fièrement : « *That makes me smart* » (« Ça prouve que je suis malin »), laissant Clinton sans voix.

Politiquement, la réplique de Trump avait une certaine habileté. Qu'un des hommes les plus riches des États-Unis puisse, de son propre aveu, ne payer aucun impôt était tellement absurde que cela renforçait l'argument central de sa campagne : l'élite de Washington avait trahi le pays ; les dés étaient pipés, pour les impôts comme pour le reste. Dans la réaction de Donald Trump, il y avait du Ronald Reagan, qui dans les années 1980 avait comparé l'impôt à un « racket permanent ». Pour Reagan comme pour Trump, c'est la quête de l'intérêt personnel qui assure la prospérité de tous. Le capitalisme met la cupidité humaine au service de l'intérêt général. Les impôts constituent un obstacle à la réalisation de ce grand dessein, et il est donc parfaitement louable de ne pas les payer.

En même temps, la petite phrase du magnat de l'immobilier révélait comme nulle autre le paradoxe de cette idéologie. La quête de l'intérêt personnel peut certes, jusqu'à un certain point, contribuer au bien commun ; mais, poussée à l'extrême, cette logique conduit à une impasse, car le chacun pour soi finit par miner la confiance et détruire les formes de coopération qui constituent le moteur de la croissance économique. Que serait Trump lui-même sans les infrastructures qui relient ses gratte-ciel au reste du monde, les enseignants qui lui ont appris à lire, les médecins qui le maintiennent en bonne santé, sans oublier les lois et tribunaux qui protègent ses propriétés ? Ce n'est pas l'égoïsme généralisé qui permet le développement des sociétés humaines, mais l'action collective. Or sans impôts il n'y a pas de coopération, pas de prospérité possible, pas de destinée commune – pas même de nation qui aurait besoin d'un président !

Avec la vantardise de Trump, c'est une contradiction fondamentale de la société américaine qui apparaissait au grand jour : il était devenu à ce point naturel que les riches ne contribuent pas aux finances publiques qu'un candidat à la présidence pouvait le reconnaître ouvertement sans que son adversaire ait de solution concrète à proposer. Le système fiscal – sans doute l'institution la plus importante de toute société démocratique – était manifestement à bout de souffle.

Nous avons écrit ce livre avec deux objectifs : comprendre comment les États-Unis ont pu en arriver là, et contribuer à les sortir de cette mauvaise passe.

Le triomphe de l'injustice

La petite phrase de celui qui allait devenir le quarante-cinquième président des États-Unis n'était qu'un indice parmi d'autres d'une nouvelle injustice. Alors même en effet que leurs revenus ont explosé au cours des quatre dernières décennies et que leurs fortunes ont atteint des sommets sans précédent, les Américains les plus riches ont vu leur taux d'imposition chuter. Au même moment, les salaires des classes populaires ont stagné, leurs conditions de travail se sont dégradées, leur endettement s'est envolé – et leurs impôts ont augmenté. Depuis 1980, le système fiscal a enrichi les gagnants de l'économie de marché et appauvri ceux qui n'ont guère profité des fruits de la croissance.

Toute démocratie se doit de débattre, en permanence, du poids souhaitable de la dépense publique et du degré idéal de progressivité de l'impôt. À la lumière des leçons de l'histoire, des expériences internationales, de meilleures données statistiques et de nouveaux raisonnements théoriques, il est naturel que les électeurs comme les nations elles-mêmes changent parfois d'avis. Mais les transformations du système fiscal des dernières décennies sont-elles le fruit d'un débat de fond ? Est-on bien sûr que l'effondrement de l'imposition des ultra-riches reflète le désir collectif de la société américaine ?

On peut en douter. Certaines de ces évolutions procèdent certes de choix conscients, mais la plupart ont été subies bien plus que choisies. Qu'on songe à l'essor de l'industrie de l'évasion fiscale, à l'émergence, avec la mondialisation, de nouvelles possibilités de contournement de l'impôt mises à profit par les multinationales, ou bien à la spirale de la concurrence fiscale internationale, qui a conduit les pays à réduire leur taux d'impôt sur les sociétés les uns après les autres : ces changements ne résultent pas d'un soudain désir populaire d'exonérer les plus aisés, mais bien plutôt de forces qui se sont imposées sans que les électeurs aient eu leur mot à dire. Que ces baisses d'impôt aient ou non des effets positifs sur la croissance, les bouleversements fiscaux de ces dernières décennies ne sont, pour l'essentiel, pas le fruit de choix rationnels issus d'un débat citoyen bien informé. Le triomphe de l'injustice fiscale est, d'abord et avant tout, un déni de démocratie.

La première contribution de ce livre consiste à retracer l'histoire de cette grande transformation. Ce récit n'est pas, pour l'essentiel, celui d'un affrontement gauche-droite classique, ni celui du triomphe des conservateurs anti-État sur les partisans de la redistribution. C'est une histoire moins bien connue : celle de la destruction du système fiscal hérité du *New Deal*, sans doute le plus progressif qui ait jamais existé dans le monde. Cette histoire est riche de leçons pour les États-Unis et pour le reste de la planète. À chaque étape de son démantèlement, le même schéma se répète : une recrudescence, d'abord, de l'évasion fiscale ; des responsables politiques, ensuite, qui, paralysés par des ennemis supposément invincibles (ici la mondialisation, là les paradis fiscaux ou l'opacité financière), laissent le phénomène s'envenimer ; et des gouvernements qui, pour finir, baissent les impôts des plus riches sous prétexte qu'il est devenu impossible de les taxer.

Afin de mieux comprendre cette dynamique, et quels choix (et non-choix) l'ont alimentée, nous avons mené une étude économique approfondie. En exploitant un siècle de données statistiques, nous avons estimé le taux effectif d'imposition de chaque groupe social aux États-Unis, des plus démunis aux milliardaires, de 1913 – année de la création de l'impôt fédéral sur le revenu – jusqu'à aujourd'hui. Nos séries prennent en compte tous les impôts, à tous les échelons administratifs : l'impôt progressif sur le revenu, bien sûr, mais aussi les impôts des différents États (comme la Californie, le New Jersey, etc.), les innombrables taxes sur la consommation, l'impôt sur les bénéfices des sociétés, l'impôt foncier des entreprises et des ménages, ainsi que les cotisations sociales. La distinction entre

« impôt des ménages » et « impôt des entreprises » n'a en effet aucun sens : tous les impôts sont *in fine* payés par des personnes physiques, et nos calculs allouent l'ensemble des prélèvements obligatoires à des Américains en chair et en os.

La spécificité de notre approche est son caractère systématique : Donald Trump peut bien se vanter de ne pas payer beaucoup d'impôts, mais qu'en est-il des autres grandes fortunes ? L'actuel locataire de la Maison-Blanche est-il une anomalie ou bien est-il représentatif d'un phénomène plus large ? Les cas individuels peuvent certes contribuer à susciter des prises de conscience, mais, aussi effarants soient-ils, ils ne permettent pas de comprendre ce qui se passe au sein de la société dans son ensemble. Pour étudier les bouleversements du système fiscal américain et leurs conséquences, nous avons donc combiné les données disponibles (statistiques officielles issues des déclarations de revenus ; résultats des contrôles fiscaux ; enquêtes auprès des ménages ; rapports sur les profits déclarés par les multinationales américaines dans leurs filiales offshore ; comptes macroéconomiques nationaux et internationaux) de manière méthodique et cohérente. Les statistiques économiques ne sont jamais parfaites et les nôtres ont leurs limites, que nous signalerons en temps voulu. Mais, en dépit de leurs imperfections, ces données mettent en lumière les choix, les lois et les politiques qui ont nourri l'injustice fiscale bien mieux qu'une succession d'études de cas.

Cette approche statistique complète, fruit de plusieurs années de recherches sur l'économie américaine, nous permet d'étudier sur une longue période les évolutions de la progressivité du système fiscal des États-Unis dans son ensemble, ce qu'aucun institut de recherche ni agence gouvernementale n'avait été en mesure de faire jusqu'à présent. Nos résultats révèlent l'ampleur des changements qui se sont produits depuis les années 1980, et notamment, pour la première fois, les conséquences de la présidence Trump en matière fiscale.

Qu'on en juge : en 1970, les Américains les plus riches payaient, tous prélèvements compris, plus de 50 % de leurs revenus en impôts, soit deux fois plus que les contribuables modestes. En 2018, à la suite de la réforme fiscale votée à la fin de l'année précédente (la seule législation d'ampleur des trois premières années de la présidence de Donald Trump) et pour la première fois depuis un siècle, les milliardaires ont été moins taxés que les classes moyennes et populaires, avec un taux d'imposition de tout juste 23 %. Les plus aisés ont vu leur niveau d'imposition ramené au celui qui était le leur dans les années 1910, à une époque où le poids de la dépense publique était quatre fois plus faible qu'aujourd'hui. C'est comme si un siècle d'histoire fiscale avait été effacé.

Pour une justice fiscale mondiale

Bien que les bouleversements fiscaux aient été extrêmes de l'autre côté de l'Atlantique, le triomphe de l'injustice n'est en rien l'apanage des États-Unis. La plupart des pays ont vu, à des degrés divers, les inégalités se creuser en même temps que la progressivité de l'impôt diminuait, dans un contexte de montée en puissance de l'évasion fiscale et de la concurrence fiscale internationale. Partout dans le monde, les mêmes questions se posent donc, et avec la même acuité. La mondialisation telle que nous l'avons connue jusqu'à aujourd'hui a-t-elle un avenir, si elle est synonyme d'impôts toujours plus faibles pour ses grands gagnants – les entreprises multinationales et leurs actionnaires – et toujours plus élevés pour ceux à qui elle ne profite guère ? Qui va garder foi dans la démocratie si les impôts votés par les représentants du peuple ne cessent d'accroître les revenus d'une minorité de contribuables favorisés ? Il n'y a pas de temps à perdre : il nous faut inventer les nouvelles institutions fiscales et les nouvelles formes de coopération qui permettront à la démocratie et à l'ouverture internationale de prospérer au XXIe siècle.

La deuxième contribution de ce livre consiste à proposer des solutions concrètes aux défis inégalitaires contemporains, applicables au-delà des États-Unis. Car nous en sommes convaincus : il est parfaitement possible de remédier à l'injustice fiscale, ici et maintenant. Rien dans la mondialisation ne remet fondamentalement en cause la capacité des États à taxer les grandes entreprises et les plus fortunés. Nous pouvons laisser les multinationales esquiver les impôts en enregistrant leurs bénéfices aux Bermudes ou au Luxembourg, ou bien nous pouvons décider de collecter les taxes que les paradis fiscaux choisissent de ne pas prélever. Nous pouvons accepter l'opacité financière et toutes les possibilités d'abus qui l'accompagnent, comme nous pouvons décider de mesurer, d'enregistrer et de taxer les hauts patrimoines. Nous pouvons tolérer l'existence d'une industrie qui aide les grandes fortunes à échapper à l'impôt, ou nous pouvons décider de l'encadrer et de faire le ménage dans les montages frauduleux. Le choix nous appartient, à nous citoyens du monde entier.

Beaucoup, à droite comme à gauche, sont aujourd'hui persuadés, souvent en toute bonne foi, qu'il est devenu quasiment impossible de taxer les multinationales. Essayez donc : elles se délocaliseront en Irlande, à Singapour et demain, qui sait, peut-être en Chine. Leur capital est immatériel ; il peut être transféré aux Bermudes en une nanoseconde. Les autres pays ont choisi de baisser leur taux ? Il nous faut, nous aussi, baisser nos taux. D'autres encore renoncent à taxer les multinationales et les grandes fortunes ? Il nous faut maintenant les imiter. La coordination fiscale internationale relève de l'utopie, et la course au moins-disant est le seul horizon réaliste.

Mais, aussi sincères et répandues soient-elles, ces croyances sont erronées. Au lieu du chacun pour soi fiscal, rien n'empêche les États de coordonner leurs politiques, comme ils ont su le faire par le passé dans bien d'autres domaines des relations économiques internationales. Bien sûr, certains pays et groupes sociaux n'y ont pas intérêt, car ils profitent de la mondialisation sous sa forme actuelle. Dans les pages qui suivent, nous étudierons l'arithmétique de la concurrence fiscale, ainsi que le rôle que cette dernière a joué dans la prospérité de certains acteurs et dans la montée des inégalités. Mais nous verrons aussi comment une poignée de pays agissant de concert (et même certains États unilatéralement) pourrait y mettre un terme ;

et comment la course au moins-disant fiscal pourrait assez vite être remplacée par une course au mieux-disant.

L'idée répandue selon laquelle les contraintes internationales ou des obstacles techniques rendraient illusoire tout horizon de justice fiscale en ce début de XXIe siècle ne résiste pas à l'analyse. En réalité, tous les scénarios sont possibles dans les décennies à venir : de la disparition pure et simple de l'impôt sur le revenu (une possibilité qui n'est pas à exclure si la tendance des quarante dernières années se poursuit) jusqu'à des niveaux de progressivité fiscale inédits, la palette des possibles est infinie.

Démocratie

Les milliardaires devraient-ils payer 23 % de leurs revenus en impôts, comme c'est aujourd'hui le cas aux États-Unis, ou plutôt 50 %, comme en 1970 ? Faudrait-il imposer les bénéfices des entreprises à 52 %, comme en 1960, ou à 21 %, comme depuis la réforme Trump de 2018 ? Ces questions ne seront jamais tranchées par quelques statistiques ni quelque science que ce soit, et fort heureusement ! Il n'appartient pas aux économistes d'y répondre, mais à tous les citoyens, par le débat démocratique et par le vote. Là où les économistes peuvent se rendre utiles, c'est en rassemblant les informations indispensables à un gouvernement du peuple, par le peuple, pour le peuple ; en rendant plus concrète la multiplicité des trajectoires possibles ; en montrant, par exemple, comment différentes répartitions de l'effort fiscal modifieraient les taux effectifs d'imposition et la croissance des revenus pour les différents groupes sociaux.

La troisième contribution de cet ouvrage consiste à créer un nouvel outil qui réponde précisément à cet objectif, sous la forme d'un site internet interactif, TaxJusticeNow.org. Ce simulateur – développé à ce stade dans le contexte américain, mais que nous espérons pouvoir étendre bientôt à d'autres pays – permet aux décideurs politiques, aux militants et à chacun (quelles que soient sa couleur politique, son école de pensée ou ses connaissances en matière d'économie) de simuler leur propre réforme fiscale et d'en évaluer les implications. Suffirait-il, par exemple, d'augmenter le taux marginal supérieur de l'impôt sur le revenu jusqu'à 70 % pour que le taux effectif d'imposition des milliardaires dépasse celui des Américains aux revenus plus modestes ? Imaginons que l'impôt sur les bénéfices des sociétés soit relevé à 35 %, ou que les États-Unis créent un impôt sur les très grandes fortunes : de combien les impôts des classes moyennes pourraient-ils être diminués, ou le déficit public réduit ?

Bien que ces questions jouent un rôle central dans le débat politique, il n'existait jusqu'à présent aucun moyen pour le commun des mortels d'obtenir des réponses précises. Le Trésor américain, le bureau du budget du Congrès et certains think tanks, comme le Tax Policy Center ou l'Institute on Taxation and Economic Policy, disposent bien de tels simulateurs, mais les journalistes, les candidats ou les électeurs n'y ont pas accès.

Dans ces conditions, les débats sur la fiscalité s'en tiennent souvent à de vagues généralités. À gauche de l'échiquier politique américain, on entend souvent dire que la fortune des 1 % les plus riches est telle que les taxer davantage rapporterait des sommes considérables. Ce n'est pas faux, mais cette affirmation mérite d'être précisée : combien d'argent y a-t-il réellement à récupérer en taxant davantage les plus aisés ? Et ces recettes supplémentaires suffiraient-elles à rendre l'enseignement supérieur gratuit ou l'assurance maladie universelle, comme le souhaite l'aile progressiste du Parti démocrate ? Chez les centristes, le refrain consiste à déplorer la prolifération des niches fiscales ; pour peu qu'on arrive à les supprimer, aucun autre changement ne serait nécessaire, d'après eux. Régler le sort de ces niches est bien sûr important, mais est-on bien certain que cela changerait vraiment grand-chose à la progressivité d'ensemble du système fiscal ? À droite, la doxa affirme que, si l'on additionne toutes les taxes, les taux supérieurs d'imposition sont déjà trop élevés. Alourdir encore l'imposition des hauts revenus serait punitif ou préjudiciable à la croissance ; les États-Unis feraient mieux d'instaurer une taxe sur la valeur ajoutée, comme c'est la norme ailleurs dans le monde. Pourquoi pas – mais un tel système fiscal ne serait-il pas encore plus régressif que celui en vigueur aujourd'hui ?

TaxJusticeNow.org fournit des réponses factuelles à ces questions, en se fondant sur une nouvelle approche économique. Notre simulateur tient compte de tous les prélèvements obligatoires, à tous les échelons administratifs, et pas seulement de l'impôt sur le revenu ou des impôts fédéraux. Il permet de simuler des réformes fondamentales telles que l'introduction d'un impôt progressif moderne sur les grandes fortunes ou d'un nouvel impôt sur le revenu pour financer un système de santé universel. En outre, alors que les outils existants cherchent avant tout à quantifier l'effet des réformes fiscales sur les recettes publiques, le nôtre en décrit les répercussions sur un paramètre trop souvent absent de ces débats : les inégalités.

La situation est en effet maintenant bien connue : les hauts revenus et les grandes fortunes américaines ont crû de manière exponentielle au cours des quatre dernières décennies, alors qu'ils ont stagné pour le reste de la population. La part du revenu national captée par les 1 % les plus riches est passée de 10 % en 1980 à quelque 20 % en 2019. La tendance va-t-elle se poursuivre ? Personne ne détient la réponse à cette question, car il n'y a rien de naturel dans l'évolution des inégalités. Tout va dépendre, pour l'essentiel, des politiques mises en œuvre par les gouvernements futurs, en particulier en matière d'impôts progressifs.

Si rien ne change, le scénario le plus probable est que la concentration des revenus continue de s'accentuer à moyen terme, en raison d'un effet boule de neige : les plus fortunés épargnent une fraction plus élevée de leur revenu que le reste de la population, ce qui leur permet d'accumuler plus de patrimoine, lequel génère en retour davantage de revenu. Pendant la majeure partie du XXe siècle, c'est l'impôt progressif, et en particulier les taux élevés qui frappaient les revenus du capital (par opposition à ceux du travail), qui ont permis de maintenir cette spirale sous contrôle. Mais les réformes fiscales menées depuis la fin des années 1970 ont démantelé ce garde-fou.

Pour éviter que les inégalités n'atteignent des niveaux inédits, un nouveau système fiscal adapté au XXIe siècle est nécessaire. Les derniers chapitres de ce livre formulent une série de propositions originales et concrètes en la matière, allant de la taxation des très grandes fortunes à celle des multinationales, et du financement de l'État social à la refondation de l'impôt progressif sur le revenu. Nos solutions ne sont pas parfaites, ni bien sûr les seules envisageables, mais elles ont le mérite d'être précises et opérationnelles (nous avons porté un soin particulier aux aspects techniques de leur mise en œuvre), transparentes (tout un chacun peut simuler leur effet sur la progressivité du système fiscal et sur la dynamique des revenus et du patrimoine) et étayées par les données et les théories à la pointe de la recherche universitaire sur ces questions.

Ces pistes sont-elles réalistes, politiquement parlant ? Il serait facile de perdre espoir : le poids de l'argent dans la vie politique et les idéologies auto-justificatrices constituent de formidables adversaires. Ces problèmes sont bien réels, mais il ne faut pas pour autant se décourager et ignorer la capacité des Américains à se réformer. Avant que l'injustice fiscale ne triomphe, les États-Unis avaient imaginé dans les années 1930 (et ensuite conservé pendant près d'un demi-siècle) des taux d'imposition allant jusqu'à 90 % sur les plus hauts revenus. Les bénéfices des entreprises étaient taxés à 50 % ; les grandes successions, à près de 80 %. Les recettes ainsi générées permirent au pays de construire les écoles qui ont rendu sa population productive et prospère, et de financer des universités publiques que le monde entier lui envie encore.

L'histoire de l'impôt, comme nous allons le voir, est pleine de revirements ; et il y a fort à parier que les milliardaires qui se disent « *smart* » et ne paient aujourd'hui pas beaucoup d'impôts ne berneront pas éternellement les Américains.

1

Revenus et impôts aux États-Unis

Le système fiscal des États-Unis est-il progressif ? Pour les uns, cela ne fait aucun doute : les riches paient davantage d'impôts, en proportion de leurs revenus, que le reste de la population. Contrairement aux pays européens, les États-Unis n'ont pas de taxe sur la valeur ajoutée – un impôt sur la consommation qui, parce que les ménages les plus aisés épargnent une plus grande partie de leur revenu, pèse de manière disproportionnée sur les plus démunis. Si l'on en croit ces commentateurs, les catégories modestes doivent donc payer relativement peu d'impôts en Amérique. Pour les autres, les grandes fortunes s'en tirent au contraire sans rien payer ou presque, grâce à une multitude de niches fiscales votées par des parlementaires soumis à un lobbying incessant.

Qui croire ? Avant de pouvoir débattre sereinement des réformes à apporter, il nous faut commencer par établir les faits, et notamment qui paie quoi. Les agences gouvernementales comme le bureau du budget du Congrès (Congressional Budget Office, CBO), qui a pour mission d'informer les parlementaires sur les questions budgétaires et économiques, ne répondent malheureusement pas à cette question, du moins pas de façon complète. Ces organismes publient certes des données sur les taux effectifs d'imposition des différents groupes sociaux, mais ils ne tiennent compte que des impôts fédéraux, ignorant au passage ceux prélevés par les États et les municipalités, qui représentent un tiers des taxes acquittées au total par les contribuables américains – et qui sont nettement moins progressifs que les impôts fédéraux. Les statistiques du CBO et des autres organismes publics ne fournissent pas non plus d'informations spécifiques sur les ultra-riches, si bien qu'il est impossible de savoir si Donald Trump constitue une exception ou s'il est représentatif des autres milliardaires. Essayons donc d'y voir plus clair.

Le revenu moyen des Américains : 75 000 dollars

Notre enquête commence par une question en apparence très simple : quel est aujourd'hui le revenu moyen des Américains ? Pour y répondre, il nous faut introduire un concept qui jouera un rôle central dans cet ouvrage : celui de revenu national. Par définition, le revenu national est égal à la somme des revenus perçus par les résidents d'un pays donné au cours d'une année donnée, quelle que soit la forme juridique exacte de ces revenus. C'est la définition du revenu agrégé la plus large qui soit ; elle est plus complète, en particulier, que la masse des revenus déclarés dans les feuilles d'impôt ou dans les enquêtes auprès des ménages. Le revenu national inclut, par exemple, tous les bénéfices réalisés par les entreprises, que ces profits soient ou non distribués aux actionnaires. Les bénéfices non distribués constituent en effet, comme les dividendes, un revenu pour les détenteurs d'actions, la seule différence étant que ce revenu est entièrement épargné l'année où il est perçu et réinvesti dans l'entreprise. Le revenu national comprend aussi toutes les formes de rémunérations non salariales, comme les contributions versées par les employeurs à des assurances santé privées ou les sommes qu'ils paient à des caisses de retraite.

Le revenu national est étroitement lié au concept plus familier de « produit intérieur brut ». Le PIB mesure la valeur de tous les biens et services produits au cours d'une année. Créé dans le sillage de la crise des années 1930, cet indicateur n'est devenu très prisé que dans les années 1950 et 1960 ; avant cela, c'était le concept de revenu national qui prévalait. Aux États-Unis, le PIB s'est élevé à 90 000 dollars par adulte en 2019[1], ce qui signifie qu'en moyenne les Américains âgés de 20 ans ou plus produisent des biens ou des services d'une valeur de 90 000 dollars par an.

Pour passer du PIB au revenu national, deux ajustements sont nécessaires. Il faut d'abord déduire la dépréciation du capital (c'est-à-dire la perte de valeur des bâtiments, des machines et des équipements utilisés au cours du processus productif), une masse d'argent qui fait partie intégrante du PIB (raison pour laquelle le produit intérieur est dit « brut »). La dépréciation du capital ne constitue un revenu pour personne : avant de payer leurs salariés, de distribuer des dividendes ou d'investir dans de nouvelles machines, les entreprises doivent d'abord remplacer les équipements et autres actifs hors d'usage, tels que les tracteurs vétustes, les fenêtres endommagées, etc. Cette dépréciation, telle qu'estimée dans les comptes nationaux, est tout sauf négligeable – l'équivalent d'environ 16 % du PIB. Et elle est en réalité encore plus élevée, car la production de biens et de services s'accompagne souvent d'une diminution des ressources naturelles et d'une dégradation des écosystèmes, formes de dépréciation qui devraient logiquement être soustraites du PIB, ce que les comptes nationaux actuels ne font pas – même si certaines recherches tentent de combler cette lacune[2].

Le deuxième ajustement nécessaire pour passer du PIB au revenu national consiste à ajouter les revenus reçus de l'étranger et à déduire

1. Pour des informations complètes sur les statistiques présentées dans ce chapitre, cf. les annexes mises en ligne sur TaxJusticeNow.org.

2. Cf., par exemple, Edward B. Barbier, « Account for Depreciation of Natural Capital », *Nature*, vol. 515, n° 7525, 2014, p. 32-33.

ceux payés au reste du monde. Quand les marchés de capitaux internationaux étaient quasiment fermés, dans les années 1950-1960, ces flux étaient insignifiants. Aujourd'hui, les revenus transfrontières ne sont plus négligeables : les États-Unis versent 3,5 % de leur PIB à l'étranger (sous la forme d'intérêts et de dividendes) et en reçoivent l'équivalent de 5 %. Au total, ils reçoivent du reste du monde plus qu'ils ne lui versent.

Après soustraction de la dépréciation du capital et ajout des revenus nets perçus de l'étranger, le revenu national américain s'élève à quelque 18 500 milliards de dollars en 2019, soit 75 000 dollars en moyenne pour les deux cent quarante-cinq millions d'adultes résidant aux États-Unis. Ce chiffre est le même que l'on considère le revenu avant impôts et transferts sociaux (prestations versées par la sécurité sociale, par exemple, ou dépenses de santé publiques) ou le revenu après impôts et transferts. Car, ce que l'État prélève sous forme d'impôts, il le redistribue *in fine* à des individus en chair et en os, que ce soit sous forme de transferts monétaires (dans le cas des retraites publiques), en nature (en payant les soins de santé), ou en fournissant des services publics (comme la police ou la justice). Les administrations publiques ne détruisent pas de revenus, fort heureusement (pas plus qu'elles n'en créent, d'ailleurs).

Le revenu moyen des classes populaires : 18 500 dollars

La plupart des Américains gagnent moins que 75 000 dollars par an ; certains, beaucoup plus. Pour étudier les inégalités de revenus, il est utile de commencer par répartir la population en quatre groupes : les classes populaires (la première moitié de la distribution des revenus), les classes moyennes (les 40 % suivants), la classe moyenne supérieure (les 9 % suivants) et les riches (les 1 % des adultes aux revenus les plus élevés). Bien que ces quatre groupes soient loin d'être homogènes, cette simple répartition révèle déjà de profondes disparités.

Commençons par les classes populaires, les cent vingt-deux millions d'Américains âgés de 20 ans ou plus aux revenus les plus faibles. Pour eux, le revenu moyen s'élève en 2019 à 18 500 dollars avant impôts et transferts. Vous avez bien lu : la moitié de la population américaine vit avec un revenu annuel moyen de 18 500 dollars. Si vous travaillez aux États-Unis, jetez un coup d'œil à la première ligne de votre bulletin de salaire, avant déduction de votre impôt sur le revenu ; il y a fort à parier qu'un grand nombre de nos lecteurs américains se rendront aussitôt compte du gouffre qui les sépare de la moitié de la population des États-Unis. Pour cent vingt-deux millions d'habitants, le revenu avant impôts et transferts sociaux s'élève en tout et pour tout à 18 500 dollars par an en moyenne, soit un peu moins du quart du revenu moyen pour la population dans son ensemble. Ce chiffre est l'estimation la plus complète disponible ; il a été calculé en partant du concept de revenu le plus large possible (le revenu national) et en allouant ce total à la population entière, sans rien omettre. Ces 18 500 dollars incluent notamment des sommes dont les salariés ne voient guère la couleur, car elles sont immédiatement versées à l'État (sous la forme de cotisations sociales, par exemple) ou à des compagnies d'assurances privées (sous la forme de primes d'assurance santé obligatoires).

Plus haut dans l'échelle des revenus, les 40 % suivants (les classes moyennes) gagnent en moyenne 75 000 dollars par an, ce qui correspond (de façon fortuite) au revenu moyen de la population américaine. En ce sens, ce groupe, qui compte presque cent millions d'adultes, peut être considéré comme représentatif des États-Unis dans leur ensemble. En dépit des discours alarmistes sur la disparition des classes moyennes américaines, la réalité est plus nuancée. Avec un revenu annuel moyen de 75 000 dollars, ces classes sont encore parmi les plus riches du monde. Leur revenu a progressé de 1,1 % par an depuis 1980, ce qui, à défaut d'être spectaculaire, n'est pas complètement négligeable. À ce rythme, les revenus doublent tous les soixante-dix ans : les jeunes générations gagnent deux fois plus que leurs grands-parents. Le fait marquant de l'économie américaine n'est pas la disparition des classes moyennes ; c'est la faiblesse des revenus des classes populaires.

Quid des catégories qui gagnent davantage que les classes moyennes ? Quand on étudie le sommet de l'échelle des revenus, il est important de bien distinguer la classe moyenne supérieure (les 10 % du haut à l'exclusion des 1 % supérieurs) des riches (les 1 %), car ces deux groupes ne jouent pas dans la même cour. La classe moyenne supérieure (vingt-deux millions d'adultes), avec un revenu moyen de 220 000 dollars et tout ce qui s'ensuit (spacieuses maisons dans des banlieues huppées, écoles privées hors de prix, fonds de retraite bien garnis et excellente couverture santé), n'est certes pas à plaindre. Mais ces Américains n'ont pas grand-chose à voir avec les 1 % du haut (deux millions quatre cent mille adultes), qui gagnent 1,5 million de dollars par an en moyenne.

Les gains du 1 % et le déclin des classes populaires

Depuis l'apparition du slogan « Nous sommes les 99 % », lors de la crise financière de 2008-2009, l'opinion publique s'est familiarisée avec le fossé grandissant entre le niveau de vie des plus riches et celui du reste de la société. Ce fait mérite toutefois d'être répété une nouvelle fois, car il résume parfaitement l'économie américaine : depuis le début des années 1980, les revenus se sont envolés pour les 1 % supérieurs et pour personne d'autre. Si l'on en croit plusieurs commentateurs, ce serait les classes aisées au sens large (les 20 % des plus hauts revenus, d'après certains analystes) qui auraient fait sécession du reste du pays[1]. Les données montrent cependant que la principale ligne de fracture qui traverse la société américaine se situe en réalité plus haut dans l'échelle des revenus – entre les 1 % les plus riches et le reste de la population.

Le graphique suivant permet de s'en rendre compte, peut être mieux que tout autre. En 1980, le centile le plus riche gagnait un peu plus de 10 % du revenu national, avant impôts et transferts

1. Cf. notamment Richard Reeves, *Dream Hoarders*, Washington (D. C.), Brookings Institution, 2017.

sociaux, tandis que la part des 50 % les plus pauvres s'élevait à 20 % environ. Aujourd'hui, c'est à peu près l'inverse : le centile le plus riche capte plus de 20 % du revenu national et les classes populaires à peine 12 %. Autrement dit, les 1 % les plus aisés gagnent presque deux fois plus que l'ensemble de la classe populaire, un groupe qui par définition compte cinquante fois plus d'individus. La part du revenu national qui va à deux millions quatre cent mille habitants a augmenté d'autant qu'elle a diminué pour les plus de cent millions d'Américains appartenant aux classes populaires.

Graphique 1.1 **– La montée des inégalités aux États-Unis**
(part du revenu national captée par les 1 % les plus riches
et les 50 % les plus pauvres, 1978-2018)

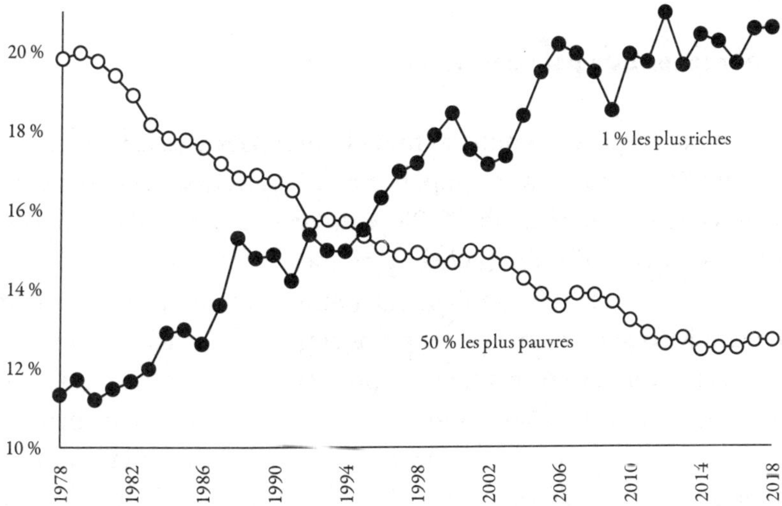

Lecture : Ce graphique représente la part de revenu national avant impôts et transferts perçue par les 50 % des plus bas revenus et les 1 % des plus hauts revenus depuis 1978. L'unité d'observation est l'adulte (âgé de 20 ans ou plus) et le revenu des couples mariés est partagé à parts égales entre conjoints. Le graphique montre que la part des 1 % les plus riches a quasiment doublé, passant d'environ 10 % en 1980 à environ 20 % aujourd'hui. À l'inverse, la part des 50 % les plus pauvres s'est effondrée, passant d'environ 20 % en 1980 à environ 12 % aujourd'hui.

Sources et méthodologie : TaxJusticeNow.org.

Parmi les pays développés, les États-Unis semblent être les seuls à avoir vu les inégalités augmenter de façon aussi spectaculaire. L'accroissement des inégalités est certes un phénomène mondial, mais le rythme auquel la concentration des revenus s'est accentuée au cours des quarante dernières années varie sensiblement d'un pays à l'autre. Comparons, par exemple, les États-Unis et l'Europe occidentale. En 1980, la part de revenu national allant aux 1 % les plus riches était la même de part et d'autre de l'Atlantique : environ 10 %. Depuis, les inégalités ont suivi des trajectoires très différentes. En Europe, la part du « 1 % » a progressé de deux points (au lieu de dix aux États-Unis), pour atteindre aujourd'hui 12 %. Celle des 50 % les plus modestes a diminué d'autant, passant de 24 % à 22 %[1].

Tout le monde paie des impôts

À présent que nous nous sommes familiarisés avec la répartition des revenus, venons-en aux impôts. En 2019, les Américains ont payé l'équivalent d'un peu plus de 28 % du revenu national en impôts, tous niveaux confondus (collectivités locales, États et État fédéral), soit en moyenne 20 000 dollars par adulte. Bien sûr, certains paient davantage que cette moyenne et d'autres moins, mais personne ne paie zéro impôt. Quelle que soit sa popularité dans certains milieux, l'idée que 47 % de la population ne contribueraient pas aux finances publiques (les prétendus « profiteurs » fustigés par le candidat républicain à la présidence en 2012, Mitt Romney) n'a aucun sens. Les États-Unis ont choisi de mettre en commun près d'un tiers de leurs ressources par l'intermédiaire de leur système fiscal, et tous les

1. Facundo Alvaredo *et al.*, *Rapport sur les inégalités mondiales 2018*, trad. fr. Cécile Deniard et Marie-Christine Guyon, Paris, Seuil, 2018. Toutes les données sont consultables en ligne dans la base de données WID. world sur les inégalités mondiales.

habitants du pays participent à cet effort. Romney ne parlait que de l'impôt fédéral sur le revenu, mais il y a bien d'autres impôts à prendre en considération pour répondre à la question « Qui paie quoi ? ».

On peut, grosso modo, ranger les impôts aux États-Unis (comme dans la plupart des pays développés) en quatre catégories : les impôts sur le revenu des personnes physiques, les cotisations sociales, les impôts sur le capital et les taxes sur la consommation. Chacun de ces impôts représente des masses significatives et a une histoire passionnante.

Créé en 1913, l'impôt fédéral sur le revenu est le plus connu et celui qui rapporte le plus, puisqu'il collecte environ un tiers des recettes fiscales (environ 9 % du revenu national contre 28 % pour l'ensemble des impôts). Bien qu'il soit censé frapper tous les revenus, qu'ils soient issus du travail (salaires) ou de la détention de capital (intérêts, dividendes, plus-values, etc.), le revenu soumis au barème d'imposition est sensiblement inférieur au revenu national total enregistré dans les comptes nationaux. L'écart s'explique en partie par l'évasion fiscale : quand ils estiment le niveau du revenu national, les comptables nationaux tentent de prendre en compte les sommes qui ont pu être dissimulées au fisc (elles-mêmes estimées en se fondant sur des contrôles fiscaux aléatoires). Là n'est cependant pas la raison principale pour laquelle le revenu imposable est inférieur au revenu national ; pour l'essentiel, cet écart s'explique par le fait que de nombreuses formes de revenus (en particulier de revenus tirés du capital) sont exonérées d'impôt en toute légalité.

Voyez donc : les dividendes et les intérêts distribués sur des comptes d'épargne retraite ? Exonérés. Les primes d'assurance santé versées par les employeurs ? De même. Les loyers fictifs que les propriétaires occupants se versent à eux-mêmes ? *Idem*. Le revenu soumis à l'impôt sur le revenu des ménages (brut de toute déduction) ne représente aujourd'hui que l'équivalent de 63 % du revenu national américain ; le reste est défiscalisé. Malgré les invocations incessantes à « élargir l'assiette » et à baisser les taux, populaires chez les responsables politiques des deux bords, l'assiette de l'impôt sur le revenu s'est en réalité rétrécie au cours des quatre dernières décennies. En 1980, 71 % du revenu national était imposable, soit huit points de plus qu'aujourd'hui.

En 2019, les taux appliqués à cette assiette s'échelonnaient de 0 % pour la première tranche de revenus (jusqu'à 12 200 dollars) à 37 % pour les revenus supérieurs à 510 300 dollars (612 350 dollars pour les couples mariés), ce qui fait de l'impôt sur le revenu fédéral un impôt progressif. L'inverse d'un impôt progressif est un impôt régressif, où plus l'on gagne, plus la part de revenu que l'on doit reverser est faible, le cas intermédiaire étant celui de l'impôt proportionnel (ou « *flat tax* »), où tout le monde est assujetti au même taux quelles que soient ses ressources. Bien que progressif, l'impôt sur le revenu l'est aujourd'hui bien moins que par le passé. Depuis sa création, le taux marginal supérieur d'imposition (c'est-à-dire le taux applicable aux revenus situés dans la tranche supérieure du barème, au-delà de 510 300 dollars en 2019, par exemple) s'est élevé en moyenne à 57 %, soit vingt points de plus que le taux actuel.

Outre l'impôt fédéral sur le revenu, tous les États sauf sept[1] collectent leur propre impôt sur le revenu. Ils utilisent en général la même définition du revenu imposable que les autorités fédérales, puis appliquent leur propre barème, avec des taux marginaux qui montent jusqu'à 13 %, en Californie. Quelques villes (notamment New York) ont aussi leur propre impôt sur le revenu. Ces impôts levés par les États et les collectivités locales collectent environ 2,5 % du revenu national, si bien que les recettes générées par l'impôt sur le revenu des ménages s'élèvent au total à 11,5 % du revenu national. L'assiette imposable ne représentant, rappelons-le, que 63 % du revenu national, le taux moyen d'imposition des revenus est d'un peu plus de 18 % (11,5 % divisés par 63 %).

Deuxième source de recettes fiscales : les cotisations sociales (8 % du revenu national). Celles-ci sont déduites des salaires dès le premier

1. Alaska, Dakota du Sud, Floride, Nevada, Texas, Washington et Wyoming.

dollar gagné, à un taux de 12,4 %. Ces cotisations sont plafonnées à 132 900 dollars par an en 2019, chiffre qui correspond à peu près au revenu nécessaire pour faire partie des 5 % des salariés les mieux payés. Au-dessus de ce plafond, tous les salaires sont exonérés, ce qui rend les cotisations sociales profondément régressives. Une cotisation supplémentaire finance Medicare (le programme d'assurance santé publique à destination des personnes âgées), avec un taux de 2,9 % qui s'applique à tous les revenus. Quand on les additionne, ces cotisations sociales, modestes en 1970, pèsent aujourd'hui presque autant que l'impôt fédéral sur le revenu. Comme nous le verrons, cette évolution a fortement contribué à éroder la progressivité du système fiscal américain.

Troisième source de recettes publiques : les impôts sur la consommation – taxes sur les ventes prélevées par les États et les collectivités locales, ainsi que droits d'accise (sur les carburants, l'alcool, le tabac, etc.) perçus à la fois par l'État fédéral et par les échelons administratifs inférieurs. Diverses redevances (sur les véhicules ou sur l'exploitation des ressources naturelles) entrent également dans cette catégorie, de même que les droits de douane – qui ne sont rien d'autre que des taxes sur la consommation de produits importés. Au total, les impôts sur la consommation s'élèvent en moyenne à 3 500 dollars par an et par adulte, soit l'équivalent de 6 % prélevés sur les dépenses de consommation des ménages. Les taxes sur les ventes constituent environ la moitié de cette somme et les droits d'accise et redevances l'autre moitié. En dépit d'une forte hausse sous la présidence de Donald Trump, les droits de douane sont encore relativement faibles : environ un dixième du total des impôts sur la consommation en 2019[1].

1. Au rythme actuel, les droits de douane devraient atteindre 75 milliards de dollars en 2019, soit près du double des 38 milliards collectés en 2017 – US Department of Commerce, Bureau of Economic Analysis, *National Income and Product Accounts of the United States, 1929-2018*, Washington (D. C.), Government Printing Office, 2019, tableau 3.2. Mais le total des impôts sur la

Dernière source de recettes fiscales : les impôts sur le capital. Cette catégorie inclut l'impôt sur les bénéfices des sociétés, la taxe foncière des ménages et des entreprises, ainsi que l'impôt sur les successions. Certaines de ces taxes frappent les flux de revenus du capital (comme l'impôt sur les bénéfices des sociétés), d'autres les stocks d'actifs eux-mêmes (soit tous les ans, comme dans le cas de l'impôt foncier, soit lors d'un décès ou d'une donation, dans le cas des droits de succession ou de donation). Les impôts sur le capital représentent un peu plus de 4 % du revenu national, ce qui, rapporté au flux total de revenu du capital (30 % du revenu national), se traduit par un taux moyen d'imposition du capital de 13 % (4 % divisés par 30 %).

Seules les personnes en chair et en os paient des impôts

Quelle que soit la catégorie à laquelle ils appartiennent, tous les impôts sont *in fine* acquittés par des personnes physiques. Tout le monde aimerait pouvoir faire payer les « grandes entreprises » ou les « robots » à sa place, mais c'est malheureusement impossible. De même que la totalité du revenu national revient en fin de compte à des individus en chair et en os, toutes les taxes sont en dernière instance acquittées par des personnes bien réelles. Par exemple, de même que les bénéfices non distribués des entreprises constituent un revenu pour leurs actionnaires (un revenu qui est donc épargné et aussitôt réinvesti dans l'entreprise), les impôts frappant les bénéfices des sociétés sont payés par ces mêmes actionnaires : ils réduisent les profits des entreprises, ce qui diminue d'autant les dividendes que leurs propriétaires peuvent percevoir ou les sommes qu'ils peuvent y réinvestir.

Bien que seules les personnes physiques s'acquittent en dernier recours de tous les impôts, il se peut que certaines d'entre elles

---

consommation perçus à tous les échelons administratifs se monte quant à lui à plus de 800 milliards – *ibid.*, tableau 3.5, 2017, total des taxes sur la production et les importations hors taxes foncières.

vivent à l'étranger. En ce sens, il est possible d'essayer de faire payer l'étranger. Le problème est que, sauf cas très particuliers (comme celui des petits pays producteurs de pétrole), aucun pays n'a jamais réussi à faire en sorte que le reste du monde contribue significativement à ses finances publiques. Dans le cas des États-Unis, une partie des taxes foncières et de l'impôt sur les sociétés est certes payée par des ressortissants étrangers. Les Chinois qui possèdent des maisons à Los Angeles, par exemple, paient la taxe foncière de l'État de Californie ; de même, près de 20 % des actions des entreprises américaines sont détenues par des ressortissants étrangers[1]. Mais, dans l'ensemble, la contribution des non-résidents aux recettes fiscales américaines est faible, de l'ordre de 1 % du revenu national. Et les Américains paient, en sens inverse, des impôts à l'étranger, par exemple s'ils possèdent des parts d'entreprises chinoises ou des biens immobiliers à Londres ou en Espagne. L'un dans l'autre, ces deux flux s'équilibrent : les autorités américaines collectent 28 % du revenu national sous forme d'impôts, tout comme les Américains paient 28 % de leur revenu en impôts.

Comment ce taux moyen d'imposition de 28 % varie-t-il par catégorie de revenu ? Pour répondre à cette question, il faut allouer l'ensemble des prélèvements obligatoires aux différents groupes sociaux, ce qui nécessite un petit travail d'investigation. Joseph Pechman, un chercheur de la Brookings Institution, fut le premier dans les années 1970 et 1980 à produire des estimations de la progressivité d'ensemble du système fiscal américain, mais de façon surprenante personne n'a tenté de le suivre dans cette voie et les derniers chiffres disponibles portent sur l'année 1985, quand les inégalités étaient bien plus faibles qu'aujourd'hui et la structure de la fiscalité également très différente[2].

1. US Treasury Department, Internal Revenue Service, *Foreign Portfolio Holdings of US Securities*, Washington (D. C.), Government Printing Office, 2018.

2. Benjamin A. Okner et Joseph A. Pechman, « Who Paid the Taxes in 1966 ? », *American Economic Review*, vol. 64, n° 2, 1974, p. 168-174. Les autorités

La principale difficulté est la suivante. Même si en fin de compte tous les impôts sont payés par des personnes en chair et en os, l'entité qui verse les impôts au fisc n'est pas nécessairement le redevable lui-même. Les employeurs paient ainsi la moitié des cotisations sociales et les salariés l'autre moitié. Mais cette distinction ne signifie nullement que les entreprises (ou leurs actionnaires) s'acquittent de la moitié des cotisations sociales : en définitive, tous ces prélèvements portent sur les revenus du travail des employés – ce sont des taxes sur les salaires. Le fait que ces impôts soient découpés en deux d'un point de vue administratif est une fiction juridique sans conséquence économique. En règle générale, les impôts sur le travail (telles que les cotisations sociales) sont payés par les salariés, les impôts sur le capital (comme les impôts sur les bénéfices des sociétés et les taxes foncières) par les propriétaires des actifs concernés, et les impôts sur la consommation par les consommateurs. Dès qu'on a compris ce principe, attribuer les impôts à ceux qui les paient réellement ne pose pas de difficulté conceptuelle majeure, même si cela exige de rassembler beaucoup d'informations.

Précisons qu'il faut bien distinguer l'étude de la répartition des prélèvements obligatoires de celle (plus complexe et incertaine) des

---

fédérales (bureau du budget du Congrès, Trésor américain ou commission mixte sur l'impôt du Congrès) et des centres d'étude (tels que le Tax Policy Center) produisent des statistiques sur la répartition des impôts fédéraux par groupe de revenus, mais ils ne tiennent pas compte des impôts prélevés par les États et les collectivités locales. Cf., par exemple, US Congressional Budget Office, « The Distribution of Household Income, 2015 », Washington (D. C.), Government Printing Office, 2018. L'Institute on Taxation and Economic Policy a publié des estimations sur la répartition des impôts non-fédéraux depuis 2013 – *Who Pays ? A Distributional Analysis of the Tax Systems in All 50 States*, 6e éd., Washington (D. C.), ITEP, 2018 ; disponible sur ITEP.org. La distribution de l'ensemble des impôts et les résultats présentés dans ce chapitre sont actualisés dans Thomas Piketty, Emmanuel Saez et Gabriel Zucman, « Distributional National Accounts : Methods and Estimates for the United States », *The Quarterly Journal of Economics*, vol. 133, n° 2, 2018, p. 553-609.

effets économiques des réformes fiscales – ce que les économistes appellent l'« incidence fiscale ». Que se passerait-il, par exemple, si le taux d'imposition des sociétés était réduit demain ? En principe, beaucoup de choses pourraient changer : les entreprises pourraient distribuer davantage de dividendes, augmenter les salaires, baisser les prix de leurs produits ou investir davantage dans leur outil de production ou dans la recherche et le développement.

Nous reviendrons plus loin sur ces questions d'incidence, lorsque nous discuterons des réformes fiscales. À ce stade, notre objectif est plus modeste : il s'agit simplement de décrire au mieux qui paie quoi aujourd'hui. Pour répondre à cette question, il n'est pas besoin d'en savoir davantage sur les conséquences économiques potentielles de réformes fiscales futures. Quoi que puissent décider de faire demain les entreprises en réponse à un changement du taux d'impôt sur les sociétés, l'impôt dont elles s'acquittent aujourd'hui réduit le montant des profits qu'elles peuvent distribuer sous forme de dividendes ou réinvestir : il diminue le revenu des actionnaires, et est donc payé par ces derniers et par personne d'autre[1].

Le système fiscal américain est-il progressif ?

Nous pouvons à présent tenter de répondre à la question clé : lorsque l'on prend en compte l'ensemble des prélèvements obligatoires et toutes les formes de revenus qui contribuent au revenu national, le système fiscal américain est-il progressif ?

Pour ce faire, nous calculons les taux effectifs d'imposition des différents groupes sociaux en 2018, l'année immédiatement postérieure à la réforme fiscale votée en décembre 2017. Nous divisons la population en quinze groupes : les 10 % du bas de la distribution des revenus (c'est-à-dire les vingt-quatre millions d'adultes ayant

1. Nous discutons ce point en détail dans « Clarifying Distributional Tax Incidence : Who Pays Current Taxes vs. Tax Reform Analysis », document de travail, UC Berkeley, 2019.

les revenus avant impôts les plus faibles), les 10 % suivants et ainsi de suite, jusqu'à arriver aux 10 % du haut, que nous décomposons en groupes de plus en plus petits, jusqu'à atteindre les quatre cents Américains les plus fortunés. Ce zoom sur le sommet de la pyramide des revenus est nécessaire parce que les riches, quoique peu nombreux, touchent, comme nous l'avons vu, une fraction conséquente du revenu national et participent dans une proportion importante aux recettes fiscales potentielles. Nous calculons les impôts de chaque groupe en pourcentage de leur revenu avant impôts[1]. Par construction, tous les groupes que nous considérons, une fois réunis, paient en moyenne 28 % de leur revenu en taxes diverses et variées, ce qui correspond au taux macroéconomique de prélèvements obligatoires en 2018 aux États-Unis. La question est de savoir comment ce taux varie le long de l'échelle des revenus. Les ultra-riches, par exemple, contribuent-ils davantage (relativement à leur capacité contributive) que les bas salaires ?

Pour faire court, la réponse est non. Aujourd'hui, chaque groupe social paie entre 25 % et 30 % de ses revenus en impôts, hormis les ultra-riches, pour qui le taux effectif d'imposition tombe à 23 %. Le système fiscal américain ressemble à un gigantesque impôt proportionnel – sauf pour les plus grandes fortunes, où il devient régressif. La croyance répandue selon laquelle les États-Unis collecteraient leurs impôts de manière très progressive, à défaut d'en prélever autant que les pays européens, est erronée.

1. Tout en bas de la distribution, les individus ne perçoivent pas de revenus du travail, du capital ou des pensions de retraite, mais seulement des revenus de transfert ; sur ces revenus de transfert, ils paient des impôts sur la consommation, ce qui conduit à un taux d'imposition élevé quand on l'exprime en pourcentage du revenu avant impôts. Nous contournons le problème en limitant notre population aux adultes dont le revenu avant impôts est supérieur à la moitié du salaire minimum fédéral (7 250 dollars par an). Le taux moyen d'imposition de cette population est quasi identique au taux d'imposition global du pays.

***Graphique 1.2* – Le système fiscal américain : une grande *flat tax* qui devient régressive au sommet**
(taux moyen d'imposition par groupe de revenus, 2018)

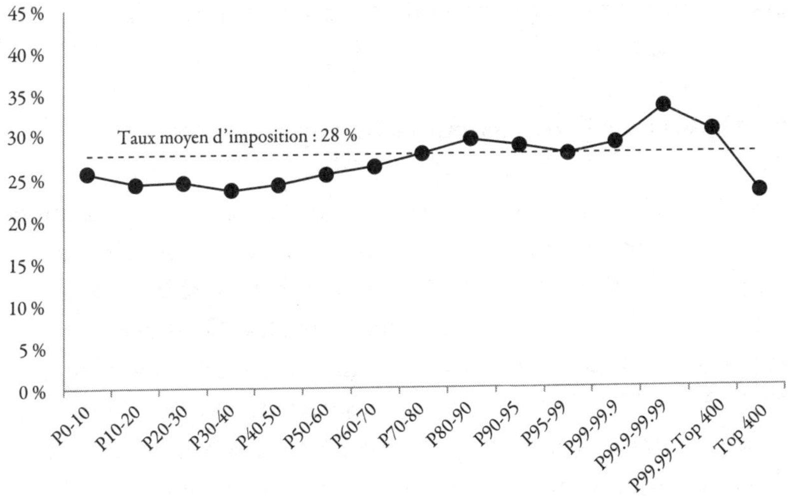

Lecture : Ce graphique représente le taux moyen d'imposition par groupe de revenus en 2018. Tous les impôts prélevés par l'État fédéral, les États et les collectivités locales sont pris en compte. Les impôts sont exprimés en pourcentage des revenus avant impôts. P0-10 désigne les 10 % du bas de la distribution, P10-20 les 10 % suivants, etc. Si l'on considère l'ensemble des prélèvements obligatoires publics, le système fiscal américain ressemble à un gigantesque impôt proportionnel, avec des taux d'imposition comparables d'un groupe à l'autre, sauf au sommet, où ils diminuent.

Sources et méthodologie : TaxJusticeNow.org.

Plus précisément, les classes populaires (les cinq premiers déciles de la distribution, qui gagnent en moyenne 18 500 dollars par an) ont un taux d'imposition d'environ 25 %. Ce chiffre augmente légèrement pour les classes moyennes (les quatre déciles suivants), avant de se stabiliser aux alentours de 28 % pour la classe moyenne supérieure et de s'élever ensuite un peu pour les riches, sans jamais dépasser de beaucoup le taux moyen de 28 %. Il retombe enfin à 23 % pour les quatre cents plus grandes fortunes. Collectivement, et bien que leurs situations individuelles ne soient pas toutes les mêmes, les Trump, les Zuckerberg et les Buffett de ce monde paient, en proportion de leurs revenus, moins d'impôts que leurs secrétaires ou que les enseignants. Comment un système fiscal ayant pourtant la réputation d'être progressif peut-il en réalité être si injuste ?

Pourquoi les pauvres paient beaucoup d'impôts

Commençons par le bas de l'échelle des revenus. Les taux d'imposition relativement élevés qui pèsent sur les contribuables américains les plus défavorisés ont deux raisons principales.

Premier coupable : les cotisations sociales. Quel que soit leur salaire, tous les salariés modestes voient d'emblée leur paie amputée de 15,3 % : 12,4 % pour la sécurité sociale (c'est-à-dire principalement le système de retraite public) et 2,9 % pour Medicare. Les taux de ces cotisations ont fortement augmenté au cours des dernières décennies, passant de 3 % en 1950 à plus de 15 % aujourd'hui, dans un contexte où le salaire minimum s'effondrait. En 2019, un salarié à temps plein payé au salaire minimum fédéral touchait à peine 15 000 dollars par an, soit un cinquième du revenu national moyen par adulte. En 1950, le même individu gagnait plus de la moitié du revenu moyen[1].

La plupart des autres pays développés ont suivi le chemin inverse et diminué les prélèvements sur les bas salaires tout en augmentant le salaire minimum. En France, par exemple, le SMIC a progressé plus vite que l'inflation, pour atteindre 10 euros de l'heure en 2019, soit environ 11,50 dollars (contre 7,25 dollars aux États-Unis). Dans le même temps, les cotisations sociales prélevées sur les bas salaires (qui financent un système d'assurance sociale plus étendu qu'aux États-Unis, et notamment une assurance maladie universelle)

1. En 1950, le salaire minimum était de 0,75 dollar de l'heure, soit 1 500 dollars pour un emploi à temps complet sur un an (50 semaines x 40 heures x 0,75 dollar). Le revenu national par adulte était à l'époque de 2 660 dollars.

sont passées de plus de 50 % dans les années 1990 à moins de 20 % aujourd'hui[1].

Second coupable : les impôts sur la consommation. Les États-Unis n'ont certes pas de TVA, mais ils ont une pléthore de taxes sur les ventes et autres droits d'accise qui, comme une TVA, renchérissent le coût des biens de consommation. La particularité de cette myriade de taxes indirectes est que, contrairement aux taxes sur la valeur ajoutée, elles exonèrent la plupart des services, que les plus aisés consomment davantage en proportion de leurs dépenses. Ce qui veut dire qu'en pratique la consommation des pauvres (c'est-à-dire l'achat de biens) est lourdement taxée, tandis que celle des riches (la consommation de services) est en grande partie exonérée. C'est un peu comme si les États-Unis avaient une TVA réservée aux ménages modestes.

Billets d'opéra, souscriptions annuelles au Country Club, frais d'avocat ? « *Tax free* » ! Cependant, pour les achats de voiture, de vêtements ou d'appareils électroménagers, les impôts sur la consommation s'appliquent plein pot. Il est vrai que la plupart des États appliquent des taux réduits pour les dépenses d'alimentation, qui représentent environ 15 % de la consommation des plus démunis. Mais cette générosité est plus que compensée par la grande régressivité des accises sur le carburant, l'alcool et le tabac. Contrairement aux taxes sur les ventes, ces prélèvements ne dépendent pas du prix des produits achetés, mais seulement des quantités (litres de vin ou pintes de bière), de sorte qu'à l'arrivée les grands crus sont taxés plus légèrement (relativement à leur prix) que les vins de table.

1. Pour une description des impôts sur les salaires en France, cf. *Les Impôts sur les salaires 2019*, Paris, OCDE, 2019 ; disponible sur Read.OECD-iLibrary.org.

Graphique 1.3 – La _flat tax_ américaine : décomposition par type d'impôt
(taux moyen d'imposition par groupe de revenus, 2018)

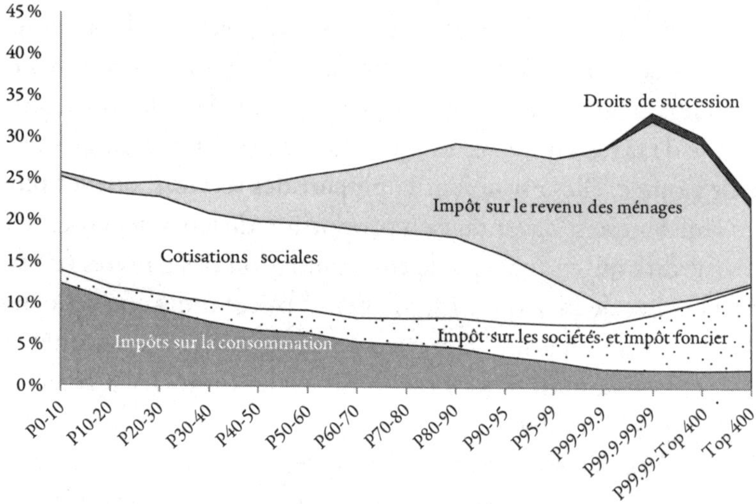

Lecture : Ce graphique représente le taux moyen d'imposition par groupe de revenus et sa décomposition par type d'impôt en 2018. Tous les impôts prélevés par l'État fédéral, les États et les collectivités locales sont pris en compte. Les taux sont exprimés en pourcentage du revenu avant impôts. Les classes populaires paient presque autant que les classes moyennes et que les plus aisés en raison de la nature régressive des impôts sur la consommation et des cotisations sociales. Les super-riches paient moins que les autres groupes, car l'essentiel de leurs revenus n'est pas soumis à l'impôt.

Sources et méthodologie : TaxJusticeNow.org.

Les meilleures estimations disponibles montrent que les taxes sur la consommation sont extrêmement régressives aux États-Unis. Au total, elles absorbent plus de 10 % du revenu des déciles inférieurs, contre à peine 1 à 2 % pour les plus aisés[1]. Pour l'essentiel, cette régressivité tient au fait que les pauvres dépensent tout leur revenu,

1. Pour les estimations les plus complètes sur la progressivité des impôts des États fédérés et des collectivités locales, cf. Institute on Taxation and Economic Policy, *Who Pays ?*, *op. cit.*

tandis que les riches épargnent une partie du leur (et les ultra-riches presque la totalité : essayez donc de dépenser 1 milliard de dollars par an !). Mais l'exonération dont bénéficient les services joue aussi un rôle non négligeable. Les conservateurs américains qui s'opposent à l'instauration d'une TVA à l'européenne prétendent que, si un tel impôt devait s'appliquer aux États-Unis, il deviendrait pour le gouvernement une source de recettes fiscales sans limite qui ne manquerait pas de transformer à terme l'Amérique en un pays « socialiste ». Néanmoins, derrière leur opposition, il y a aussi une raison moins connue : la TVA frapperait les catégories aisées au portefeuille davantage que les impôts sur la consommation archaïques en vigueur aujourd'hui.

Bien que ces taxes soient pour la plupart locales (par opposition aux taxes fédérales), il n'existe pas de paradis fiscal pour les contribuables peu fortunés : les taxes indirectes ne varient guère d'un État à l'autre. Certains États présentent certes des impôts sur la consommation un peu moins élevés ou des taux plus réduits sur les produits alimentaires, mais dans l'ensemble les systèmes qu'ils ont mis en place sont très régressifs. Il s'agit là en effet d'une constante en matière de fiscalité : il est bien plus facile d'appliquer une fiscalité progressive au niveau fédéral qu'au niveau local, à la fois pour des raisons pratiques (les gouvernements fédéraux ont plus de moyens et accès à davantage d'informations) et à cause de la concurrence fiscale (les riches peuvent plus facilement déménager d'une collectivité locale à une autre que quitter un grand pays comme les États-Unis). C'est pourquoi omettre les impôts des collectivités locales, comme le font la plupart des observateurs américains, donne une image fort trompeuse du niveau réel de progressivité fiscale.

Pourquoi les riches paient moins d'impôts que les autres

Depuis leur création, la justification principale des impôts sur le revenu a toujours été de compenser la régressivité des taxes sur la consommation, et de rendre ce faisant l'impôt socialement acceptable.

Aux États-Unis, ainsi que nous le verrons dans le prochain chapitre, la première raison d'être de l'impôt fédéral progressif sur le revenu était de compenser l'impact régressif des droits de douane qui, en 1913, représentaient la principale source de recettes pour l'État fédéral. Sa deuxième justification était de freiner la hausse des inégalités observée pendant le *Gilded Age*[1].

Malheureusement, l'impôt sur le revenu tel qu'il existe aujourd'hui n'atteint pas ces objectifs, et ce pour trois raisons.

Le premier problème, et la raison principale pour laquelle les milliardaires font actuellement l'objet de faibles taux effectifs d'imposition, est que la majeure partie de leurs revenus n'est pas soumise à l'impôt des personnes physiques. Comme nous l'avons vu, seuls 63 % du revenu national entrent dans l'assiette de l'impôt progressif sur le revenu, car de nombreuses formes de revenus en sont exonérées en toute légalité. Beaucoup de contribuables bénéficient de ces exonérations, mais les très riches en profitent proportionnellement plus que le reste de la population. Nombre d'entre eux voient en effet la quasi-totalité de leur revenu échapper à l'impôt. Considérons le cas de Mark Zuckerberg. Il possède environ 20 % de Facebook, une société qui a réalisé 20 milliards de bénéfices en 2018. Son véritable revenu économique s'est donc élevé cette année-là à 20 % de 20 milliards, soit 4 milliards de dollars. Mais, comme Facebook n'a pas versé de dividendes, pas un sou de cette somme ou presque n'a été soumis à l'impôt progressif sur le revenu. Zuckerberg ne paie d'impôt que quand il vend des actions et réalise ainsi des plus-values. À l'instar de beaucoup d'autres milliardaires, son taux d'imposition est aujourd'hui proche de zéro, et il en restera ainsi tant qu'il ne vendra pas ses actions Facebook.

Le seul impôt de quelque ampleur que paie Mark Zuckerberg est sa part de l'impôt sur les sociétés acquitté par Facebook. C'est là qu'apparaît le deuxième problème : cet impôt a quasiment disparu.

1. « Époque dorée » entre la fin de la guerre de Sécession, en 1865, et la Première Guerre mondiale. (*N. d. T.*)

Facebook n'a jamais brillé en la matière : en délocalisant ses bénéfices aux îles Caïman, le réseau social a esquivé des milliards de dollars d'impôts au fil des années (ainsi que nous le verrons plus en détail dans le quatrième chapitre, Facebook est loin d'être la seule multinationale à agir de la sorte). Au-delà de cette optimisation fiscale, le taux d'impôt sur les bénéfices des sociétés a été ramené en 2018 de 35 % à 21 %, ce qui a conduit à une réduction de presque moitié des recettes de cet impôt entre 2017 et 2018[1]. Nous reviendrons plus longuement sur cet épisode fondamental, mais notons dès à présent sa conséquence la plus immédiate : le fait que le niveau de l'impôt sur les sociétés soit faible signifie que les ultra-riches, dont le revenu est pour l'essentiel tiré de la détention d'actions, sont désormais soumis à des taux effectifs d'imposition fort limités.

La troisième raison qui explique que les plus aisés paient peu d'impôts tient aux transformations récentes de l'impôt progressif sur le revenu. En moins de deux décennies, celui-ci est passé d'un impôt qui taxait sur un pied d'égalité le travail et le capital à un impôt qui favorise désormais ouvertement les revenus du capital. Depuis 2003, les dividendes bénéficient de taux réduits, qui s'élèvent à 20 % maximum. La conséquence ? Quand des grandes entreprises (comme Microsoft) versent des dividendes, leurs propriétaires (Bill Gates) paient au maximum 20 % d'impôts sur ce type de revenu. Depuis 2018, les revenus d'activités non salariées (perçus par les médecins, les avocats, les consultants, les financiers, etc.) font l'objet d'un abattement de 20 %, si bien que le taux marginal supérieur tombe à 29,6 % au lieu de 37 %, comme c'est la norme pour les salaires. C'est l'une des principales innovations de la réforme fiscale de Trump, et aussi l'une des plus controversées – elle semble d'ailleurs faire l'unanimité des économistes contre elle, ce qui n'est pas un mince

1. D'après les comptes nationaux, les recettes de l'impôt fédéral sur les sociétés ont été de 285 milliards de dollars en 2017 et de 158 milliards en 2018 (US Department of Commerce, Bureau of Economic Analysis, *National Income and Product Accounts of the United States, 1929-2018*, *op. cit.*, tableau 3.2).

exploit. L'abattement est limité pour les travailleurs indépendants (tel un consultant exerçant seul), mais illimité pour les revenus non salariaux perçus par les ayants droit de grandes organisations qui emploient suffisamment de travailleurs ou possèdent un stock de capital suffisamment élevé. Par exemple, comme c'est pratique, pour quelqu'un dont l'activité consisterait à posséder et louer des gratte-ciel à New York.

Le seul type de revenu qui ne bénéficie d'aucune exonération, ni d'abattements, de taux réduits ou de quelque autre avantage, est le salaire. Quel que soit leur niveau de revenu, les salariés sont donc plus lourdement taxés que les Américains qui tirent leurs revenus de la détention de patrimoine. Deux contribuables aux revenus identiques peuvent, plus généralement, s'acquitter d'un impôt très différent selon la catégorie juridique (souvent arbitraire) dans laquelle s'inscrivent leurs revenus. Les réformes menées depuis le début des années 2000 ont abandonné le principe de justice fiscale élémentaire « À revenu égal, impôt égal ».

Le processus qui mine le système fiscal américain est simple : les revenus du capital sont, à divers degrés, de plus en plus défiscalisés. Ce mouvement ne se déroule pas de manière uniforme : certains impôts sur le capital disparaissent plus vite que d'autres. Les profits des grosses multinationales sont moins taxés que ceux des entreprises domestiques, et les dividendes moins que les intérêts. Selon la nature de leur fortune, les plus fortunés profitent donc plus ou moins de ce processus. Les ultra-riches, dont le revenu provient majoritairement des parts qu'ils possèdent dans de grosses entreprises, ont jusqu'ici été les grands gagnants de cette évolution.

Ploutocratie

Faut-il vraiment s'inquiéter du fait que le système fiscal soit une gigantesque *flat tax*, avec traitement de faveur pour les ultra-riches ? Il y a plusieurs façons de répondre à cette question.

Précisons en premier lieu que nous n'avons rien fait pour exagérer les chiffres présentés, bien au contraire. En réalité, nous avons peut-être sous-estimé la régressivité réelle du système fiscal américain pour les très fortunés, en attribuant le même taux effectif d'imposition à toutes les entreprises, alors qu'il est possible (peut-être même probable) que celles contrôlées par les plus riches échappent davantage à l'impôt – parce qu'une fraction plus importante de leurs profits serait transférée dans des paradis fiscaux. Si tel est le cas, nos séries surestiment les impôts véritablement payés par les milliardaires.

Il faut également remarquer que les États-Unis ne sont pas la seule démocratie où le système fiscal considéré dans son ensemble s'avère beaucoup moins progressif qu'il n'y paraît de prime abord. Bien qu'il ne soit pas simple de conduire des comparaisons internationales rigoureuses – nous verrons pourquoi dans le cinquième chapitre –, les meilleures données disponibles laissent à penser que les Américains se trouvent en bonne compagnie : le système fiscal français, par exemple, ne semble pas plus progressif que celui des États-Unis[1].

Le manque de progressivité du système fiscal américain constitue d'après nous un problème pour trois raisons principales.

D'abord, pour d'évidentes raisons budgétaires. Même si l'on ne considère que le sommet de l'échelle des revenus, là où l'impôt devient régressif, les enjeux sont tout sauf négligeables. Le taux d'imposition des 0,001 % des plus hauts revenus est aujourd'hui de 25 %. Le doubler pour passer à 50 % générerait, toutes choses égales par ailleurs, plus de 100 milliards de dollars de rentrées fiscales supplémentaires chaque année, soit une somme suffisante pour augmenter de 800 dollars le revenu après impôts de chaque adulte des classes

1. Camille Landais, Thomas Piketty et Emmanuel Saez, *Pour une révolution fiscale. Un impôt sur le revenu pour le XXIe siècle*, Paris, Seuil, 2011 ; Antoine Bozio *et al.*, « Inequality and Redistribution in France 1990-2018 : Evidence from Post-Tax Distributional National Accounts », document de travail n° 2018/10, WID. world, 2018.

populaires (qui, comme on l'a dit, ne gagnent que 18 500 dollars par an en moyenne). Du fait de l'extrême concentration des revenus aux États-Unis, le taux effectif d'imposition des ultra-riches a des conséquences importantes pour les finances publiques.

Ensuite, pour une simple raison d'équité. Les impôts que les plus fortunés ne paient pas, le reste de la population doit s'en acquitter. On peut toujours défendre l'idée que les marchés accordent à chacun le revenu qu'il mérite et que les riches, maltraités dans les années 1960 et 1970, reçoivent aujourd'hui, grâce à des marchés mondialisés et toujours plus parfaits, la juste récompense de leur grand talent. Nous ne partageons pas cette idéologie, qui pourrait être qualifiée de fondamentalisme de marché, mais elle a au moins le mérite de faire preuve d'une certaine cohérence intellectuelle. Comment justifier, en revanche, que les milliardaires paient moins que tous les autres groupes sociaux, et qu'ils paient de moins en moins à mesure que leur fortune augmente ? Quel grand principe pourrait-il bien légitimer une situation aussi perverse ?

Mais le problème fondamental du régime fiscal américain est la spirale inégalitaire qu'il alimente. Ainsi que nous l'avons vu, la part de revenu national capté par les 1 % a enflé pendant que celle des classes populaires s'effondrait. Et pourtant, au lieu de freiner cette tendance, la fiscalité l'a renforcée. Les taux effectifs d'imposition des plus fortunés ont baissé ; ceux des plus démunis ont augmenté. En 2018, pour la première fois depuis un siècle, le taux d'imposition des quatre cents premières fortunes des États-Unis est passé en dessous de celui des catégories modestes.

***Graphique 1.4* – Le taux effectif d'imposition des milliardaires américains est désormais inférieur à celui des classes populaires**
(taux moyen d'imposition des 50 % des revenus les plus bas et des quatre cents Américains les plus riches, 1960-2018)

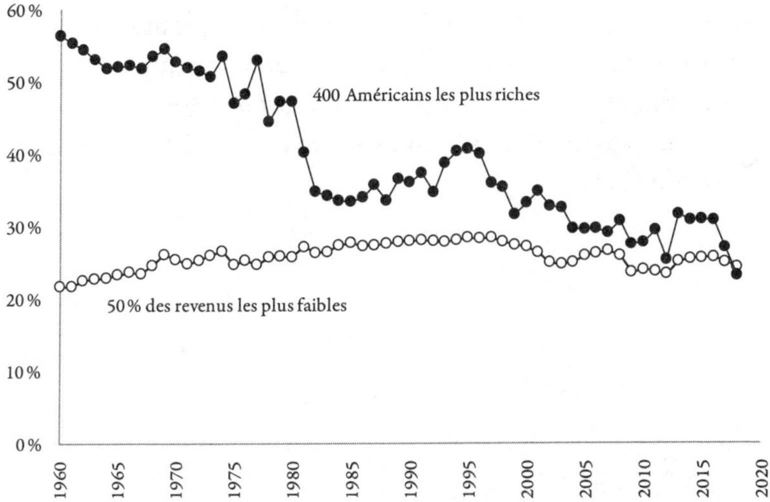

Lecture : Ce graphique montre le taux effectif moyen d'imposition des 50 % d'Américains ayant les revenus les plus faibles et des quatre cents Américains ayant les revenus les plus élevés, depuis 1960. Le taux d'imposition est exprimé en pourcentage du revenu avant impôts. Avant les années 1980, les plus riches étaient imposés beaucoup plus lourdement que les 50 % les plus modestes. En 2018, pour la première fois, ces derniers ont été davantage imposés que les quatre cents plus grandes fortunes.

Sources et méthodologie : TaxJusticeNow.org.

Voilà un système fiscal qui ressemble fort à celui d'une ploutocratie. Avec des taux d'imposition atteignant péniblement 20 % pour les milliardaires, le risque est grand que les richesses continuent à se concentrer pratiquement sans limite. Et, avec cette concentration des ressources monétaires, que la concentration du pouvoir politique dans les mains des plus fortunés poursuive elle aussi son ascension.

On peut bien sûr toujours balayer d'un revers de la main la menace d'une dérive ploutocratique et ne donner aucune importance au fait qu'une poignée de multimilliardaires détient une part considérable du patrimoine du pays, estimer que les institutions américaines sont trop solides pour être jamais prises en otage par des intérêts particuliers et que, de Boston à Los Angeles, la démocratie l'emportera encore et toujours. Et il est vrai que la démocratie l'a emporté sur la ploutocratie par le passé. Elle a triomphé de la ploutocratie esclavagiste du Sud. Elle a eu raison de la ploutocratie industrielle qui avait commencé à s'installer pendant le *Gilded Age*.

Dans un cas, il aura fallu une guerre civile ; dans l'autre, une révolution fiscale.

Chapitre 2

De Boston à Richmond

L'histoire de l'impôt aux États-Unis est tout sauf linéaire. C'est une histoire faite de revirements spectaculaires, de soudains changements de cap idéologiques et politiques, d'innovations révolutionnaires et de volte-face tout aussi radicales.

Entre 1930 et 1980, le taux marginal supérieur de l'impôt sur le revenu s'établit en moyenne à 78 %, et il atteignit même 91 % entre 1951 et 1963[1]. Au milieu du XXe siècle, les grosses successions étaient taxées à des taux quasi confiscatoires, avoisinant les 80 % entre 1941 et 1976.

Quand ils se penchent sur ce passé, certains observateurs récusent l'idée que ces taux marginaux élevés aient jamais pu avoir une quelconque efficacité. En pratique, affirment-ils, presque personne ne les payait et les niches fiscales étaient légion. À les en croire, l'Amérique peut bien donner l'impression d'avoir essayé de taxer les riches, mais elle ne l'a jamais fait réellement.

1. Le taux marginal de l'impôt sur le revenu monta même à 92 % en 1952 et 1953.

La question mérite d'être étudiée avec soin : les ultra-riches américains ont-ils, à un moment donné de l'histoire, véritablement fait face à des taux effectifs d'imposition élevés ? Et si oui, était-ce seulement au moment des guerres mondiales, ou bien la progressivité fiscale a-t-elle été la norme en dehors des conflits, reflétant des choix plus profonds en matière de justice et d'inégalité – des choix qui auraient peut-être encore une certaine pertinence dans les débats fiscaux contemporains ? Pour répondre à ces questions, il nous faut étudier l'évolution sur longue période des taux effectifs d'imposition des différentes couches de la population. En étendant les calculs présentés au chapitre précédent sur plus d'un siècle, nous allons voir quelle a pu être dans le passé la progressivité réelle du système fiscal américain. Nous découvrirons également que l'Amérique a inventé plusieurs institutions fiscales parmi les plus progressives du monde, montrant parfois le chemin aux autres pays.

Il n'existe bien sûr pas une manière spécifiquement américaine de taxer – pas plus qu'il n'y aurait une manière spécifiquement française ou japonaise. En revanche, il y a des trajectoires nationales singulières, faites d'expériences, de bricolages institutionnels, d'avancées et de retours en arrière. Comme celle d'autres pays, l'histoire fiscale des États-Unis est profondément liée à la dynamique des inégalités, à la transformation des croyances au sujet de la propriété privée et au progrès de la démocratie. L'étude de cette histoire peut aider à comprendre les conditions d'un changement en ce début de XXIe siècle.

L'impôt sur la fortune : une invention du XVIIe siècle

Dès leur arrivée dans le Nouveau Monde, les habitants des colonies du Nord (du New Hampshire à la Pennsylvanie) eurent à cœur de mettre à contribution les colons les plus riches. Au XVIIe siècle, ils mirent au point des systèmes fiscaux particulièrement modernes pour leur époque. Leur innovation principale ? Taxer le patrimoine. Pas seulement la propriété foncière et immobilière, comme le faisait déjà l'Angleterre, mais aussi toutes les autres formes de richesse : des actifs financiers (actions, obligations, prêts, etc.) jusqu'aux bestiaux, stocks de marchandises, navires et bijoux.

En 1640 déjà, la colonie du Massachusetts taxait toutes les formes de patrimoine[1]. Les méthodes d'estimation, variables d'un État à l'autre, évoluèrent au fil du temps, mais d'une manière générale la règle consistait à évaluer les actifs à leur valeur de marché. Quand celle-ci n'était pas facile à connaître, elle était estimée par des contrôleurs locaux élus, ou bien calculée en capitalisant les revenus générés par les propriétés sous-jacentes. Par exemple, en 1700, une maison susceptible de rapporter quinze livres de loyer par an était réputée valoir 90 livres (c'est-à-dire six années de loyer) et imposée en conséquence.

Les systèmes fiscaux des colonies étaient bien sûr loin d'être parfaits, et loin d'être équitables aux yeux d'un observateur d'aujourd'hui. Les impôts sur la fortune, proportionnels et à taux faibles, étaient limités dans leur ambition. Ils s'accompagnaient surtout de nombreuses taxes qui frappaient démesurément les plus pauvres, comme les droits de douane ou les capitations (impôt forfaitaire par tête). Dans certaines colonies, dont New York, les impôts régressifs sur la consommation rapportaient bien davantage que les impôts sur la propriété.

Il n'en reste pas moins que, dans l'ensemble, les systèmes fiscaux des colonies du Nord étaient progressifs pour l'époque, et en particulier bien plus modernes et démocratiques que les impôts alors en vigueur en Europe. En France, alors le pays le plus peuplé de l'Ancien Monde,

1. Certains chercheurs se sont appuyés sur les archives de l'impôt sur la propriété des colonies pour établir des statistiques sur les inégalités dans l'Amérique d'avant la guerre de Sécession. Celles-ci étaient alors bien moindres dans les colonies du Nord qu'en Angleterre. Cf. Peter H. Lindert, « Three Centuries of Inequality in Britain and America », *in* Anthony B. Atkinson et François Bourguignon (dir.), *Handbook of Income Distribution*, t. 1, Amsterdam, Elsevier, 2000, p. 167-216.

la monarchie dorlotait les riches tout en imposant lourdement le petit peuple. Il existait bien un impôt sur le revenu (la taille), mais son principal titre de gloire était d'épargner les plus privilégiés : l'aristocratie, le clergé, les magistrats, les professeurs, les médecins, les bourgeois des grandes villes, y compris Paris, et les percepteurs de l'impôt eux-mêmes (les fameux fermiers généraux). Dans le même temps, les plus démunis étaient sévèrement frappés par la gabelle (l'impôt sur le sel) et d'innombrables droits d'entrée et octrois sur les marchandises qui arrivaient dans les villes, notamment les denrées alimentaires, les boissons et les matériaux de construction. Comme tout le monde avait besoin de nourriture et de sel (à une époque où la réfrigération n'existait pas encore), cette multitude de taxes sur la consommation rendait les systèmes fiscaux de l'Ancien Monde beaucoup moins progressifs que ceux de la Nouvelle-Angleterre[1].

Les deux visages du Nouveau Monde

La fiscalité des colonies du Nord était également beaucoup plus progressive que celle des colonies du Sud. En Virginie (la plus peuplée dans le Sud), le système fiscal consistait essentiellement jusqu'à la guerre de Sécession (1861-1865) en une capitation et des myriades de prélèvements sur les produits de première nécessité. Alors que le Massachusetts avait mis sur pied un système relativement sophistiqué pour assigner une valeur à toutes les formes de richesse, le système fiscal de la Virginie ne faisait aucun effort pour estimer la valeur de quelque actif que ce soit, se contentant de capitations et de taxes indirectes sur le tabac, le bétail et les chevaux, les chariots (en fonction du nombre de roues) et les tables de billard[2]. C'est ainsi qu'au XVIIIe siècle les impôts de l'État natal de Thomas Jefferson étaient encore plus archaïques que ceux de la France de Louis XVI :

1. Robin L. Einhorn, *American Taxation, American Slavery*, Chicago (Ill.), University of Chicago Press, 2006.
2. *Id.*

d'impôt sur le revenu il n'y avait point, et la taxation du patrimoine se limitait à des formes très rudimentaires de taxe foncière.

Comme dans le Nord, les politiques fiscales variaient bien sûr d'un État à l'autre, mais elles se caractérisaient dans l'ensemble par leur grande régressivité. Dans son ouvrage magistral *American Taxation, American Slavery* (2006), l'historienne Robin Einhorn démontre le lien profond entre le caractère archaïque de la fiscalité du Sud des États-Unis et l'esclavage. Car une crainte hantait les propriétaires d'esclaves : que l'électorat utilise l'arme fiscale pour abolir l'« institution particulière », comme l'esclavage était alors pudiquement appelé. À une époque où 40 % de la population des États du Sud étaient juridiquement considérés comme une forme de propriété au même titre qu'un terrain ou qu'une maison, il y avait, pour les esclavagistes, un risque mortel à laisser se développer l'impôt sur la propriété. Ils s'y opposèrent sans relâche et, pendant près de deux siècles, se mobilisèrent pour maintenir la fiscalité dans l'archaïsme. Comment ? En entravant le développement de la démocratie.

En lieu et place de gouvernements locaux élus, la Virginie des XVIIe et XVIIIe siècles était administrée par une poignée d'oligarques qui se succédaient de génération en génération. Les postes clés, conférés à vie, se transmettaient de pères en fils ; les membres des tribunaux étaient nommés sur recommandation des sortants. Quand les planteurs ne s'autodésignaient pas comme percepteurs des impôts, ils soudoyaient quiconque exerçait cette fonction. Et lorsqu'une taxe foncière fut finalement instituée, les propriétaires terriens purent estimer eux-mêmes la valeur de leurs domaines – inutile de dire qu'ils les sous-évaluèrent dans les grandes largeurs. Ce n'est qu'en 1851 que les citoyens de Virginie élurent pour la première fois leur gouverneur.

« Les Américains détestent les impôts ! C'est dans leur ADN ! » Cette rhétorique anti-taxes est omniprésente dans bien des discours sur la société américaine. Elle s'accompagne d'un certain nombre de poncifs : ici, une référence à la Boston Tea Party de 1773, révolte anti-impôt érigée en acte politique fondateur des États-Unis ; là, une allusion à l'idée que les Américains, contrairement aux Européens, croiraient plus que tout à la responsabilité individuelle, et en l'idée que tout le monde peut, par son travail et son talent, se hisser au sommet ; ailleurs encore, une mention du célèbre aphorisme attribué à Steinbeck selon lequel les pauvres, en Amérique, se considéreraient tous comme des « millionnaires temporairement dans l'embarras »[1]. Selon cette logique, les Américains auraient une sainte horreur des impôts et ne seraient fidèles à eux-mêmes que lorsqu'ils « affament le monstre », c'est-à-dire l'État.

Si l'on veut comprendre la genèse de cette rhétorique, nous apprend Robin Einhorn, il ne faut pas chercher du côté de Boston et du Massachusetts, mais du côté de Richmond, la capitale de la Virginie. Non pas du côté d'Américains ordinaires supposément épris de liberté, mais du côté des propriétaires d'esclaves arc-boutés sur la défense de leur immenses – mais précaires – richesses. Ce sont ces esclavagistes, peut-être plus que tout autre groupe social, qui furent les principaux artisans du discours anti-État qui a, sous diverses formes, traversé toute l'histoire des États-Unis. Ils se firent ainsi les champions de la primauté absolue de la propriété privée – même lorsque celle-ci comprenait la détention d'autres êtres humains –, vitupérant contre les méfaits des impôts prétendument « inquisitoriaux » sur les revenus et les patrimoines, dénonçant sans relâche le risque d'une « tyrannie de la majorité » qui chercherait à « spolier » une petite et fragile élite de citoyens méritants et fortunés. Même si les origines du sentiment anti-étatique aux États-Unis sont complexes, peu de groupes sociaux ont autant contribué à parfaire la rhétorique antifiscale que les propriétaires d'esclaves.

Quand éclata la guerre de Sécession, l'aversion de ces derniers pour l'impôt et la démocratie se transforma en sévère handicap pour les États du Sud. Les recettes fiscales de ces derniers, qui se composaient

1. L'auteur canadien Ronald Wright attribue cet aphorisme à John Steinbeck, mais il s'agit sans doute d'une paraphrase – *La Fin du progrès ?* (2004), trad. fr. Marie-Cécile Brasseur, Paris, Naïve, 2006.

essentiellement de droits de douane, s'effondrèrent en effet dès que l'Union bloqua leurs ports. Dénuée de toute expérience en matière de collecte d'impôts sur le revenu et la fortune, la Confédération se trouva incapable de compenser le manque à gagner et dut recourir à la planche à billets pour financer la guerre, provoquant une flambée inflationniste.

L'Union, au contraire, put s'appuyer sur sa tradition en matière de taxation directe pour assurer ce financement. C'est ainsi que l'Internal Revenue Bureau, l'ancêtre du fisc actuel, fut créé en 1862, et la même année le premier impôt fédéral sur le revenu prélevé avec un taux de 3 % au-dessus de 600 dollars et de 5 % au-dessus de 5 000 dollars[1]. Ce seuil d'imposition correspondait alors à environ quatre fois le revenu moyen du pays, soit l'équivalent de 250 000 dollars aujourd'hui[2]. Il s'agissait donc d'un impôt progressif, bien qu'à taux faible. Une nouvelle loi votée 1864 fit passer les taux à 5 % au-dessus de 600 dollars, 7,5 % au-dessus de 5 000 dollars et 10 % au-dessus de 10 000 dollars – l'équivalent de plus de 3 millions de dollars aujourd'hui. La législation prévoyait

1. Le *Revenue Act* voté en 1861 avait instauré le premier impôt fédéral sur le revenu (avec un taux de 3 % pour les revenus dépassant 800 dollars) mais, faute de mécanisme de recouvrement, cet impôt ne put jamais être collecté. La loi fut abrogée et remplacée par le *Revenue Act* de 1862.

2. En 1860, les États-Unis comptaient environ trente et un millions d'habitants. Le revenu national se montait alors à environ 5 milliards de dollars courants. Les statistiques historiques font état d'un « revenu de la production privée » de 4,1 milliards de dollars en 1859 (estimation sans doute légèrement timide qui doit être ajustée à la hausse pour tenir compte de la petite production publique), ce qui donne un revenu moyen par tête aux alentours de 150 dollars en 1860, soit un quart du seuil d'imposition, qui était de 600 dollars – US Department of Commerce, Bureau of the Census, *Historical Statistics of the United States, 1789-1945*, 1949, série A154 et série B2. Entre 1860 et 1864, l'indice des prix bondit de quelque 75 %, si bien que le revenu moyen par tête atteignit environ 250 dollars en 1864 – Jeremy Atack et Peter Passell, *A New Economic View of American History from Colonial Times to 1940*, 2e éd., New York (N. Y.), W. W. Norton, 1994, p. 367, tableau 13.5.

par ailleurs que les revenus déclarés ainsi que les montants versés au fisc soient rendus publics, et c'est ainsi qu'en 1865 le *New York Times* fit sa une sur les revenus de l'élite new-yorkaise : William Astor avait déclaré un revenu de 1,3 million de dollars (cinq mille deux cents fois le revenu moyen de l'époque, soit l'équivalent de 400 millions de dollars aujourd'hui), Cornelius Vanderbilt 576 551 dollars (l'équivalent de 170 millions d'aujourd'hui), et ainsi de suite[1]. L'Union s'endetta aussi lourdement pour financer le conflit et l'inflation augmenta en conséquence, mais beaucoup moins que dans le Sud[2].

Quand l'impôt sur le revenu était anticonstitutionnel

Après l'abolition de l'esclavage, en 1865, les élites industrielles du Nord reprirent à leur compte la rhétorique anti-État des oligarques du Sud pour combattre l'impôt sur le revenu instauré pendant le conflit, recyclant et modernisant les arguments bien huilés des esclavagistes contre les méfaits de l'ingérence publique dans la propriété privée. En 1871, l'Anti-Income Tax Association vit le jour à New York ; elle rassemblait certaines des plus grosses fortunes de l'époque, telles que William Astor, Samuel Sloan et John Pierpont Morgan[3]. Ses efforts furent vite couronnés de succès : l'impôt sur le revenu, dont le taux avait déjà été abaissé par le Congrès après la guerre, fut aboli en 1872. Il devait rester dans les limbes jusqu'en 1913, malgré les nombreuses tentatives des réformateurs pour le rétablir pendant

1. Romain D. Huret, *American Tax Resisters*, Cambridge (Mass.), Harvard University Press, 2014, p. 25.

2. Dans la Confédération, les prix furent multipliés par environ quarante entre 1860 et 1864, alors qu'ils n'augmentèrent que de 75 % dans l'Union. Sur la Confédération, cf. Eugene M. Lerner, « Money, Prices and Wages in the Confederacy, 1861-65 », *Journal of Political Economy*, vol. 63, n° 1, 1955, p. 20-40 ; sur l'Union, cf. Jeremy Atack et Peter Passell, *A New Economic View of American History...*, *op. cit.*, p. 367, tableau 13.5.

3. Romain D. Huret, *American Tax Resisters*, *op. cit.*, p. 40-41.

la période de la Reconstruction – immédiatement postérieure à la guerre de Sécession – et du *Gilded Age*.

Pour les partisans de l'impôt progressif sur le revenu à la fin du XIXe siècle, celui-ci avait deux grandes justifications. La première était l'iniquité flagrante du système fiscal fédéral. De 1817 jusqu'au cataclysme de la guerre de Sécession, le Congrès n'avait prélevé qu'une seule taxe : des droits de douane – fort régressifs – sur les importations. Pendant le conflit, outre l'impôt progressif sur le revenu adopté en 1861, les accises s'étaient multipliées sur à peu près tout et n'importe quoi : les produits de luxe, l'alcool, les tables de billard, les cartes à jouer, mais aussi les corporations, les annonces dans les journaux, les actes juridiques, les produits manufacturés, etc. Certaines de ces nouvelles taxes « intérieures » (telles qu'étaient alors appelés ces prélèvements obligatoires sur la consommation domestique, par opposition aux droits de douane, qui constituaient des taxes dites « extérieures ») furent abolies après la défaite de la Confédération, mais beaucoup d'autres perdurèrent. En 1880, les contributions intérieures représentaient ainsi un tiers des recettes fiscales de l'État fédéral, les droits de douane les deux tiers restants[1]. Dans les deux cas, l'impôt reposait lourdement sur les épaules des pauvres. Après l'abolition de l'impôt sur le revenu, les grandes fortunes du *Gilded Age* ne payaient pratiquement plus de taxes fédérales ; presque toutes les recettes de l'État central étaient prélevées sur les consommateurs.

Deuxième évolution qui catalysa les efforts de réforme : l'explosion des inégalités. Dans un contexte d'industrialisation, d'urbanisation et de cartellisation accélérées, la concentration croissante des richesses devenait impossible à ignorer. Les économistes s'employèrent à la quantifier. En 1893 par exemple, George Holmes, un statisticien du ministère de l'Agriculture, utilisa les données du recensement de 1890 (combinées à des classements des plus grandes fortunes

1. US Department of Commerce, Bureau of the Census, *Historical Statistics of the United States, Colonial Times to 1970*, 1975, séries Y353-354.

américaines) pour estimer que les 10 % des ménages les plus aisés détenaient plus de 71 % de la richesse nationale[1]. D'autres chercheurs obtinrent des chiffres comparables[2], suggérant une forte augmentation des inégalités par rapport à l'avant-guerre, où les 10 % les plus riches possédaient moins de 60 % de la richesse totale. Les estimations disponibles de la concentration des patrimoines à la fin du XIXe siècle ont bien sûr une marge d'erreur, puisque, en l'absence de tout impôt fédéral sur les revenus ou les fortunes, les sources primaires pour mesurer les inégalités étaient fort limitées[3]. Avec la hausse des inégalités se fit jour une demande croissante, dans certaines couches de la population, pour que soit niée de la situation : les économistes déformaient la réalité ; leurs statistiques étaient erronées. Cependant, pour quiconque y prenait garde, il ne faisait guère de doute qu'un bouleversement de grande ampleur était à l'œuvre.

La cause de l'impôt progressif gagna en popularité. Un certain nombre d'économistes (au premier rang desquels Edwin Seligman, professeur à l'université de Columbia) se mirent à expliquer les vertus de l'impôt sur le revenu, sa capacité à « changer le système fiscal dans le sens d'une plus grande justice »[4]. Les projets de loi ayant pour but de rétablir un impôt progressif sur le revenu se multiplièrent (le plus souvent à la suite de crises économiques, comme la

1. « The Concentration of Wealth », *Political Science Quarterly*, vol. 8, n° 4, 1893, p. 589-600.

2. Charles B. Spahr, *An Essay on the Present Distribution of Wealth in the United States*, New York (N. Y.), T. Y. Crowell, 1896 ; Eltweed Pomeroy, « The Concentration of Wealth », *Arena*, vol. 16, 1896, p. 82 ; Robert E. Gallman, « Trends in the Size Distribution of Wealth in the Nineteenth Century : Some Speculations », *in* Lee Soltow (dir.), *Six Papers on the Size Distribution of Wealth and Income*, New York (N. Y.), NBER, 1969, p. 1-30.

3. Peter H. Lindert, « Three Centuries of Inequality in Britain and America », chap. cité.

4. Edwin R. A. Seligman, « The Income Tax », *Political Science Quarterly*, vol. 9, n° 4, 1894, p. 610-648.

panique financière de 1873 ou celle de 1893), sous la pression des progressistes et des démocrates, qui séduisaient l'électorat blanc du Sud et les classes moyennes et populaires du Nord-Est et de l'Ouest du pays. Face à eux, la nouvelle alliance politique entre élites du Sud et industriels du Nord se mit à dénoncer le caractère « inquisitorial » de l'impôt sur le revenu, une « législation de classe », faite d'après eux pour plaire aux « démagogues de l'Ouest ». Selon ses détracteurs, l'impôt progressif sur le revenu portait atteinte à la vie privée ; pire encore, d'après le sénateur de New York David Hill, il était « anti-américain », importé par des « professeurs européens »[1].

Une loi instituant un impôt sur le revenu fut toutefois votée par le Congrès en 1894, avec un taux de 2 % pour les revenus au-delà de 4 000 dollars (environ douze fois le revenu moyen par adulte de l'époque, soit l'équivalent de 900 000 dollars aujourd'hui), déclenchant un débat autour de sa constitutionnalité. La Constitution des États-Unis prévoit en effet que les impôts directs doivent être répartis entre les États à proportion de leur population. Si, par exemple, 10 % de la population américaine vit dans l'État de New York, 10 % des recettes fiscales tirées de taxes « directes » doivent en principe parvenir de cet État, et ce, même si un tiers du revenu national y est perçu (ce qui était grosso modo le cas à la fin du XIXe siècle) et que la plupart des individus imposables (c'est-à-dire gagnant plus de 4 000 dollars) y résident. Ni l'impôt sur le revenu de 1862 ni celui de 1894 n'étaient répartis en fonction de la population des États, car cela n'aurait eu aucun sens : il aurait fallu taxer très peu les riches dans les États où ils étaient surreprésentés (comme New York), au mépris de l'objectif de progressivité.

Petit problème : la Constitution ne définit pas le terme « impôt direct ». Le 20 août 1787, lors de la Convention de Philadelphie, Rufus King, un délégué du Massachusetts, avait posé une question

1. Romain D. Huret, *American Tax Resisters*, *op. cit.*, p. 85.

demeurée célèbre : « Qu'est-ce au juste qu'un impôt direct ? » et personne ne lui avait répondu. Le terme ne s'applique-t-il qu'aux capitations et aux impôts fonciers, ou également à l'impôt sur le revenu ? La Cour suprême s'empara de la question en 1895. Dans l'arrêt *Pollock v. Farmers' Loan and Trust Company*, les juges déclarèrent que l'impôt fédéral sur le revenu était bien un « impôt direct » et devait donc être réparti entre les États en fonction de leur population. Cette décision valait arrêt de mort pour l'impôt adopté en 1894 et entraîna son abrogation. Pendant le restant du *Gilded Age*, les caisses de l'État fédéral ne seraient plus alimentées que par les droits de douane et les accises sur le tabac et l'alcool.

Et ainsi naquit l'impôt progressif...

Après l'arrêt *Pollock*, créer un impôt progressif sur le revenu n'était plus possible qu'au prix d'une modification de la Constitution. Ce qui advint en 1913, lorsque les trois quarts des États ratifièrent le seizième amendement, après son adoption quatre ans auparavant par les deux tiers des deux chambres du Congrès – les deux étapes nécessaires pour changer la Constitution. L'amendement stipule que « le Congrès aura le pouvoir d'établir et de percevoir des impôts sur les revenus, de quelque source qu'ils dérivent, sans avoir à les répartir parmi les États à proportion de leur population ». Un impôt fédéral sur le revenu fut voté la même année.

Les États-Unis ne furent pas pionniers en la matière. Plusieurs pays avaient déjà créé leur propre impôt progressif sur le revenu à la fin du XIXe siècle et au début du XXe ; l'Allemagne, la Suède et le Japon avaient été les premiers, entre les années 1870 et 1890, à instaurer un tel impôt hors de tout contexte de conflit militaire. Le Royaume-Uni leur avait emboîté le pas. Les États-Unis innovèrent cependant en rendant très vite cet impôt fortement progressif. En 1913, le taux marginal supérieur ne s'élevait qu'à 7 % ; dès 1917, il atteignait 67 %. À ce moment de l'histoire, aucun autre pays au monde ne taxait aussi lourdement les plus hauts revenus.

Comment expliquer cette forte augmentation de la progressivité fiscale ? Plusieurs facteurs méritent d'être notés[1]. Il y avait en premier lieu la volonté des dirigeants américains de taxer les profiteurs de guerre, afin d'empêcher qu'une nouvelle « aristocratie de bas étage » ne se forme, comme à l'époque de la guerre de Sécession. Une taxe sur les bénéfices exceptionnels fut ainsi instaurée dès que les États-Unis entrèrent dans le premier conflit mondial, en avril 1917, d'abord pour la seule industrie des marchands d'armes, avant d'être étendue à l'ensemble des entreprises. Au-delà d'un taux de rendement de 8 % sur le capital physique (bâtiments, usines, machines, etc.), tous les profits étaient jugés anormaux et taxés selon un barème vigoureusement progressif, avec des taux montant jusqu'à 80 % en 1918.

Mais, bien qu'elle ait joué un rôle certain, il ne semble pas que la Première Guerre mondiale ait été le principal moteur de la montée en force de la progressivité fiscale aux États-Unis. Aucun des belligérants, après tout, n'avait de tendresse quelconque pour les profiteurs de guerre ; tous mirent en place une taxe sur les profits excessifs de leurs entreprises. Aucun pays n'augmenta cependant son taux marginal supérieur d'imposition de manière aussi radicale que les États-Unis (même si le Royaume-Uni s'en approcha). L'essor de l'impôt progressif, loin d'être le simple produit de circonstances militaires exceptionnelles, reflétait plus profondément les changements idéologiques et politiques majeurs qui avaient débuté dès les années 1880 et 1890 : l'évolution du Parti démocrate, brutalement ségrégationniste dans le Sud des États-Unis, mais désireux de rallier les électeurs blancs à bas revenus du Nord et de l'Ouest contre les élites financières

1. Ajay K. Mehrotra, *Making the Modern American Fiscal State : Law, Politics, and the Rise of Progressive Taxation, 1877-1929*, New York (N. Y.), Cambridge University Press, 2013 ; Kenneth Scheve et David Stasavage, *Taxing the Rich : A History of Fiscal Fairness in the United States and Europe*, Princeton (N. J.), Princeton University Press, 2017.

républicaines en s'appuyant sur un programme économique égalitariste ; la mobilisation sociale en faveur d'une plus grande justice économique, dans un contexte d'explosion des inégalités et de cartellisation accélérée. En bref, une proportion croissante de la population refusait de voir l'Amérique devenir aussi inégalitaire que l'Europe, qui était à l'époque perçue comme un contre-modèle oligarchique[1]. L'économiste Irvin Fisher résuma bien cet état d'esprit lorsqu'il dénonça en 1919, devant l'Association des économistes américains, la « répartition non démocratique des richesses »[2].

C'est ainsi que les États-Unis furent, en temps de paix, les premiers à mettre en œuvre deux des grandes transformations fiscales du XXe siècle.

Première innovation, l'instauration d'un impôt fortement progressif sur les patrimoines. Au début du siècle, comme nous l'avons vu, les différents États américains avaient déjà derrière eux une longue expérience en matière de taxation de la propriété. Ces impôts avaient cependant un défaut majeur : ils n'étaient pas progressifs. Le même taux s'appliquait à tous les contribuables, quel que soit leur niveau de richesse. Il y avait bien eu au XIXe siècle des tentatives pour les rendre progressifs, mais celles-ci s'étaient soldées par des échecs, les gouvernements des États ayant adopté des clauses dites « d'uniformité » en vertu desquelles tous les actifs, quelles que soient leur nature (réelle ou financière, par exemple) ou la fortune de leur détenteur, devaient être taxés au même taux[3]. Le tournant eut lieu

1. D'après les estimations disponibles, à la veille de Première Guerre mondiale, les 10 % les plus riches possédaient 90 % de la richesse totale en Europe, contre 75 % aux États-Unis. Cf. Thomas Piketty, *Le Capital au XXIe siècle*, Paris, Seuil, 2013 ; *id.* et Gabriel Zucman, « Wealth and Inheritance in the Long Run », *in* Anthony B. Atkinson et François Bourguignon (dir.), *Handbook of Income Distribution*, t. 2, Amsterdam, Elsevier, 2015, p. 1303-1368.

2. « Economists in Public Service : Annual Address of the President », *American Economic Review*, vol. 9, n° 1, 1919, p. 5-21.

3. Robin L. Einhorn, *American Taxation, American Slavery*, *op. cit.*, chap. 6.

en 1916, quand l'État fédéral créa son propre impôt progressif sur la fortune, sous la forme d'un impôt sur le patrimoine au moment du décès : l'« *estate tax* ». Au départ, ses taux étaient modestes : le taux marginal supérieur atteignait 10 % sur les plus grosses fortunes en 1916 ; il s'éleva légèrement pendant la guerre, avant de se stabiliser à 20 % à la fin des années 1920.

Tout changea entre 1931 et 1935, quand le taux applicable aux grandes fortunes passa de 20 % à 70 %. Il devait ensuite osciller entre 70 % et 80 % jusqu'en 1981. Fait marquant : aucun pays d'Europe continentale n'a jamais taxé les grosses successions en ligne directe (de parents à enfants) à plus de 50 %. La seule exception ? L'Allemagne occupée par les Alliés entre 1946 et 1948, à l'époque où la politique fiscale était précisément décidée par les Américains, qui imposèrent un taux de 60 %[1].

La seconde innovation américaine eut une portée plus grande encore. De sa création et jusqu'aux années 1930, le but de l'impôt sur le revenu avait été de collecter des recettes, de faire contribuer les plus aisés aux finances publiques à proportion de leurs ressources. Franklin Roosevelt y ajouta un deuxième objectif : limiter les inégalités. En 1936, il fit passer le taux marginal supérieur à 79 % ; en 1940, à 81 %. Et pendant la Seconde Guerre mondiale, les États-Unis frôlèrent les 100 %.

1. Arnd Plagge, Kenneth Scheve et David Stasavage, « Comparative Inheritance Taxation Database », ISPS Data Archive, Yale University, 2011, p. 14.

***Graphique 2.1* – Quand les États-Unis taxaient les hauts revenus à plus de 90 %**
(taux marginal supérieur d'imposition, 1910-2020)

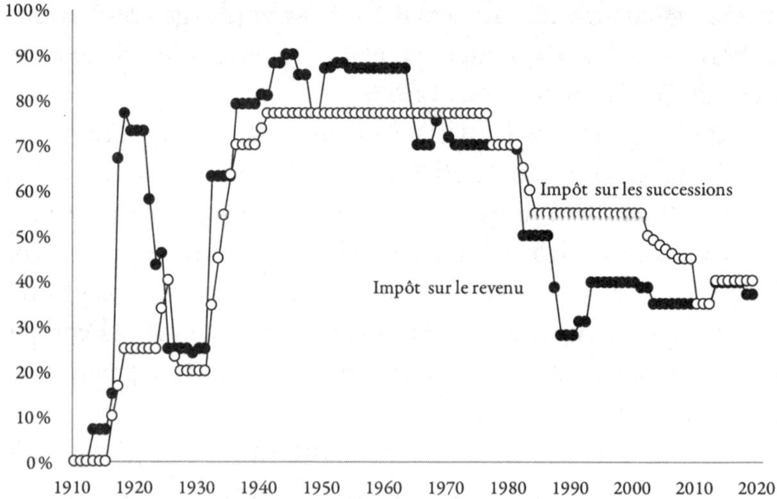

Lecture : Le graphique montre les taux marginaux supérieurs de l'impôt fédéral sur le revenu et de l'impôt fédéral sur les successions depuis 1910. Des années 1930 aux années 1970, ces taux, supérieurs à 70 %, étaient les plus élevés des pays occidentaux (avec ceux du Royaume-Uni).

Sources et méthodologie : TaxJusticeNow.org.

La philosophie de Roosevelt est parfaitement résumée dans son message au Congrès du 27 avril 1942 : « L'écart entre les bas revenus et les très hauts revenus doit être amoindri ; et je crois donc qu'en ces temps de grand danger national, où tous les revenus excessifs devraient être mobilisés pour gagner la guerre, aucun citoyen américain ne devrait avoir un revenu net, après impôts, de plus de 25 000 dollars par an. » Un taux marginal de 100 % sur les revenus au-delà de 25 000 dollars (l'équivalent de plus d'un million de dollars d'aujourd'hui) allait ainsi être instauré, non seulement sur les salaires, mais sur tous les revenus, quelle que soit leur provenance, y compris les intérêts des placements défiscalisés. Le Congrès jugea ce taux de 100 % légèrement excessif et opta finalement pour un taux marginal supérieur de 94 %. Il mit également en place un mécanisme qui limitait le taux moyen d'imposition, de sorte qu'en pratique l'impôt payé ne pouvait excéder 90 % du revenu.

Soixante-dix ans plus tôt, pendant une guerre civile qui avait vu mourir six cent vingt mille soldats (soit à peu près autant que le total des victimes américaines pendant les deux guerres mondiales, les guerres de Corée, du Viêt Nam, d'Irak et d'Afghanistan réunies), le débat fiscal avait porté sur des taux d'imposition situés entre 0 % et 10 %. Désormais, la question était de savoir s'il était préférable de taxer les plus aisés à 90 % ou à 100 % ! Preuve s'il en était besoin que la montée de la progressivité fiscale fut bien davantage liée aux changements politiques intervenus au tournant du XXe siècle qu'aux seules exigences de la guerre en tant que telle. Entre 1944 et 1981, dans la foulée du *New Deal*, le taux marginal supérieur s'éleva en moyenne à 81 %.

Ces taux quasi confiscatoires ne s'appliquaient qu'aux revenus extraordinairement élevés, de l'ordre de plusieurs millions de dollars aujourd'hui. En 1944, par exemple, le taux de 94 % ne commençait qu'au-dessus de 200 000 dollars de revenu annuel, l'équivalent de près de cent fois le revenu national moyen par adulte, soit plus de 6 millions de dollars aujourd'hui. Pour les revenus dépassant 1,2 million de dollars d'aujourd'hui, les taux en vigueur étaient encore élevés, dans une fourchette de 72 % à 94 %. Toutefois, en deçà, ils étaient comparables à ce qu'on observe classiquement de nos jours. Les revenus de quelques centaines de milliers de dollars d'aujourd'hui étaient taxés à des taux marginaux allant de 25 % à 50 %.

Depuis la guerre de Sécession, une des stratégies récurrentes des adversaires de l'impôt progressif a consisté à effrayer les classes moyennes en agitant l'épouvantail de taux pratiquement confiscatoires, qui en réalité n'ont jamais concerné que les ultra-riches.

Il est important de noter que seuls ces derniers ont été soumis à ces taux, et en aucun cas la classe moyenne supérieure.

Comme son discours de 1942 le montre clairement, les taux marginaux supérieurs de 90 % instaurés sous Roosevelt visaient à réduire les inégalités, pas à faire rentrer de l'argent dans les caisses publiques. Quel Américain chercherait donc à gagner plus d'un million de dollars par an si la totalité ou presque du revenu perçu au-delà de ce seuil devait aller au fisc ? Aucun contrat de travail prévoyant une rémunération supérieure à cette somme ne serait jamais signé. Personne n'amasserait suffisamment de patrimoine pour toucher plus d'un million de revenus du capital par an ; une fois ce seuil atteint, les riches cesseraient d'épargner, ou bien ils transféreraient leurs biens à leurs héritiers ou à des œuvres de bienfaisance. Le but de Roosevelt était en somme limpide : compresser la distribution des revenus *avant* impôts. Pendant près d'un demi-siècle, les États-Unis s'approchèrent, plus qu'aucune autre démocratie au monde, d'un revenu maximum légal.

Taux marginaux supérieurs élevés, inégalités faibles

La justification centrale de la politique rooseveltienne a toujours été que les revenus astronomiques sont, pour l'essentiel, gagnés aux dépens du reste de la société. C'est de toute évidence le cas en temps de guerre, quand les marchands d'armes s'enrichissent pendant que les masses vont au front. Mais cela peut également être vrai en temps de paix, quand les revenus des plus riches découlent de situations de monopole, de l'extraction de ressources naturelles, de la coercition pure et simple, de l'exploitation de biais cognitifs ou de l'ignorance des consommateurs, du favoritisme politique ou de toutes les autres formes d'activités économiques à somme nulle (nous étudierons l'une d'entre elles, l'industrie de l'évasion fiscale, dans le prochain chapitre). Dans ces cas-là, des taux supérieurs quasi confiscatoires ne diminuent pas la taille de l'économie ; ils réduisent seulement la part qui va aux plus riches, augmentant d'autant les revenus du reste de la société[1].

On peut bien sûr débattre du bien-fondé de cette vision du monde, et en particulier de l'opportunité d'en revenir à un taux marginal supérieur de 90 % aujourd'hui (une idée que nous examinerons au huitième chapitre). Cependant, avant d'aller plus loin, il faut commencer par répondre à une question élémentaire : la politique de Roosevelt a-t-elle porté ses fruits ? A-t-elle vraiment réduit l'inégalité des revenus avant impôts ?

Toutes les données disponibles semblent l'indiquer. Premier indice : des années 1940 aux années 1970, très peu de contribuables déclarèrent des revenus mirobolants. Seules quelques centaines de familles figuraient dans les tranches supérieures soumises aux taux quasi confiscatoires. L'inégalité du revenu imposable (c'est-à-dire du revenu déclaré à l'administration fiscale) s'effondra dans les décennies immédiatement postérieures au *New Deal*. Durant les décennies d'après-guerre, la part de revenu imposable allant aux 0,01 % les plus riches atteignit son point bas historique, passant de 2,6 % en moyenne entre 1913 et l'arrivée au pouvoir de Roosevelt, en 1933, à 0,6 % entre 1950 et 1980[2]. Si l'on en croit les statistiques fiscales, l'efficacité de la politique de Roosevelt ne fait aucun doute.

1. Pour une présentation de ce modèle théorique et des estimations s'appuyant sur des données modernes, cf. Thomas Piketty, Emmanuel Saez et Stefanie Stantcheva, « Optimal Taxation of Top Labor Incomes : A Tale of Three Elasticities », *American Economic Journal : Economic Policy*, vol. 6, n° 1, 2014, p. 230-271.

2. Simon Kuznets fut le premier à étudier la part de revenu des plus riches en utilisant les statistiques de l'impôt sur le revenu des ménages – *Shares of Upper Income Groups in Income and Savings*, New York (N. Y.), NBER, 1953. Pour des estimations modernes, cf. Thomas Piketty et Emmanuel Saez, « Income Inequality in the United States, 1913-1998 », *The Quarterly Journal of Economics*, vol. 118, n° 1, 2003, p. 1-39. Les chiffres donnés ici correspondent à la part de revenu fiscal des 0,01 % les plus riches, hors plus-values.

Mais si ces données étaient trompeuses ? Il est possible, après tout, que les riches aient trouvé des moyens de dissimuler leurs revenus pour échapper à ces taux supérieurs élevés, en recourant à diverses techniques légales ou illégales. Si l'on pousse le raisonnement à l'extrême, on peut imaginer que les inégalités n'ont jamais vraiment diminué aux États-Unis, du moins pas du tout dans les proportions massives suggérées par les données fiscales. Et si le déclin des inégalités n'était qu'une illusion statistique ?

On aurait tort de balayer cet argument d'un revers de la main. D'un point de vue logique, cette théorie n'est pas absurde : quand les taux d'imposition sont élevés, il paraît plausible que les plus aisés cherchent à dissimuler leur revenu. Pour peu que ces derniers y soient parvenus, il est possible que les inégalités n'aient en fait pas beaucoup reculé. Les phénomènes économiques importants se révèlent rarement d'eux-mêmes ; il faut les mettre au jour patiemment, scientifiquement, en sachant qu'aucune conclusion n'est définitive. En l'occurrence, la façon la plus satisfaisante de mesurer les inégalités consiste à inclure toutes les formes de revenus, y compris celles qui n'ont pas à être déclarées à l'administration fiscale – tels que les bénéfices non distribués des entreprises, les intérêts générés par des obligations défiscalisées, etc. En d'autres termes, il nous faut distribuer la totalité du revenu national aux différents groupes sociaux, comme nous l'avons fait dans le premier chapitre pour une période plus récente.

Le tableau qui ressort de cet exercice confirme, pour l'essentiel, celui dépeint par les données fiscales : l'inégalité du revenu national diminua bel et bien entre les années 1930 et 1970, quand les revenus exorbitants étaient taxés à des taux quasi confiscatoires. Le recul est un peu moins spectaculaire que ne le laissent penser les seules statistiques fiscales, principalement parce que les profits non distribués augmentèrent dans l'après-guerre, jusqu'à représenter quelque 6 % du revenu national dans les années 1960. Lorsque les bénéfices des entreprises sont réinvestis, ils n'apparaissent pas dans les déclarations de revenus individuelles des actionnaires, ce qui peut conduire à sous-estimer le niveau réel d'inégalité. Quand les hauts revenus étaient soumis à des taux d'imposition pouvant aller jusqu'à 91 %, certains actionnaires aisés donnèrent mandat aux entreprises qu'ils détenaient de réinvestir leurs profits (afin d'échapper à l'impôt sur le revenu des ménages) plutôt que de verser des dividendes (qui auraient été lourdement imposés).

Il s'avère cependant que, même en tenant compte des profits non distribués et de toutes les autres formes de revenus non imposables, la concentration des revenus diminua considérablement au milieu du XXe siècle[1]. La part du revenu national avant impôts captée par les 0,01 % des Américains les plus aisés passa de plus de 4 % en 1929, à la veille de la Grande Dépression, à 1,3 % en 1975, le plus bas niveau jamais enregistré. Une partie des profits des sociétés restait certes à l'intérieur des entreprises pour échapper à l'impôt sur le revenu, mais pas autant qu'on pourrait le penser. Le montant des bénéfices non distribués, quoique loin d'être négligeable dans les années 1960 (6 % du revenu national), n'était pas sans commune mesure avec ce qu'on observe typiquement sur la longue durée (les profits non distribués se sont élevés à 5 % du revenu national américain depuis le début du XXIe siècle, par exemple), pour plusieurs raisons. Tout d'abord, il existe une certaine inertie dans les politiques de distribution de dividendes : une fois qu'une grande entreprise a commencé à en verser à ses actionnaires, elle fait rarement machine arrière, à moins d'être au bord de la faillite. De fait, les mastodontes de la société industrielle américaine, comme General Electric, DuPont et Exxon, payaient tous de gros dividendes dans les décennies d'après-guerre. Les actionnaires préfèrent recevoir des revenus sonnants et trébuchants plutôt que de laisser les profits se réinvestir dans les entreprises qu'ils possèdent, parce qu'il y a toujours un risque que les dirigeants dilapident ces bénéfices en investissements douteux.

1. Pour une description détaillée de la méthode utilisée afin d'évaluer le revenu non imposé et pour nos résultats complets, cf. Thomas Piketty, Emmanuel Saez et Gabriel Zucman, « Distributional National Accounts... », art. cité.

Accumuler des stocks de profits non distribués donne aussi des arguments aux syndicats (puissants dans les années 1950 et 1960) pour réclamer des augmentations de salaire.

In fine, rien n'indique que, sous les présidences de Harry Truman ou Dwight Eisenhower, les plus aisés percevaient des revenus que les données fiscales sous-estimeraient dans les grandes largeurs. De fait, pour tous les témoins de l'époque, il était clair que les choses avaient changé pour les plus riches par rapport à l'avant-guerre – et pas dans le bon sens. En 1955, le magazine *Fortune* publia un long article sur le train de vie des dirigeants d'entreprise[1]. C'est une lecture à faire pleurer dans les chaumières : « Le patron américain se lève tôt (vers sept heures du matin), prend un copieux petit déjeuner et fonce au bureau en train ou en auto. [...] Le grand patron vit sur un pied qui n'est guère différent de celui de son subalterne immédiat. » Comment est-ce possible ? « En vingt-cinq ans, le mode de vie des dirigeants d'entreprise a considérablement changé ; en 1930, l'homme d'affaires moyen avait certes été secoué par la crise de 1929, mais il n'avait pas encore été matraqué par l'impôt progressif sur le revenu. Les patrons menaient encore une existence agrémentée de luxueux à-côté totalement hors de portée du commun des mortels. [...] De nos jours, la maison d'un PDG sera le plus souvent sans prétention et de taille relativement modeste – disons, sept chambres, deux salles de bains et des toilettes. » Pire encore, « les grands yachts ont eux aussi sombré dans les eaux de l'impôt progressif. En 1930, Fred Fisher, Walter Briggs et Alfred Sloan croisaient sur des navires de soixante-dix mètres de long ; J. P. Morgan venait de faire construire son quatrième Corsair (cent cinq mètres). Aujourd'hui, un yacht de vingt-trois mètres est déjà considéré comme un beau bateau. »

1. Duncan Norton-Taylor, « How Top Executives Live », *Fortune*, juillet 1955 ; disponible sur Fortune.com.

Le taux moyen d'imposition des riches sous Eisenhower : 55 %

Non seulement la politique fiscale du *New Deal* réduisit fortement le revenu avant impôts des plus aisés, mais sur ces revenus amoindris elle imposait qui plus est des taux tout à fait substantiels.

Le graphique 2.2 montre le taux effectif d'imposition des 0,1 % des Américains touchant les revenus les plus élevés depuis 1913, en tenant compte de l'ensemble des impôts payés à tous les échelons administratifs. Aujourd'hui, comme nous l'avons vu, le système fiscal américain ressemble à une gigantesque *flat tax* : les plus privilégiés paient à peine plus que les classes moyennes (et les milliardaires moins que toutes les autres classes sociales). Il y a un demi-siècle, la situation était très différente. Les classes moyennes et populaires étaient moins imposées qu'aujourd'hui, en raison de plus faibles prélèvements sur les salaires. Les riches, en revanche, l'étaient beaucoup plus. Pendant cinq décennies (des années 1930 aux années 1970), ils reversèrent plus de 50 % de leurs revenus au fisc, soit deux à trois fois plus que les individus appartenant aux 90 % du bas de la distribution. Le taux moyen d'imposition des 0,1 % les plus riches culmina à 60 % au début des années 1950 et se maintint autour de 55 % pendant les deux mandats d'Eisenhower (1953-1961). Durant cette période, le système fiscal américain était indéniablement progressif.

***Graphique 2.2* – Le taux moyen d'imposition des riches sous Eisenhower ? 55 %**
(taux moyen d'imposition des 0,1 % des plus hauts revenus et des 90 % des plus bas revenus, 1913-2018)

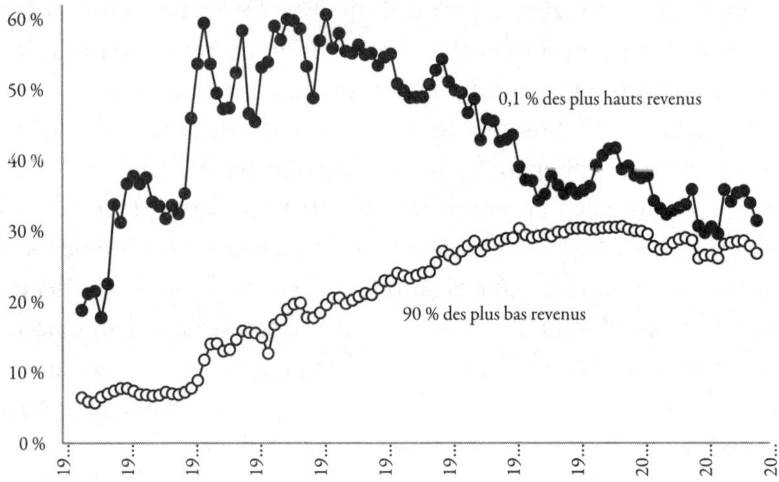

Lecture : Le graphique montre le taux moyen d'imposition des 90 % des plus bas revenus et des 0,1 % des plus hauts revenus depuis 1913. Tous les impôts perçus à l'ensemble des échelons administratifs (État fédéral, États et collectivités locales) sont pris en compte. Les taux sont exprimés en pourcentage du revenu avant impôts. Au milieu du XXe siècle, le système fiscal américain était progressif : les 0,1 % du haut payaient beaucoup plus que les 90 % du bas. Aujourd'hui, les 90 % du bas paient presque autant que les 0,1 % du haut.

Sources et méthodologie : TaxJusticeNow.org.

Comment les États-Unis parvenaient-ils à des taux effectifs d'imposition aussi élevés ?

D'abord en luttant contre l'évasion fiscale. Nous examinerons dans le prochain chapitre comment celle-ci a évolué au cours du XXe siècle, mais ce qu'il faut déjà bien comprendre à ce stade, c'est que laisser les individus ou les entreprises se soustraire à l'impôt relève en grande partie d'un choix des pouvoirs publics. Dans les décennies d'après-guerre, les responsables politiques choisirent au contraire de lutter contre l'évasion et la fraude ; nous verrons bientôt par quels moyens ils s'y employèrent.

Mais la forte progressivité du système fiscal tenait aussi et surtout à la lourde taxation des profits des entreprises. Dans toute société capitaliste, les individus les plus fortunés tirent l'essentiel de leurs revenus de la détention d'actions, qui constitue le vrai pouvoir économique et social. Quand les bénéfices des sociétés sont lourdement taxés, les actionnaires sont contraints de payer beaucoup d'impôts, et ce même s'ils demandent à leurs entreprises de ne pas distribuer de dividendes, car l'impôt sur les sociétés frappe les profits avant réinvestissement ou versement de dividendes. Cet impôt remplit donc *de facto* un rôle d'impôt minimum sur les plus riches.

Or, entre 1951 et 1978, le taux de l'impôt sur les sociétés s'établit entre 48 % à 52 %. Et ce taux, contrairement à celui portant sur les plus hauts revenus des ménages, s'appliquait à tous les profits. Il ne s'agissait pas d'un taux marginal visant à décourager les rémunérations et les profits excessifs, mais d'un taux unique qui avait pour seul but de générer des recettes. Ce qu'il fit : dans les années 1950 et au début des années 1960, les profits étaient effectivement taxés à des taux qui flirtaient avec les 50 %. Pour chaque dollar de profit, cinquante centimes allaient directement dans les caisses de l'État.

Graphique 2.3 – Le rôle clé de l'impôt sur les sociétés pour les très riches
(taux moyen d'imposition des 0,1 % des plus hauts revenus, 1910-2018)

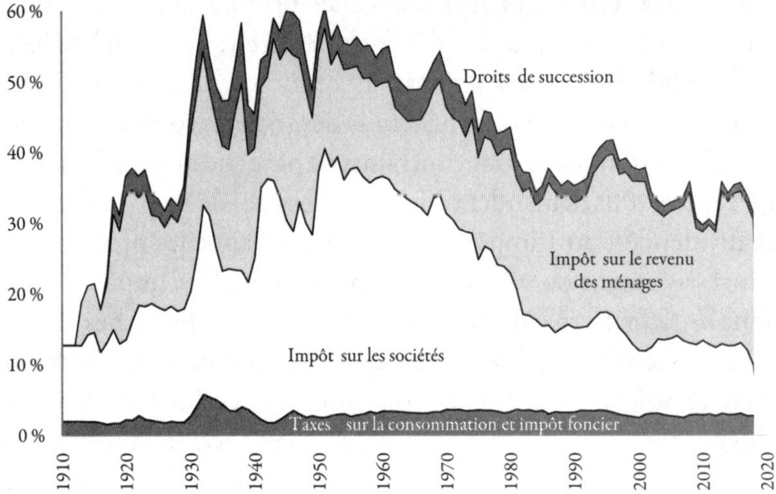

Lecture : Le graphique montre le taux effectif moyen d'imposition et sa décomposition par type d'impôt pour les 0,1 % des plus hauts revenus depuis 1910. Tous les impôts à l'ensemble des échelons administratifs (État fédéral, États et collectivités locales) sont pris en compte. Les impôts sur les sociétés comprennent l'impôt sur le bénéfice des entreprises et la taxe foncière des entreprises (l'impôt foncier des particuliers est regroupé avec les taxes sur les ventes).

Sources et méthodologie : TaxJusticeNow.org.

On le voit, c'est principalement par le truchement de l'impôt sur les sociétés (davantage que par l'impôt sur le revenu des ménages) que les très riches contribuaient aux recettes publiques au milieu du siècle dernier. Le système fiscal était volontairement construit de telle sorte que peu de contribuables se trouvaient dans la tranche supérieure de l'impôt sur le revenu, où s'appliquait le taux marginal de 90 %. En revanche, tous les actionnaires faisaient face à un taux effectif de 50 % sur la part des profits des entreprises qu'ils détenaient. Dans les décennies d'après-guerre, l'actionnariat était encore fortement concentré (c'était avant que les plans d'épargne retraite ne le démocratisent quelque peu) et les entreprises très rentables, si bien que leurs propriétaires touchaient des revenus élevés. Mais la moitié de ces profits partaient directement dans les caisses du fisc et, sur ce qui restait après avoir fait ce chèque, la plupart des entreprises distribuaient à leurs actionnaires des dividendes, qui étaient à leur tour ponctionnés à des taux pouvant aller jusqu'à 90 %.

Les États-Unis n'ont jamais taxé les riches, disiez-vous ?

Chapitre 3

Aux sources de l'injustice fiscale américaine

La météo était radieuse à Washington ; c'était une de ces journées d'été indien avec une légère brise et un ciel bleu pâle qui font du mois d'octobre le plus agréable dans la capitale américaine. Les feuilles rouges et orange resplendissaient devant les monuments de marbre blanc de Pennsylvania Avenue, l'artère principale de Washington qui relie le palais présidentiel au Congrès. Sur la pelouse de la Maison-Blanche, entouré d'une vingtaine de sénateurs et de représentants issus des deux partis de gouvernement, Ronald Reagan siégeait, ravi, derrière une petite table en bois, un stylo-plume à la main.

Pour son second mandat, le quarantième président des États-Unis avait fait de la réforme fiscale et de la baisse drastique des impôts des plus aisés sa priorité numéro un en matière de politique intérieure. Ce 22 octobre 1986, au moment de promulguer le *Tax Reform Act*, il avait de quoi se réjouir. À compter du 1er janvier 1988, les États-Unis, qui avaient été le premier pays au monde à appliquer des taux quasi confiscatoires sur les plus hauts revenus, auraient dorénavant le taux marginal supérieur le plus bas de tous les pays développés : 28 %. Après trois semaines de débat au Congrès, la loi avait été adoptée par quatre-vingt-dix-sept voix contre trois au Sénat. Les démocrates Ted Kennedy, Al Gore, John Kerry et Joe Biden avaient tous voté « oui » dans un bel élan d'enthousiasme.

Bien que peu populaire auprès des citoyens[1], cette réforme fiscale suscitait la ferveur dans les hautes sphères politiques et intellectuelles du pays. Aux yeux de ces dernières, il s'agissait ni plus ni moins que du triomphe de la raison, de la victoire de l'intérêt général sur les intérêts particuliers et de l'aube d'une nouvelle ère de croissance et de prospérité. Aujourd'hui encore, et même si la grande réforme fiscale de 1986 est désormais largement regardée comme l'une des principales causes de l'explosion des inégalités[2], tous ceux qui ont participé à sa rédaction s'en souviennent avec émotion. Pour les économistes qui travaillent dans les universités américaines, enseigner ses bienfaits relève quasiment du devoir professionnel[3].

1. Quatre sondages réalisés par ABC et Gallup fin 1986 montrent que le soutien populaire à la réforme fiscale votée cette année-là était au mieux timide, avec des taux d'approbation se situant entre 22 % et 40 % et une large fraction des répondants ne se prononçant pas. Les pourcentages de « pour »/« contre »/« ne sait pas » sont les suivants pour chacun des quatre sondages : 22/15/63, 22/15/63, 38/36/26, 40/34/26 (Thomas Kertscher, « Paul Ryan Claims 1986 Tax Reform, like the Current One, Had Low Public Support just before Passage », PolitiFact.com, 18 décembre 2017).

2. Graef Crystal montre que la rémunération des cadres monta en flèche après la réforme – *In Search of Excess : The Overcompensation of American Executives*, New York (N. Y.), W. W. Norton, 1992. Joachim Hubmer, Per Krusell et Anthony Smith concluent qu'elle a joué un rôle crucial dans la concentration accrue des richesses aux États-Unis – « The Historical Evolution of the Wealth Distribution : A Quantitative-Theoretic Investigation », document de travail n° 23011, NBER, 2016. Cf. également Thomas Piketty, Emmanuel Saez et Gabriel Zucman, « Distributional National Accounts... », art. cité.

3. Cf., par exemple, « Symposium : Tax Reform » (dossier), *Journal of Economic Perspectives*, vol. 1, n° 1, 1987, p. 7-119 ; disponible sur AEAweb.org. Même les économistes favorables à l'impôt progressif comme Joseph Pechman ou Richard Musgrave en viennent à soutenir globalement la réforme – ou du moins à reconnaître son caractère inévitable (*ibid.*, p. 11-28 et 59-71).

Comment les autorités d'un pays qui avait taxé les hauts revenus jusqu'à 90 % pendant des décennies en vinrent-elles à penser, au milieu des années 1980, qu'un taux de 28 % serait après tout préférable ? Cette volte-face spectaculaire reflétait bien sûr les profondes mutations politiques et idéologiques qui avaient porté Reagan au pouvoir six ans plus tôt. Réactivant et modernisant la rhétorique antifiscale du Sud d'avant la guerre de Sécession, le Parti républicain était parvenu à rassembler les électeurs aisés et les Blancs du Sud sous sa bannière. L'idéologie anti-État défendue par la Société du Mont-Pèlerin depuis sa création en 1947, incarnée par le républicain Barry Goldwater lors de sa candidature ratée à la présidentielle de 1964, développée par tout un réseau de fondations conservatrices dans les années 1970, avait enfin triomphé politiquement[1]. Dans cette vision du monde, le rôle premier de l'État consiste à garantir le droit de propriété ; le principal moteur de la croissance est l'entreprise cherchant à maximiser ses profits – et au passage à minimiser ses impôts. « La société n'existe pas, seuls les individus existent », d'après la maxime célèbre de Margaret Thatcher[2]. Et pour l'individu atomisé, l'impôt est une perte sèche ; ce n'est ni plus ni moins qu'une forme de vol légalisé.

De fait, s'exprimant sur la pelouse de la Maison-Blanche au moment de signer la réforme fiscale de 1986, Reagan dénonça en des

1. Sur la Société du Mont-Pèlerin, cf. Angus Burgin, *The Great Persuasion : Reinventing Free Markets Since the Depression*, Cambridge (Mass.), Harvard University Press, 2012. Sur la révolte fiscale des riches, cf. Isaac William Martin, *Rich People's Movements : Grassroots Campaigns to Untax the One Percent*, Oxford, Oxford University Press, 2015. Sur Goldwater, cf. Rick Perlstein, *Before the Storm : Barry Goldwater and the Unmaking of the American Consensus*, New York (N. Y.), Hill & Wang, 2001. Sur le rôle des fondations conservatrices, cf. Jane Mayer, *Dark Money : The Hidden History of the Billionaires Behind the Rise of the Radical Right*, New York (N. Y.), Anchor Books, 2017 ; Steven M. Teles, *The Rise of the Conservative Legal Movement : The Battle for Control of the Law*, Princeton (N. J.), Princeton University Press, 2010.

2. Entretien à *Woman's Own*, 23 septembre 1987.

termes fidèles à cette idéologie une fiscalité devenue « contraire à l'âme de l'Amérique » et dont « la progressivité excessive frappait les individus au cœur de leur existence économique ». La nouvelle loi fiscale, à l'inverse, constituait d'après lui « le meilleur programme de création d'emplois jamais adopté par le Congrès ».

Cependant, avec ces seuls arguments à l'appui, la réforme fiscale de 1986 ne serait sans doute pas passée au Congrès, alors contrôlé par les démocrates ; et on imagine mal comment elle aurait pu obtenir une majorité aussi écrasante au Sénat, où une proportion significative de parlementaires ne partageait pas l'idéologie du président. Derrière le triomphe de la stratégie fiscale reaganienne se cachait en réalité une raison plus profonde. À en croire aussi bien le président républicain que les démocrates qui avaient pris fait et cause pour sa réforme, le législateur n'avait tout simplement pas le choix. L'impôt progressif sur le revenu était à l'agonie et la fraude endémique. Face à cette situation, il n'y avait d'autre option pour le gouvernement que de baisser radicalement les taux d'imposition tout en supprimant les niches fiscales et autres exonérations pour compenser le manque à gagner.

La réforme Reagan de 1986 illustre la façon dont meurt l'impôt progressif. Il ne disparaît pas démocratiquement, foudroyé par la volonté des électeurs. Quand on analyse la plupart des épisodes majeurs de recul de la progressivité fiscale, on voit au contraire le même scénario se répéter : une explosion de l'évasion fiscale, puis des gouvernements qui se lamentent du fait que taxer les riches est devenu impossible et qui finissent par baisser leurs impôts. Étudier cette spirale (comment s'explique la recrudescence de l'évasion fiscale ? Pourquoi les gouvernements n'y mettent-ils pas un terme ?) est essentiel pour mieux comprendre l'histoire de l'impôt progressif – et l'avenir de la justice fiscale.

Le prix d'une société civilisée

Dans les modèles simplifiés des économistes, collecter des impôts n'est pas sorcier : afin de réduire l'évasion fiscale au minimum, il suffit de menacer les contribuables de contrôles fiscaux fréquents, d'appliquer de lourdes sanctions aux fraudeurs et de limiter les niches fiscales. Tous ces éléments sont bien sûr incontestablement importants et nécessaires : si les fraudeurs ont de fortes chances de se faire repérer et sont passibles de sévères sanctions, leur nombre diminuera ; si le code des impôts est truffé d'exceptions catégorielles, l'optimisation fiscale, à l'inverse, fleurira[1].

Mais, dans le monde réel, des règles simples et des contrôleurs zélés ne suffisent pas pour qu'un système fiscal fonctionne bien. Il faut bien davantage que cela, en l'occurrence un ensemble de croyances : une foi partagée dans les bénéfices de l'action collective (c'est-à-dire en l'idée que les acteurs économiques sont plus prospères quand ils mettent leurs ressources en commun plutôt que quand ils agissent chacun de leur côté), dans le rôle central de l'État pour organiser cette action commune et dans les mérites de la démocratie. Quand cette idéologie prédomine, même le système fiscal le plus progressif qui soit peut fonctionner. Quand elle décline, les forces de l'évasion fiscale, libérées et légitimées, peuvent triompher des administrations fiscales les plus sophistiquées et du meilleur code des impôts au monde.

Cette histoire (celle de l'adoption, puis de l'abandon de la foi dans l'action collective), c'est toute l'histoire du système fiscal du *New Deal*, peut-être le plus progressif qui ait jamais existé – et c'est

1. Sur la fraude fiscale et le recouvrement de l'impôt, cf. Joel Slemrod, « Cheating Ourselves : The Economics of Tax Evasion », *Journal of Economic Perspectives*, vol. 21, n° 1, 2007, p. 25-48 ; *id.* et Jon Bakija, *Taxing Ourselves : A Citizen's Guide to the Debate over Taxes*, 5e éd., Cambridge (Mass.), MIT Press, 2017, chap. 5.

aussi l'histoire de son déclin. Comme nous l'avons vu, la fiscalité américaine dans les décennies d'après-guerre imposait lourdement les plus fortunés, non seulement en théorie – avec des taux marginaux supérieurs très élevés – mais aussi dans les faits. Peu de contribuables étaient certes sujets aux taux quasi confiscatoires en vigueur des années 1930 aux années 1970, mais, tous prélèvements compris, les taux effectifs d'imposition des plus riches dépassaient les 50 %. L'évasion fiscale était strictement régulée.

Roosevelt initia dans les années 1930 la stratégie de lutte contre la fraude qui allait prévaloir pendant des décennies. Celle-ci s'appuyait sur deux piliers : l'octroi, d'abord, d'importantes ressources juridiques et budgétaires à l'administration fiscale pour faire appliquer l'esprit de la loi ; la création, ensuite, de normes sociales visant à renforcer le consentement à l'impôt. Roosevelt ne se lassait pas d'expliquer l'importance des impôts, en appelant à la morale et en fustigeant les mauvais payeurs. « Comme l'a dit le juge Holmes : "Les impôts sont le prix à payer pour une société civilisée[1]." Trop de citoyens veulent la civilisation au rabais. » Ainsi parlait FDR dans son message au Congrès du 1er juin 1937 : la lutte contre l'évasion fiscale n'était ni plus ni moins qu'un enjeu civilisationnel. Et jusqu'aux années 1970, ce type de normes sociales – et les lois et règlements qui en étaient le reflet – parvint bel et bien à limiter la demande pour les montages fiscaux douteux et à contenir l'optimisation fiscale.

Car le système fiscal mis en place à l'époque du *New Deal* n'était pas parfait, tant s'en faut. Sa principale faille était que, des années 1930 à 1986, les plus-values étaient moins taxées que les autres formes de revenus. On parle de plus-value lorsqu'un actif (comme une action) est cédé à un prix supérieur à son prix d'acquisition. Aux États-Unis, le gain qui en résulte est inclus dans le revenu taxable mais imposé à un taux préférentiel. À l'époque où le taux marginal supérieur de l'impôt sur le revenu dépassait les 90 %, les plus-values n'étaient

1. Ces mots sont inscrits au fronton du siège de l'Internal Revenue Service, le fisc américain, à Washington.

taxées qu'à 25 %[1]. On peut bien sûr débattre des avantages et des inconvénients d'un tel traitement de faveur, sujet sur lequel nous reviendrons au septième chapitre. Mais cette politique a un défaut qui saute aux yeux : elle incite les plus aisés à structurer leurs activités de manière à toucher des revenus sous forme de plus-values plutôt que de dividendes ou de salaires. Elle crée, en somme, des possibilités d'optimisation fiscale.

Compte tenu des taux marginaux élevés en vigueur dans les décennies d'après-guerre, on peut penser que les contribuables américains exploitaient ces possibilités à grande échelle, que les plus aisés faisaient tout ce qui était en leur pouvoir pour transformer (à des fins purement fiscales) leurs salaires et dividendes lourdement imposés en plus-values légèrement taxées.

Regardons cependant les chiffres. De 1986 à nos jours, les plus-values déclarées sur les feuilles d'impôt se sont élevées chaque année en moyenne à 4,1 % du revenu national. Entre 1930 et 1985, période durant laquelle le différentiel entre le taux maximal s'appliquant aux plus-values et celui s'appliquant aux autres formes de revenus était bien plus élevé (et donc l'incitation à faire basculer des revenus d'une catégorie à l'autre beaucoup plus forte), ce chiffre n'était que de 2,2 %. Certains contribuables fortunés se livrèrent sans doute à cette forme d'optimisation fiscale, mais les Américains dans l'ensemble déclarèrent peu de plus-values durant les décennies d'après-guerre, en dépit de l'avantage fiscal considérable qui y était attaché.

Pourquoi ? En un mot, parce que les gouvernements successifs ne leur permirent tout simplement pas de s'adonner à cette optimisation fiscale. Il n'y a pas mille façons de déguiser un revenu ordinaire en plus-value. La plus courante est le rachat d'actions : tout comme les versements de dividendes, les rachats d'actions permettent aux

1. Depuis 1922, année de l'instauration d'un régime préférentiel pour les plus-values, le taux maximal d'imposition des plus-values de long terme est toujours resté en deçà de 40 %. Il fut de 25 % entre 1942 et 1964, à l'époque où les taux supérieurs de l'impôt sur le revenu étaient quasi confiscatoires.

actionnaires de sortir des liquidités des entreprises qu'ils détiennent vers leurs propres comptes en banque. La différence principale entre ces deux types de transferts tient à leurs conséquences fiscales : les rachats d'actions génèrent des plus-values pour les actionnaires, qui sont soumises à un taux d'imposition réduit, au contraire des versements de dividendes, qui sont taxés au barème progressif normal de l'impôt sur les revenus. Or, avant 1982, les rachats d'actions étaient illégaux. La norme communément admise et inscrite dans la loi voulait que ce soit uniquement via un paiement de dividendes que les profits des entreprises soient versés à leurs propriétaires[1].

Autre manière pour les plus riches d'échapper à l'impôt : percevoir des revenus sous la forme d'avantages en nature – voyages en jet privé d'entreprise, bureaux luxueux, repas gargantuesques, « séminaires » au cap Cod ou dans la station de ski huppée d'Aspen, etc. Ces formes de rémunération non salariale sont plus difficiles à mesurer que les plus-values, mais rien n'indique cependant qu'elles aient été massives dans les décennies d'après-guerre. Dans son étude sur la rémunération des cadres dirigeants qu'il réalise peu de temps après la Seconde Guerre mondiale, l'économiste Challis Hall estime ainsi que « les avantages en nature payés par les entreprises et qui représentent un véritable revenu supplémentaire pour les cadres en réduisant leurs dépenses personnelles sont aujourd'hui d'ampleur négligeable dans les grandes sociétés américaines[2] ». Les patrons

1. Oublieux de l'existence de cette norme sociale, certains économistes ne comprenaient pas pourquoi les entreprises versaient des dividendes. Fischer Black, par exemple, popularisa l'expression d'un prétendu « mystère des dividendes » (« The Dividend Puzzle », *Journal of Portfolio Management*, vol. 2, n° 2, 1976, p. 5-8).

2. *Effects of Taxation on Executive Compensation and Retirement Plans*, t. 3, Cambridge (Mass.), Harvard University Press, 1951, p. 54. L'étude de référence de Wilbur Lewellen sur la rémunération des cadres dans les années 1960 passe totalement sous silence les avantages en nature, perçus comme négligeables – *Executive Compensation in Large Industrial Corporations*, New York (N. Y.), NBER, 1968.

d'aujourd'hui ne semblent pas se restaurer de manière plus frugale que leurs homologues des années 1960, ni faire un usage plus modéré des jets privés. Jusqu'aux années 1980, dépenser sans compter aux frais des entreprises n'était tout simplement pas accepté socialement[1].

Des montages pour échapper à l'impôt voyaient certes régulièrement le jour, mais ils étaient aussitôt interdits. En 1935, par exemple, le *Revenue Act* releva le taux marginal supérieur de l'impôt sur le revenu à 79 %. Les ménages les plus fortunés se mirent alors en quête de stratagèmes pour mettre leurs avoirs à l'abri. Roosevelt s'empara vite du problème, et dans son message au Congrès de 1937 il joignit une lettre de son secrétaire au Trésor, Henry Morgenthau, énumérant huit techniques d'évasion fiscale qui avaient récemment fait leur apparition et qu'il convenait d'interdire immédiatement. La première d'entre elles consistait à « créer des holdings personnels dans les Bahamas, au Panamá, à Terre-Neuve et d'autres territoires où la fiscalité est faible et la réglementation des entreprises des plus souples ». L'année précédente, des dizaines d'Américains fortunés avaient ainsi créé des sociétés-écrans offshore auxquelles ils avaient transféré la propriété de leurs portefeuilles d'actions et d'obligations. Ces sociétés percevaient les dividendes et les intérêts générés par ces placements en lieu et place de leurs propriétaires réels, qui échappaient ainsi au fisc américain. Le gouvernement Roosevelt ne

1. Dans le long article sur le train de vie des cadres supérieurs américains publié en 1955 par le magazine *Fortune* (Duncan Norton-Taylor, « How Top Executives Live », art. cité.), la seule allusion à des avantages en nature est la suivante : « Il arrive fréquemment qu'un PDG se rendant à New York avec l'avion de sa société remplisse les sièges vides avec des membres de sa famille ou des amis. Et au retour, pourquoi pas un petit détour par le Canada pour une partie de pêche ? » À comparer avec ce que l'on sait des avantages en nature des cadres dirigeants d'aujourd'hui – par exemple, la soirée de gala au château de Versailles financée par le constructeur automobile Renault (pour un coût dépassant les 600 000 euros) à l'occasion du soixantième anniversaire du PDG, Carlos Ghosn, en 2014 (officiellement pour célébrer les quinze ans de l'alliance Renault-Nissan).

tarda pas à modifier la réglementation pour rendre cette opération explicitement illégale[1]. Dès l'année 1937, tout revenu encaissé par un holding à l'étranger contrôlé par des ressortissants américains serait aussitôt imposable aux États-Unis. Du jour au lendemain, créer des holdings offshore perdit tout intérêt.

Le volontarisme des autorités américaines perdura pendant les décennies d'après-guerre. Dans les années 1960, par exemple, un nombre croissant de contribuables fortunés s'étaient mis à détourner la loi en faisant des dons déductibles à des fondations philanthropiques privées qu'ils contrôlaient. Ces fondations n'avaient en réalité rien de « philanthropiques » : elles accordaient des bourses à leurs propres fondateurs, à leur famille ou à leurs amis, quand elles ne faisaient pas des chèques à des partis politiques. Le *Tax Reform Act* de 1969 s'attaqua à cette charité trop bien ordonnée et le résultat ne se fit pas attendre : le nombre de créations de fondations privées dégringola de 80 % entre 1968 et 1970 et les dons aux « bonnes œuvres » des riches chutèrent durablement de 30 %[2].

Le big bang de l'évasion fiscale

La stratégie de Roosevelt fonctionna tant que les gouvernements successifs entretinrent le système de croyance hérité du *New Deal*. Mais tout changea au début des années 1980. « L'État n'est pas la solution à notre problème ; l'État est le problème » : cette phrase prononcée par Reagan lors de son discours inaugural de janvier 1981 est restée dans les mémoires. Si certains Américains étaient tentés de se soustraire à l'impôt, ce n'était pas leur faute, mais plutôt celle

1. US Joint Committee on Tax Evasion and Avoidance, *Hearings Before the Joint Committee on Tax Evasion and Avoidance*, 75e Congrès, première session, juin 1937.

2. Gabrielle Fack et Camille Landais (dir.), *Charitable Giving and Tax Policy : A Historical and Comparative Perspective*, Oxford, Oxford University Press, 2016, figures 4.5 et 4.7.

des taux trop élevés. Dans la nouvelle idéologie qui déferla sur les États-Unis à cette époque, éviter les impôts devint un geste patriotique. Puisque « l'impôt, c'est le vol », d'après le credo libertarien remis au goût du jour, frauder le fisc devint même un acte moral. Jusqu'aux années 1970, les différents gouvernements avaient lutté contre l'industrie de l'évasion fiscale. Mais, lorsque Reagan devint président, celle-ci reçut la bénédiction du pouvoir. L'explosion de l'évasion fiscale pouvait commencer.

Et le mot même d'explosion ne décrit pas bien l'ampleur du phénomène. Le secteur du conseil fiscal se développa du jour au lendemain. Tout un microcosme d'entrepreneurs, de gestionnaires et d'analystes financiers prit le marché d'assaut pour créer de nouveaux produits d'évasion fiscale. Certains d'entre eux exigeaient de leurs équipes qu'elles inventent une nouvelle technique d'optimisation fiscale par semaine[1]. Chaque fois que l'Internal Revenue Service (IRS) interdisait une pratique particulièrement scandaleuse, plusieurs autres voyaient le jour. On en faisait ensuite la réclame comme pour du dentifrice dans le *Wall Street Journal* et dans les pages financières des grands journaux. La magie de l'économie de marché opérait à merveille : le jeu de la concurrence tirait le prix de ces nouveaux montages à la baisse. Tout le monde, dans le secteur, y gagnait au change : les intermédiaires financiers, les conseillers fiscaux et les autres gestionnaires empochaient des commissions ; les contribuables friands de ces arnaques fiscales arrondissaient leurs fins de mois. Avec un seul hic, cependant : chaque dollar gagné ici ou là l'était aux dépens du reste de la société.

Le produit phare de l'ère Reagan (l'iPod de l'évasion fiscale, en quelque sorte) en vint à être connu sous le nom de « *tax shelter* ». Le principe en était le suivant : la loi fiscale de l'époque autorisait les contribuables à déduire de leur revenu imposable les pertes des

1. Ben Wang, « Supplying the Tax Shelter Industry : Contingent Fee Compensation for Accountants Spurs Production », *Southern California Law Review*, vol. 76, 2002, p. 1252.

entreprises qu'ils possédaient. L'industrie de l'évasion fiscale se mit donc à vendre des investissements dans des entreprises dont le seul charme était qu'elles faisaient… des pertes. Ces entreprises n'étaient pas des sociétés anonymes, mais des sociétés de personnes (*partnerships*), qui de ce fait n'étaient pas assujetties à l'impôt sur les sociétés. Dans de telles compagnies, les profits sont répartis chaque année entre les différents investisseurs, ajoutés aux revenus personnels de ces derniers (ou retranchés, en cas de pertes) et soumis à l'impôt sur le revenu des personnes physiques. Quiconque investissait dans une de ces sociétés déficitaires pouvait revendiquer une part de leurs pertes. Un cadre supérieur au salaire élevé et avec une participation de 10 % dans une entreprise qui faisait 1 million de dollars de pertes pouvait ainsi déduire 100 000 dollars de ses revenus – et réduire en conséquence sa facture fiscale. Même chose pour un riche rentier vivant de dividendes et d'intérêts.

Certaines de ces sociétés étaient des coquilles vides qui n'avaient strictement aucune activité économique. Leur seule raison d'être consistait à enregistrer des pertes fictives qui pouvaient ensuite être reportées sur les déclarations de revenus de leurs propriétaires. D'autres encore étaient de vraies entreprises en réalité bien rentables, mais qui généraient des pertes en raison de dispositions spécifiques du code des impôts (par exemple, des amortissements généreux dans les secteurs pétroliers, gaziers et immobiliers). La première loi fiscale de l'ère Reagan, l'*Economic Recovery Tax Act* de 1981, permit aux entreprises de déprécier leurs actifs plus rapidement, ce qui renforça l'efficacité de ce type de montages.

Le *tax shelter* était né quelques années avant l'arrivée de Reagan à la Maison-Blanche, mais ce n'est qu'au début des années 1980 qu'il prit réellement son essor. Qu'on en juge : en 1978, les pertes des sociétés de personnes déclarées sur les feuilles d'imposition des ménages représentaient l'équivalent de 4 % du revenu total avant impôts des 1 % les plus riches. Ce chiffre s'éleva d'abord lentement, puis de manière exponentielle, pour atteindre jusqu'à 12 % en 1986 – le plus haut niveau jamais enregistré dans l'histoire des États-Unis.

Entre 1982 et 1986, les pertes fictives des *tax shelters* dépassèrent même les profits réalisés par toutes les autres sociétés de personnes du reste du pays, phénomène proprement unique en son genre[1]. Même pendant la crise des années 1930, on n'avait pas vu cela. L'année 1982 fut certes marquée par une récession économique, mais, entre 1983 et 1986, l'économie des États-Unis se redressa et crût à un rythme soutenu. Malgré cela, l'usage des *tax shelters* s'était tellement généralisé que des pans entiers de l'économie, du secteur de l'immobilier à celui du pétrole, affichaient des pertes – des pertes fictives, déductibles du revenu personnel de leurs propriétaires, sans rapport avec leur profitabilité réelle.

C'est ainsi que les rentrées fiscales s'effondrèrent lors du premier mandat de Ronald Reagan. Au milieu des années 1980, les recettes de l'impôt fédéral sur le revenu des ménages et de l'impôt sur les sociétés atteignirent leur plus bas niveau en pourcentage du revenu national depuis la récession de 1949, l'une des plus sévères de l'histoire du pays. Parallèlement, le déficit du gouvernement fédéral franchit la barre des 5 % du revenu national de 1982 à 1986, soit le plus haut niveau enregistré depuis la Seconde Guerre mondiale.

Cette flambée de l'évasion fiscale renforça en définitive la main de Reagan au moment de négocier sa réforme de 1986. À ce stade, le déficit public avait atteint des niveaux tellement élevés que les démocrates insistèrent pour que rien ne vienne détériorer davantage l'équilibre budgétaire. Reagan se plia volontiers à leur demande et offrit de supprimer les *tax shelters* en échange de la baisse du taux marginal supérieur d'imposition à 28 %. Fini le temps où une perte fictive de 100 000 dollars pouvait effacer un salaire du même montant : dorénavant, les pertes d'entreprises ne seraient déductibles que de gains tirés de cette même catégorie de revenu[2]. Étant donné l'ampleur

1. Les calculs sont ceux des auteurs et s'appuient sur les données relatives à l'impôt sur le revenu publiées par la division des statistiques sur le revenu de l'IRS.

2. En outre, dans le cas d'une « activité passive » au sein d'une entreprise (lorsque le contribuable contrôle une part du capital mais ne participe

atteinte par l'industrie des *tax shelters* au milieu des années 1980, colmater cette brèche dans la législation promettait de rapporter des milliards. Et ce fut le cas. Après le vote de la loi, les sociétés de personnes cessèrent comme par magie de déclarer des pertes. De l'équivalent de 12 % du revenu avant impôts des 1 % les plus riches, le total des pertes enregistrées tomba à 5 % en 1989, puis 3 % en 1992. Au début des années 1990, les *tax shelters* avaient disparu de la circulation.

Optimisation ou évasion fiscale ? Une question mal posée

Les marchés constituent l'institution la plus puissante encore jamais inventée pour satisfaire l'infinité des désirs humains, l'outil le plus efficace pour fournir des produits variés qui répondent aux besoins changeants de milliards d'individus. Mais, de par leur nature même, ils ne se soucient en rien du bien commun. Ces mêmes marchés qui nous approvisionnent en téléphones portables toujours plus puissants et en céréales toujours plus croustillantes peuvent sans sourciller créer des services dont la valeur sociale est nulle ou négative – des services qui enrichissent une partie de la société mais en appauvrissent une autre dans les mêmes proportions, quand ils ne nous appauvrissent pas collectivement. Le marché de l'optimisation fiscale en est un bon exemple. Il ne crée pas un dollar de valeur ajoutée. Il enrichit les plus aisés aux dépens de l'État, c'est-à-dire de chacun d'entre nous. Derrière chaque épidémie d'évasion fiscale ne se cache pas une brusque aversion pour l'impôt chez les contribuables, mais un regain de créativité sur ce marché.

Bien sûr, tous les services rendus par les avocats fiscalistes et les cabinets de conseil fiscal ne sont pas dénués de toute valeur sociale.

---

pas activement à la gestion), les pertes éventuelles ne seraient déductibles que de gains enregistrés pour le même type d'activité passive. Cf. Alan J. Auerbach et Joel Slemrod, « The Economic Effects of the Tax Reform Act of 1986 », *Journal of Economic Literature*, vol. 35, n° 2, 1997, p. 589-632.

Certains permettent aux particuliers et aux entreprises de mieux comprendre la législation, de dissiper certaines de ses ambiguïtés ; d'autres aident les contribuables à remplir leurs déclarations fiscales. Tous ces services sont parfaitement légitimes. Mais la vente de montages financiers dont l'unique objet est de diminuer l'impôt à payer n'est pas très différente de la vente d'outils de cambriolage. C'est ainsi, du moins, que cette activité était perçue avant les années 1980 : l'industrie de l'optimisation fiscale était considérée comme foncièrement douteuse et strictement régulée. Tous les marchés opèrent dans un certain environnement juridique et moral : les pouvoirs publics décident quels marchés peuvent ou non exister, ou au minimum doivent être strictement encadrés. Tolérer l'optimisation fiscale est un choix de politique publique.

Ce qui nous amène à une série de questions intéressantes, à commencer par celle-ci : s'il s'agit de vol pur et simple, comment l'industrie de l'évasion fiscale parvient-elle à se légitimer ?

Aux États-Unis, la rhétorique visant à la justifier remonte aux premières heures de l'impôt progressif. En 1933, le *New York Times* révélait que John Pierpont Morgan (une des plus grandes fortunes américaines de l'époque) n'avait payé aucun impôt sur le revenu pour les années 1931 et 1932. Le magnat de la finance se retrouva bientôt pris à partie par la commission bancaire du Sénat et goûta fort peu les remontrances des démocrates et de Roosevelt[1]. Leur péché, à ses yeux ? Confondre évasion et optimisation fiscales. L'évasion était contraire à la loi ; tout le monde s'accordait à la condamner. Mais l'optimisation ne l'était pas ; elle consistait simplement à tirer parti des niches et autres failles de la législation fiscale. D'après J. P. Morgan, il n'existait nul devoir moral de ne pas exploiter ces dernières ; si la loi était mal écrite, la faute en revenait aux responsables politiques, et ceux qui avaient l'intelligence d'en profiter n'avaient rien à se reprocher. Il va sans dire

1. Joseph J. Thorndike, « Historical Perspective : Pecora Hearings Spark Tax Morality, Tax Reform Debate », *Tax Notes*, 10 novembre 2003.

que J. P. Morgan, d'après ses dires, se contentaient d'optimiser et n'avait jamais au grand jamais fraudé.

On retrouve encore aujourd'hui cet argument dans les discours visant à légitimer l'évasion fiscale. Mais ce raisonnement était vicié à l'époque de J. P. Morgan et l'est encore aujourd'hui. Pourquoi ? Parce qu'aux États-Unis, comme dans la plupart des autres pays, la loi fiscale comporte un ensemble de dispositions générales anti-abus – parfois qualifiées de doctrine de la « substance économique » – en vertu desquelles toutes les transactions n'ayant d'autre but que de réduire le montant d'impôts dû sont considérées comme illégales. Car tout le monde comprend bien que le marché de l'optimisation fiscale aura toujours une longueur d'avance sur les pouvoirs publics – que ces derniers ne peuvent guère anticiper les stratégies innombrables que des conseillers fiscaux bien rémunérés et surmotivés peuvent inventer pour contourner la loi. Les clauses générales anti-abus invalident par avance toutes les transactions sans substance économique réelle ne visant qu'à alléger la facture fiscale. Les investissements dans des coquilles vides qui génèrent des pertes fictives et néanmoins déductibles ? La création de sociétés-écrans aux Bermudes dans l'unique but d'échapper au fisc ? Même si la législation ne les interdit pas noir sur blanc, ces démarches violent la doctrine de la substance économique et sont donc, *de facto*, illégales.

Il peut bien sûr être difficile de connaître la raison pour laquelle des contribuables se lancent dans certaines opérations. Des montages qui peuvent de prime abord apparaître comme de l'évitement pur et simple servent parfois aussi un objectif économique légitime. L'État utilise également la fiscalité pour encourager certains comportements, par exemple l'investissement dans les obligations émises par les collectivités locales (dont les intérêts sont défiscalisés aux États-Unis). Ces niches n'ont en général pas de justification probante (elles diminuent les rentrées fiscales pour des raisons discutables, souvent sous la pression de lobbies), mais il n'est pas condamnable de les exploiter – sur ce point, J. P. Morgan avait raison. Le problème est que beaucoup de techniques d'optimisation prétendues

« parfaitement légales » (comme la création de sociétés-écrans dans des îles tropicales désertes) enfreignent de manière flagrante la doctrine de la substance économique et violent donc la loi[1].

La volonté politique et les limites de l'impôt progressif

Ce qui nous amène à une seconde question fondamentale : si de nombreux montages qui privent l'État de milliards de dollars de recettes sont vraiment illégaux, pourquoi ne sont-ils pas attaqués devant les tribunaux ? Qu'est-ce qui empêche les pouvoirs publics de faire respecter les clauses anti-abus de la législation fiscale ?

Pour élucider ce mystère, il faut partir du constat que l'administration fiscale ne peut pas enquêter sur toutes les transactions douteuses. Il y a pour commencer un problème d'information : connaître les nouveaux montages qui fleurissent tous les quatre matins prend du temps et les acteurs du secteur de l'« optimisation » n'ont ainsi guère de mal à se jouer des capacités de contrôle du fisc. En 1980, le tribunal fiscal américain avait cinq mille dossiers en cours ; en 1982, au milieu du boom des *tax shelters*, le chiffre avait triplé[2]. En quelques mois, des milliers de montages nouveaux avaient germé, sur lesquels il fallait se prononcer – une tâche quasi impossible.

Deuxième problème : le manque de moyens. Les contribuables les plus allergiques à l'impôt dépensent collectivement des milliards de dollars chaque année pour échafauder leurs stratégies d'optimisation, et ces montants sont en constante augmentation. Les moyens humains et financiers de l'IRS sont plus limités, et en nette diminution. Or débusquer les opérations douteuses, les décortiquer, les contester devant les tribunaux et finalement invalider celles qui

1. L'ouvrage de David Cay Johnston publié en 2003, *Perfectly Legal*, retrace la montée en puissance de l'évasion fiscale des riches depuis le milieu des années 1970.

2. Dennis J. Ventry, « Tax Shelter Opinions Threatened the Tax System in the 1970s », *Tax Notes*, 22 mai 2006.

sont illégales, tout cela demande du temps et de l'argent. Et quand bien même un montage frauduleux serait repéré, les contribuables les plus fortunés ont toujours la possibilité d'engager les meilleurs juristes (y compris d'anciens parlementaires) pour les défendre, en les aidant à faire traîner les procédures pendant des années et en augmentant leurs chances d'avoir *in fine* gain de cause.

Dans un monde idéal, l'administration fiscale pourrait compter sur une certaine autorégulation de la part des acteurs de l'industrie de l'« optimisation ». Les avocats fiscalistes et les comptables pourraient après tout estimer qu'il est de leur devoir de contribuer à faire appliquer l'esprit de la loi, et en conséquence s'abstenir de commercialiser des montages manifestement sans substance économique réelle. Le seul hic, c'est que ces avocats et ces comptables sont payés par les promoteurs et les consommateurs de ces produits fiscaux douteux, et font ainsi face à un conflit d'intérêts caractérisé.

Une bonne illustration de ce problème est la pratique, qui s'est développée depuis les années 1980, consistant pour ces cabinets d'audit à vendre des stratégies d'optimisation fiscale agressives accompagnées d'un avis juridique certifiant leur caractère potentiellement « légal ». En réalité, ces documents servent à leurs clients de police d'assurance contre toute accusation de fraude, les protégeant d'éventuelles sanctions dans le cas où les montages retenus seraient considérés comme relevant de l'abus de droit par le fisc. Bien sûr, les avocats fiscalistes sont tenus par la déontologie (et leur conscience) de rendre des avis honnêtes, mais déterminer si un montage est plus proche du gris clair que du gris foncé n'est pas une science exacte et requiert de faire appel à une bonne dose de subjectivité. Pour peu que les incitations financières soient suffisamment alléchantes, la tentation de rendre le « bon » avis (c'est-à-dire celui qui valide les montages même les plus douteux) peut s'avérer irrésistible.

Enfin, et peut-être surtout, il existe parfois un manque de volonté politique de recouvrer l'impôt. L'exemple le plus éloquent vient du lent dépérissement de l'*estate tax*. Alors que les recettes de cet impôt successoral américain représentaient l'équivalent de 0,20 %

du patrimoine net des ménages au début des années 1970, depuis 2010 elles atteignent péniblement les 0,03 % à 0,04 % par an – une division par un facteur de plus de cinq. Il est vrai que cette évolution s'explique en partie par le relèvement du seuil d'imposition et l'abaissement du taux marginal supérieur (de 77 % en 1976 à 40 % aujourd'hui) ; mais la raison principale en est avant tout le recul de la volonté politique de collecter les sommes dues. En 1975, 65 % des vingt-neuf mille grosses successions déclarées l'année précédente furent soumises à un contrôle fiscal. En 2018, seules 8,6 % des trente-quatre mille déclarations enregistrées en 2017 ont été contrôlées[1]. La capitulation a été si sévère que, si l'on prend au sérieux le montant des patrimoines déclarés au moment du décès, c'est comme s'il n'y avait presque pas de riches aux États-Unis (ou alors comme s'ils ne mouraient jamais). À en croire les déclarations de succession, la richesse est distribuée de manière plus égalitaire en Amérique qu'en France, au Danemark ou en Suède[2] ! Quand un milliardaire figurant dans le classement Forbes des quatre cents

1. L'IRS publie tous les ans des statistiques sur ses contrôles et celles-ci sont consultables en ligne. Cf., pour l'année 2018, US Treasury Department, Internal Revenue Service, *Internal Revenue Service Databook 2018*, Washington (D. C.), Government Printing Office, 2019, tableau 9a ; pour l'année 1975, *id.*, *Annual Report of the Commissioner of Internal Revenue 1975*, Washington (D. C.), Government Printing Office, 1975, p. 89, tableau 2 intitulée « Gutting the IRS ». Une série de reportages publiés sur le site internet ProPublica s'appuie sur ces données pour démontrer la réduction drastique des activités de recouvrement en quelques décennies (cf. notamment Paul Kiel et Jesse Eisinger, « How the IRS Was Gutted », ProPublica.org, 11 décembre 2018 ; *id.*, « The IRS Tried to Take on the Ultrawealthy. It Didn't Go Well », ProPublica.org, 5 avril 2019).

2. On peut estimer la distribution des patrimoines dans la population entière en partant des statistiques successorales et en appliquant la méthode dite du « multiplicateur de mortalité » (c'est-à-dire en pondérant les patrimoines des défunts par l'inverse de leur taux de mortalité, estimé en fonction de leur âge, de leur sexe et de leur niveau de vie). Cf. Emmanuel Saez et Gabriel Zucman, « Wealth Inequality in the United States since 1913 : Evidence from Capitalized Income Tax Data », *The Quarterly Journal of Economics*, vol. 131, n° 2, 2016, p. 519-578.

plus grandes fortunes américaines meurt, son « *estate* » (c'est-à-dire son patrimoine déclaré au fisc) ne s'élève en moyenne qu'à la moitié seulement de sa richesse telle qu'estimée par le magazine[1].

Que s'est-il passé ? Il y a certes toujours eu de la fraude à l'impôt sur l'héritage[2], mais les gouvernements successifs s'y sont attaqués avec une ardeur inégale. Et depuis les années 1980, les efforts des pouvoirs publics américains ont été, c'est le moins que l'on puisse dire, modérés. L'*estate tax* (qualifié d'« impôt sur la mort » par ses détracteurs) est le seul impôt fédéral qui frappe le patrimoine. C'est aussi le plus progressif de tous les prélèvements obligatoires américains, puisque, depuis sa création, 90 % ou plus de la population en a été exempté[3]. De ce fait, il représente une cible de choix pour les tenants de l'idéologie inégalitaire, fondée sur la sacralisation de la propriété privée, qui domine la vie politique américaine depuis les années 1980. C'est dans ce contexte politique que l'industrie de l'« optimisation » fiscale a investi le marché de l'impôt sur les successions, vendant des montages à base de trusts prétendument « philanthropiques », de sous-estimation d'actifs, sans parler des cas avérés de fraude pure et simple[4]. *In fine*, ce sont les pouvoirs publics qui déterminent les priorités en matière de recouvrement de

1. Raub, Brian, Barry Johnson et Joseph Newcomb, « A Comparison of Wealth Estimates for America's Wealthiest Decedents Using Tax Data and Data from the Forbes 400 », *Proceedings of the 103rd Annual Conference on Taxation*, Washington (D. C.), National Tax Association, 2010, p. 128-135.

2. Pour une description des stratégies d'évitement des droits successoraux dans les années 1960 et 1970, cf. George Cooper, *A Voluntary Tax ? New Perspectives on Sophisticated Estate Tax Avoidance*, Washington (D. C.), Brookings Institution, 1979.

3. Wojciech Kopczuk et Emmanuel Saez, « Top Wealth Shares in the United States, 1916-2000 : Evidence from Estate Tax Returns », *National Tax Journal*, vol. 57, n° 2, 2004, p. 445-487, tableau 1.

4. Comme l'a montré le *New York Times*, Donald Trump donne un saisissant exemple de fraude de l'impôt successoral (David Barstow, Susanne Craig et Russ Buettner, « Trump Engaged in Suspect Tax Schemes as He Reaped Riches From His Father », *New York Times*, 2 octobre 2018).

l'impôt, en faisant notamment le choix de faire respecter les clauses anti-abus ou de tolérer des transactions sans substance économique.

On voit ainsi comment, à l'inverse de ce qui est souvent dit, l'évasion fiscale ne diminue pas nécessairement quand les impôts baissent – bien au contraire. Quand Reagan ramena le taux supérieur de l'impôt sur le revenu de 70 % à 50 % en 1981, l'utilisation des *tax shelters* explosa. Depuis que le taux marginal supérieur des droits de succession a été baissé au début des années 1980 (de 70 % en 1980 à 55 % en 1984), puis de nouveau dans les années 2000 (de 55 % en 2000 à 40 % aujourd'hui), l'« optimisation » fiscale pour cet impôt a pareillement augmenté. Dans un cas comme dans l'autre, l'affaiblissement du contrôle fiscal (lui-même le reflet des profonds bouleversements politiques et idéologiques qui ont motivé la réduction des taux d'imposition) a annulé l'impact supposément favorable d'une baisse des taux sur le civisme fiscal[1].

« Les pauvres fraudent, les riches optimisent »... ou l'inverse ?

Qui fraude le fisc aujourd'hui ? Difficile, bien sûr, de répondre à cette question précisément : mesurer les activités illégales et l'économie souterraine est par définition un exercice pavé d'incertitudes. Pour autant, nous ne sommes pas totalement dans l'obscurité. Deux sources principales permettent d'estimer l'ampleur et la répartition de la fraude fiscale. Les contrôles aléatoires réalisés par le fisc, d'abord : outre les vérifications qu'elle mène auprès des contribuables les plus susceptibles de tricher, l'administration fiscale américaine examine chaque année un échantillon de déclarations prises au hasard. Ce faisant, son objectif n'est pas de détecter des fraudeurs probables,

1. La littérature montre un faible impact des taux marginaux sur la fraude fiscale, et au contraire un très fort impact des activités de recouvrement. Cf., par exemple, Henrik J. Kleven *et al.*, « Unwilling or Unable to Cheat ? Evidence from a Tax Audit Experiment in Denmark », *Econometrica*, vol. 79, n° 3, 2011, p. 651-692.

mais de mesurer l'ampleur du manque à gagner fiscal et de mieux connaître le profil des délinquants ; c'est pour cette raison que, dans le cadre de ce programme de recherche, les déclarations sont sélectionnées de manière aléatoire[1].

Il s'agit d'un puissant outil pour estimer l'évasion fiscale des travailleurs indépendants, les fraudes aux crédits d'impôt et plus généralement toutes les tentatives de soustraction à l'impôt relativement simples. Mais ces contrôles fiscaux aléatoires ont une limite majeure : ils ne permettent pas de bien détecter la fraude des ultra-riches. Dans le cadre d'un contrôle aléatoire, il est pratiquement impossible de déceler l'utilisation de comptes offshore, de trusts dans des paradis fiscaux exotiques ou de sociétés-écrans au Panamá. La plupart de ces montages sont créés par des intermédiaires juridiques et financiers opérant dans des pays où règne la plus grande opacité financière. Pour mieux cerner ces formes d'évasion plus sophistiquées et compléter les données issues des contrôles aléatoires, il est donc nécessaire de recourir à d'autres sources, comme les données d'établissements offshore qui ont fuité (les *Panama Papers*, par exemple, un ensemble de documents internes du cabinet d'avocats panaméen Mossack Fonseca divulgué en 2016) ou les résultats des amnisties fiscales, c'est-à-dire des programmes visant à encourager les évadés fiscaux à régulariser leur situation en échange d'une réduction de leurs pénalités.

Les avocats fiscalistes américains ont coutume de dire que « les pauvres fraudent, alors que les riches optimisent » – l'idée étant que seuls des contribuables mal élevés pourraient violer la lettre de la loi et que les riches, quant à eux, se contentent de tirer élégamment parti des exonérations, incohérences, et autres niches fiscales légales du code des impôts. Hélas, lorsque l'on combine les résultats des contrôles fiscaux aléatoires avec les données qui ont fuité et les sources

1. Ces études de l'IRS sont regroupées dans son *National Research Program* (programme de recherche national), autrefois appelé *Taxpayer Compliance Measurement Program* (programme de mesure de la conformité fiscale). Cf., par exemple, US Treasury Department, Internal Revenue Service, *Federal Tax Compliance Research : Individual Income Tax Gap Estimates for 1985, 1988, and 1992*, Washington (D. C.), Government Printing Office, 1996.

issues des amnisties fiscales, cet adage ne semble guère refléter la réalité. Comme le montre le graphique 3.1, si l'on prend en compte l'ensemble des impôts perçus à tous les échelons administratifs, chacun des groupes sociaux fait évader une partie de la facture fiscale dont il est redevable, mais les riches semblent le faire davantage que les autres groupes sociaux. La proportion d'impôt éludé reste stable (un peu au-dessus de 10 %) pratiquement sur toute la distribution, des classes populaires jusqu'à la classe moyenne supérieure, avant de s'élever à près de 25 % pour les ultra-riches[1].

Comment expliquer ce résultat ?

***Graphique 3.1* – L'augmentation de la fraude fiscale chez les riches**
(évasion fiscale en pourcentage des impôts dus,
par groupe de revenus, 1973 et 2018)

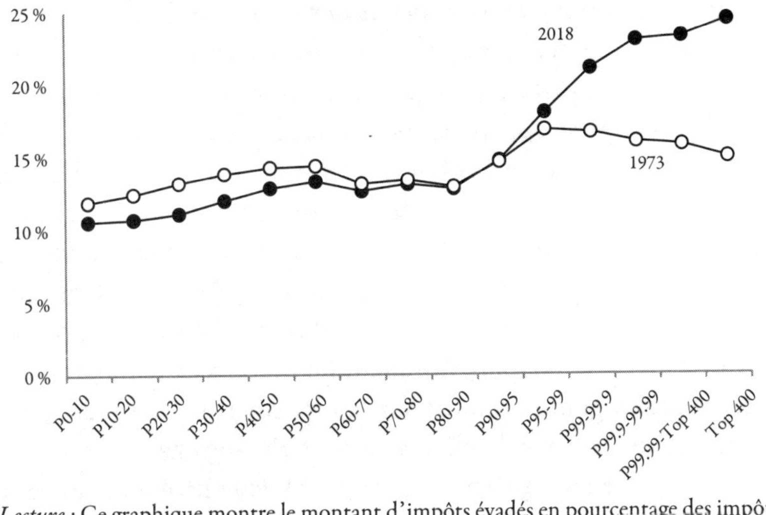

Lecture : Ce graphique montre le montant d'impôts évadés en pourcentage des impôts dus, par groupe de revenus, en 1973 et en 2018. L'ensemble des impôts prélevés à tous les échelons administratifs sont pris en compte. En 1973, le taux d'évasion fiscale était à peu près constant d'un groupe à l'autre. En 2018, les riches fraudent davantage (entre 20 % et 25 % de leur impôt) que les classes populaires et moyennes (de 10 % à 12 %).

Sources et méthodologie : TaxJusticeNow.org.

1. John Guyton *et al.*, « Tax Evasion by the Wealthy : Measurement and Implications », document de travail, UC Berkeley, 2019.

Pour commencer, les classes populaires et moyennes n'ont tout simplement pas la possibilité de beaucoup frauder. Leurs revenus proviennent pour l'essentiel de salaires, de pensions et de placements dans des banques nationales. Or les informations relatives à ces revenus sont automatiquement transmises à l'administration fiscale, ce qui rend toute dissimulation impossible. Il y a bien sûr de la fraude parmi les classes moyennes et populaires, par exemple de l'évasion fiscale sur les impôts à la consommation (à travers des transactions réglées en liquide, par exemple) ou du travail au noir. Mais, pour l'immense majorité de la population, l'évasion fiscale est rendue quasiment impossible par la transmission automatique d'informations par les employeurs, les banques et d'autres tierces parties à l'administration fiscale[1]. Or, à mesure qu'on s'élève dans la hiérarchie des revenus, de moins en moins de ces derniers sont déclarés par des tiers, ce qui augmente les possibilités de frauder.

La seconde (et principale) raison pour laquelle la fraude augmente avec le revenu est que, contrairement au reste de la société, les grandes fortunes peuvent compter sur l'industrie de l'évasion fiscale pour les aider à se soustraire au fisc. Or celle-ci est devenue de plus en plus élitiste au fil du temps : elle cible aujourd'hui des contribuables plus fortunés qu'il y a quarante ans. Au début des années 1980, au temps de la fureur des *tax shelters*, les promoteurs de montages fiscaux vantaient les mérites de leurs produits dans la presse grand public. Cela leur permettait de toucher des centaines de milliers de clients potentiels – médecins, avocats, cadres supérieurs ou riches héritiers. Mais le problème est que cette stratégie exposait les combines qu'ils mettaient au point au grand jour, augmentant le risque que celles-ci soient repérées et

1. Dans le cas des États-Unis, cela a été démontré par les études du *National Research Program* de l'IRS (cf, par exemple, *Federal Tax Compliance Research*, *op. cit.*). La question a été analysée de manière plus approfondie dans le cas du Danemark par Henrik J. Kleven *et al.*, « Unwilling or Unable to Cheat ?... », art. cité.

interdites par l'administration fiscale. De nos jours, les acteurs du secteur s'adressent au gotha mondial, qu'ils courtisent via des invitations à des galas, des tournois de golf ou des vernissages sélects. La hausse des inégalités aidant, les grandes banques de gestion de patrimoine, les cabinets d'avocats et les fiducies qui créent les sociétés-écrans, trusts et autres fondations peuvent empocher de grosses commissions en se contentant de démarcher une poignée de clients richissimes[1].

C'est ainsi que la fraude fiscale, qui en 1973 (la première année où l'IRS réalisa ses contrôles fiscaux aléatoires) était à peu près constante d'un niveau de revenu à l'autre tend aujourd'hui à augmenter à mesure qu'on grimpe dans l'échelle des richesses. Avec la dérégulation financière et la montée des inégalités, l'industrie de l'optimisation fiscale n'a jamais été aussi florissante – et ne s'est jamais autant souciée de servir les intérêts des ultra-riches.

Cette évolution a été renforcée par deux phénomènes concomitants : les changements politiques dans les priorités de contrôle fiscal (comme nous l'avons vu dans le cas des droits de succession) et la mondialisation, qui a permis l'apparition de nouvelles formes de soustraction à l'impôt – le transfert des profits des entreprises vers les paradis fiscaux (nous verrons comment dans le prochain chapitre) et la dissimulation des fortunes dans les centres offshore.

1. Annette Alstadsæter, Niels Johannesen et Gabriel Zucman, « Tax Evasion and Inequality », *American Economic Review*, vol. 109, n° 6, 2019, p. 2073-2103 ; Gabriel Zucman, « Global Wealth Inequality », *Annual Review of Economics*, vol. 11, 2019, p. 109-138.

***Graphique 3.2.* – « Les pauvres fraudent, les riches optimisent »... ou l'inverse ?**
(évasion fiscale en pourcentage des impôts dus, par groupe de revenus, 2018)

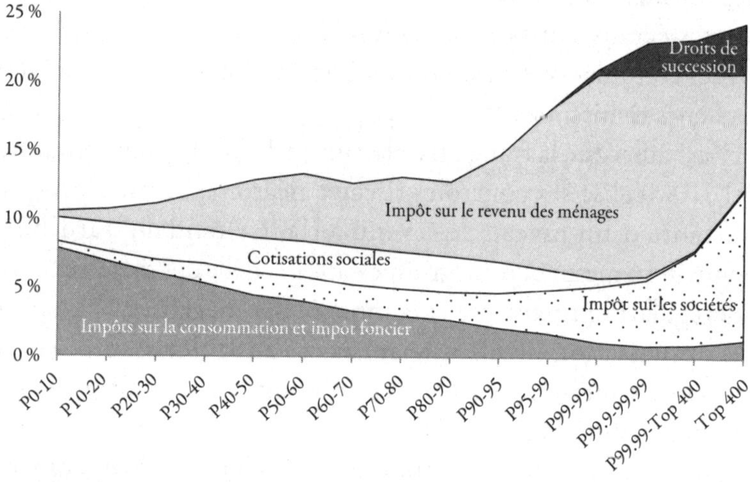

Lecture : Ce graphique montre le pourcentage d'impôts évadés en fonction des impôts dus, par groupe de revenus avant impôts, en 2018, par type d'impôt. L'ensemble des prélèvements obligatoires à tous les échelons administratifs sont pris en compte. En 2018, les riches fraudent davantage que les classes populaires et moyennes en raison de l'évasion fiscale sur les droits de succession, des stratégies agressives d'évitement mises en œuvre par les multinationales et du recours aux paradis fiscaux par les particuliers.

Sources et méthodologie : TaxJusticeNow.org.

La grande évasion : l'internationale de la fraude fiscale

Au cœur des stratégies d'évasion contemporaines se trouve un puissant couteau suisse : la société-écran offshore. Sous les feux de la rampe depuis les révélations des *Panama Papers* en 2016, les sociétés-écrans permettent de faire évader les droits de succession, l'impôt sur les plus-values, l'impôt sur le revenu, l'impôt sur la fortune, l'impôt sur les sociétés, ainsi que les taxes sur les paiements internationaux d'intérêts, de dividendes ou de royalties. Elles sont également très pratiques pour escroquer non seulement le fisc, mais aussi un ex-conjoint, des enfants, des associés ou des créanciers, ainsi que pour s'adonner au délit d'initié, blanchir des fonds, empocher des commissions occultes, financer en sous-main une campagne électorale ou des groupes terroristes. S'il devait y avoir un emblème de l'économie à somme nulle, cela pourrait être la société-écran.

Son usage s'est développé de manière exponentielle depuis les années 1980. En 1936, comme nous l'avons vu, un certain nombre de citoyens américains fortunés avaient monté des sociétés-écrans offshore dans l'espoir d'échapper à l'impôt sur le revenu, avant que le Congrès ne durcisse la réglementation en la matière. Mais c'est seulement une quarantaine d'années plus tard que le marché a décollé. Prenez le cabinet d'avocats Mossack Fonseca, pour lequel, grâce aux données des *Panama Papers*, nous disposons de statistiques exhaustives. De sa création en 1977 à l'année 1986, ce cabinet a créé quelques centaines de sociétés-écrans par an. Entre 1986 à 1999, plusieurs milliers par an. Entre 2000 et 2010, plus de dix mille par an. Après la crise financière de 2008-2009, le rythme des créations annuelles est retombé légèrement en dessous de ce niveau. À la date de la fuite des fichiers, en 2016, l'étude fondée par Jürgen Mossack et Ramón Fonseca Mora avait à elle seule créé deux cent dix mille entreprises dans vingt et une places financières offshore, au premier rang desquelles les îles Vierges britanniques et le Panamá[1]. Il n'existe aucune estimation fiable du nombre de sociétés-écrans aujourd'hui en activité dans le monde, mais ces dernières se comptent au moins par centaines de milliers, et sans doute par millions.

Aux États-Unis, les sociétés-écrans ont de nouveau été sous les feux de l'actualité quand a été révélée la fraude fiscale de Paul Manafort, ex-directeur de campagne de Donald Trump, reconnu coupable en août 2018 d'avoir oublié de déclarer des millions de dollars versés par des oligarques ukrainiens sur ses comptes bancaires à Chypre.

1. International Consortium of Investigative Journalists, « The Panama Papers : Exposing the Rogue Offshore Finance Industry », ICIJ.org.

Comme l'immense majorité des comptes offshore utilisés par les fraudeurs du monde entier, ceux de Manafort appartenaient officiellement à des sociétés-écrans immatriculées dans des territoires à fiscalité nulle. Pourquoi ? Parce que ce type de montage déconnecte les comptes de leur propriétaire réel, ajoutant une couche d'opacité financière qui rend plus difficile pour les autorités fiscales, les enquêteurs et les régulateurs de savoir qui possède quoi. En Suisse, cœur historique de la gestion de fortune internationale, plus de 60 % des actifs détenus par des étrangers aujourd'hui le sont par l'intermédiaire de sociétés-écrans, pour la plupart sises dans les îles Vierges britanniques ou au Panamá[1].

Lutter contre l'évasion fiscale : les leçons de la loi Fatca

Longtemps, l'idée qu'il était possible de lutter efficacement contre l'évasion fiscale offshore était accueillie avec un scepticisme poli, pour ne pas dire plus. La Suisse et les îles Caïman n'ont-elles pas le droit, comme toutes les nations souveraines, de décider de leurs propres lois ? Si elles souhaitent faire appliquer un strict secret bancaire et interdire à leurs établissements financiers de divulguer des informations sur leurs clients aux fiscs étrangers, qui pourrait bien les obliger à changer d'attitude ?

Et pourtant, changement d'attitude il y eut en 2010, lorsque fut votée la loi dite Fatca, pour *Foreign Account Tax Compliance Act*. Celle-ci impose aux établissements financiers du monde entier

1. Gabriel Zucman, *La Richesse cachée des nations. Enquête sur les paradis fiscaux*, Paris, Seuil, 2013 ; *id.*, « The Missing Wealth of Nations : Are Europe and the US Net Debtors or Net Creditors ? », *The Quarterly Journal of Economics*, vol. 128, n° 3, 2013, p. 1321-1364 ; Annette Alstadsæter, Niels Johannesen et Gabriel Zucman, « Who Owns the Wealth in Tax Havens ? Macro Evidence and Implications for Global Inequality », *Journal of Public Economics*, vol. 162, 2018, p. 89-100.

d'échanger automatiquement leurs informations avec les services fiscaux américains. Les banques qui s'y refusent s'exposent à de lourdes sanctions : une taxe de 30 % sur tous les dividendes et intérêts en provenance des États-Unis. Face à cette menace, presque tous les pays ont accepté de se plier à cet échange de données, et de nombreux États ont depuis lors emboîté le pas aux États-Unis et conclu des accords du même type avec les paradis fiscaux. À tel point que, depuis 2017, l'échange automatique d'informations bancaires est devenu la norme internationale : les principaux paradis fiscaux de la planète, y compris le Luxembourg, Singapour et les îles Caïman, participent à cette nouvelle forme de coopération.

Même s'il est encore trop tôt pour évaluer les effets réels de cette politique, il est clair qu'il s'agit d'une avancée majeure. Avant la crise financière de 2008-2009, il n'existait pratiquement aucun échange de données entre les banques situées dans des paradis fiscaux et les autorités fiscales des autres pays[1]. Dans ces conditions, dissimuler des avoirs à l'étranger était un jeu d'enfant. C'est aujourd'hui plus compliqué.

Le nouveau système d'échange automatique n'est bien sûr pas infaillible. Il serait bien naïf de croire que les mêmes banquiers qui, des décennies durant, ont abrité leurs clients derrière des sociétés-écrans, allant jusqu'à dissimuler des diamants dans des tubes de dentifrice pour envoyer de l'argent en Suisse et à transmettre des relevés de compte occulte dissimulés entre des pages de magazines sportifs, coopèrent tous aujourd'hui en toute bonne foi avec les autorités fiscales du monde entier. L'opacité financière est encore

1. Niels Johannesen et Gabriel Zucman ont étudié la faiblesse du régime d'échange d'informations qui prévalait avant la mise en place de l'échange automatique (« The End of Bank Secrecy ? An Evaluation of the G20 Tax Haven Crackdown », *American Economic Journal : Economic Policy*, vol. 6, n° 1, 2014, p. 65-91). Le maillage des traités d'échange internationaux était incomplet, si bien que les fraudeurs pouvaient les contourner en ouvrant des comptes dans des paradis fiscaux non coopératifs.

extrême, et il reste bien trop facile pour les établissements offshore d'affirmer qu'ils ne gèrent que des comptes appartenant à des sociétés-écrans enregistrées au Panamá ou aux Bahamas – sans en identifier correctement les véritables propriétaires, américains ou français – et ainsi de n'envoyer aucune information aux administrations concernées. Malgré ces limites, il faut mesurer les progrès accomplis depuis le milieu des années 2000, lorsque régnait le secret bancaire le plus complet.

Une grande leçon se dégage de cet épisode : l'évasion fiscale qui était hier admise peut demain être interdite. De nouvelles formes de coopération internationale, parfois jugées utopiques par de savants experts, sont en réalité susceptibles de se matérialiser en un laps de temps relativement court. L'évasion n'est pas une fatalité qui condamnerait tout projet de justice fiscale à l'échec. Tolérer la fraude fiscale est un choix que nous faisons collectivement, et il ne tient qu'à nous d'en faire d'autres.

Chapitre 4

Bienvenue à Bermuland

C'était une froide journée d'hiver à Washington, et la cérémonie se déroula donc à l'intérieur, bien au chaud. Dans le bureau ovale, le 22 décembre 2017, le président Donald Trump promulgua le *Tax Cuts and Jobs Act* (« la plus grosse baisse d'impôt, la plus grande réforme de tous les temps », d'après ses dires). Sa mesure phare ? La baisse du taux de l'impôt sur les sociétés de 35 % à 21 %. À en croire ses partisans, cette loi allait bien sûr donner un coup de fouet à la croissance et à la création d'emplois. Même ceux qui ne partageaient pas ces prévisions optimistes reconnaissaient cependant qu'une réforme de l'impôt sur les sociétés ne s'était que trop fait attendre, car celui-ci, voyez-vous, était à l'agonie. Entre 1995 et 2017, alors que son taux s'était maintenu à 35 % et que les bénéfices des entreprises avaient crû à un rythme supérieur à celui de l'économie, ses recettes (en pourcentage du revenu national) avaient chuté de 30 %. Les entreprises américaines avaient accumulé plus de 3 000 milliards de dollars aux Bermudes, en Irlande et dans d'autres paradis fiscaux[1].

1. Gabriel Zucman, « Taxing across Borders : Tracking Personal Wealth and Corporate Profits », *Journal of Economic Perspectives*, vol. 28, n° 4, 2014, p. 121-148.

Le marché de l'évasion fiscale était en pleine ébullition ; l'administration fiscale, dépassée par les événements. Cela vous rappelle-t-il quelque chose ?

Pour la plupart des membres de l'élite politique, économique et intellectuelle américaine, la solution passait par une baisse du taux d'imposition des sociétés. Durant son mandat, Barack Obama avait plaidé pour que celui-ci soit ramené à 28 % (et même à 25 % pour l'industrie manufacturière). La réforme de Trump ne suscita certes pas la même ferveur bipartite que celle de Reagan en 1986 : les élus démocrates jugèrent le taux de 21 % souhaité par les républicains trop faible, protestèrent contre les modifications apportées à l'impôt sur le revenu des ménages et votèrent contre la proposition de loi. Mais la majorité des parlementaires s'accordaient à dire qu'il fallait alléger la charge fiscale pesant sur les entreprises, rejoignant en cela la plupart des dirigeants des pays riches. Au moment où était votée la réforme de Trump, en France Emmanuel Macron s'engageait à faire passer l'impôt sur les sociétés de 33 % à 25 % entre 2018 et 2022 ; le Royaume-Uni avait ouvert la voie avec une première baisse sous le mandat du Premier ministre travailliste Gordon Brown en 2008 et visait désormais un taux de 17 % en 2020. Sur ce sujet, les grands de ce monde semblent tous d'accord : comme les multinationales sont mobiles, il est impossible de les taxer trop lourdement. Les autres pays baissent-ils leurs taux ? Il nous faut en faire autant. Google a-t-il transféré sa propriété intellectuelle (et donc l'essentiel de ses profits) aux Bermudes ? Il faut lui accorder des avantages fiscaux pour l'encourager à les rapatrier.

Cette vision de l'économie internationale se heurte à un petit problème : si la mondialisation est synonyme d'impôts toujours plus faibles pour ses grands gagnants (les propriétaires des multinationales) et toujours plus élevés pour ses laissés-pour-compte (les familles modestes), alors elle est probablement condamnée. Le risque est grand que l'injustice fiscale et les inégalités continuent leur progression. Avec quel résultat ? Celui que de plus en plus d'électeurs, convaincus à tort que la mondialisation et la justice sociale sont incompatibles, tombent sous la coupe de politiciens protectionnistes et nativistes, processus qui finira par avoir raison de la mondialisation elle-même.

Quand les grandes entreprises payaient beaucoup d'impôts

De la création de l'impôt sur les bénéfices des sociétés au début du XXe siècle à la fin des années 1970, les grandes entreprises ne se soustrayaient guère au fisc. Ce n'était pas faute d'en avoir la possibilité – les règles qui régissent la taxation des multinationales n'ont guère changé depuis le début du siècle dernier –, mais pour deux raisons principales. D'abord, comme dans le cas des ménages, Franklin Roosevelt et ses successeurs limitèrent l'optimisation fiscale grâce à une politique de recouvrement volontariste et l'instauration de nouvelles normes sociales, faisant honte aux mauvais payeurs et en appelant à la morale.

Mais surtout, les dirigeants d'entreprise avaient une conception de leur rôle différente de celle qui domine de nos jours. Aux États-Unis, il est aujourd'hui communément admis que l'objectif principal d'un PDG consiste à faire monter le cours des actions de sa société. Dans cette vision du monde, les entreprises ne sont rien d'autre qu'un conglomérat d'investisseurs qui mettent leurs ressources en commun. Bien que les patrons se plaignent parfois de l'interventionnisme de certains actionnaires, tous ou presque considèrent qu'il est de leur devoir de maximiser le cours de bourse de leur compagnie. Et l'optimisation fiscale aide indéniablement à atteindre cet objectif : moins d'impôts payés, c'est plus de bénéfices qui se capitalisent dans le prix des actions.

Cette vision du rôle des entreprises est cependant loin d'être universelle, ainsi qu'en témoigne la diversité de la composition des conseils d'administration de par le monde. Dans de nombreux pays, les représentants des salariés font partie du conseil d'administration, occupant un tiers des sièges et jusqu'à la moitié en Allemagne pour les grandes entreprises[1]. Avant les années 1970, les entreprises américaines, bien que n'ayant pas de représentants du personnel dans leur conseil d'administration, étaient elles aussi largement considérées comme étant responsables auprès de leurs salariés, de leurs clients, de la société civile et des pouvoirs publics – et non pas auprès de leurs seuls actionnaires[2]. Ce qui, en matière fiscale, avait une conséquence principale : les patrons ne considéraient pas que l'optimisation fiscale était une partie intégrante de leur métier, et le budget « optimisation » ne représentait pas un gros poste de dépense pour les entreprises. Il y a un demi-siècle, General Electric, qui était pourtant déjà un conglomérat présent dans le monde entier, n'employait pas un millier d'avocats fiscalistes comme il l'a fait dans les années 2000 et 2010.

Et de fait, au début des années 1950, l'impôt fédéral sur les bénéfices des sociétés américaines collectait 6 % du revenu national, soit presque autant que l'impôt sur le revenu des particuliers ! Comme nous l'avons vu au deuxième chapitre, plus de la moitié des impôts acquittés par les riches provenait en réalité de cet impôt, qui jouait donc un rôle majeur dans la progressivité d'ensemble du système fiscal américain.

1. Organisation de coopération et de développement économiques (OCDE), « Board-Level Employee Representation », OECD.org, 2017.

2. Aux États-Unis, les plans de représentation du personnel et les syndicats d'entreprise (des instances élues par les salariés pour discuter des conditions de travail avec la direction) jouèrent un rôle important dans les entreprises entre la fin de la Première Guerre mondiale et le milieu des années 1930. Cf., par exemple, Rick Wartzman, *The End of Loyalty : The Rise and Fall of Good Jobs in America*, New York (N. Y.), PublicAffairs, 2017.

***Graphique 4.1.* – La lente agonie de l'impôt sur les sociétés**
(recettes de l'impôt fédéral sur les sociétés et de l'impôt fédéral sur le revenu des ménages, en pourcentage du revenu national, 1910-2018)

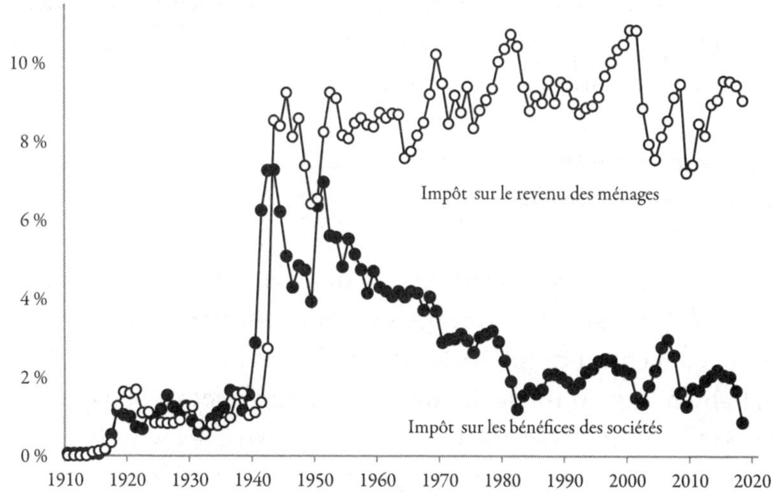

Lecture : Ce graphique montre les recettes de l'impôt fédéral sur les sociétés et de l'impôt fédéral sur le revenu des ménages en pourcentage du revenu national depuis 1910. Celles-ci ont fortement crû pendant la Seconde Guerre mondiale. Mais, si l'impôt des ménages est resté à peu près stable après le conflit (autour de 10 % du revenu national), les recettes de l'impôt sur les sociétés se sont effondrées, jusqu'à ne plus représenter qu'environ 1 % du revenu national en 2018, soit le plus bas niveau observé depuis la crise des années 1930.

Sources et méthodologie : TaxJusticeNow.org.

Il faut certes se garder d'exagérer le poids qu'a pu avoir l'impôt sur les sociétés. Les fortes recettes enregistrées au début des années 1950 étaient pour partie liées à des circonstances exceptionnelles. Pendant la guerre de Corée (1950-1953), le gouvernement américain appliquait une taxe sur les profits excessifs (comme pendant les deux conflits mondiaux), dont le taux de 30 % venait s'ajouter au taux statutaire de 47 % ; cette surtaxe entraîna une augmentation des rentrées durant cette période. Lorsqu'elle fut supprimée, les recettes se stabilisèrent autour de 4 à 5 % du revenu national jusqu'à la fin des années 1960.

Mais, 4 à 5 %, cela reste beaucoup plus qu'aujourd'hui : à la suite de la réforme fiscale de Trump, l'impôt sur les sociétés ne collecte plus qu'à peine 1 % du revenu national. Son poids a été divisé par quatre en un demi-siècle. Que s'est-il passé ?

Au commencement de la délocalisation artificielle des profits

La première étape de cette lente agonie remonte au tournant des années 1970, marqué par une poussée inflationniste et une baisse des marges des entreprises. Des années 1950 à la fin des années 1960, en l'absence quasi totale de concurrence européenne ou japonaise notoire, les entreprises américaines étaient extrêmement rentables. La situation commença à changer en 1969-1970, lorsque l'économie américaine entra en récession, dans un contexte d'alourdissement de la fiscalité pour résorber les déficits liés à la guerre du Viêt Nam et de politique monétaire restrictive pour enrayer l'inflation. Le déclin de la profitabilité des entreprises s'accentua avec le choc pétrolier de 1973, qui entraîna une sévère récession et une forte montée des taux d'intérêt jusqu'à la fin de la décennie. Les paiements d'intérêts étant déductibles des bénéfices imposables, quand ceux-ci augmentent, l'assiette fiscale fond mécaniquement, et avec elle les recettes de l'impôt sur les sociétés.

Second facteur : l'émergence, à la fin des années 1970 et dans la première moitié des années 1980, d'une nouvelle industrie de l'évasion fiscale au service des entreprises – parallèlement au boom des *tax shelters* pour les particuliers et dans le même contexte idéologique.

Quel fut, pour les entreprises, l'équivalent des investissements dans des sociétés déficitaires qui remportaient à l'époque un franc succès auprès des contribuables à hauts revenus ? La création d'une société financière domiciliée dans les Antilles néerlandaises. Le montage fonctionnait de la façon suivante. Une entreprise américaine ouvrait une filiale sur l'île d'Aruba, de Bonaire ou de Curaçao. Celle-ci empruntait de l'argent à une banque européenne, au taux en vigueur (environ 3 %), puis le reprêtait à la maison mère américaine à un taux beaucoup plus élevé (autour de 8 %)[1]. La manœuvre présentait un double avantage. Grâce à cette marge de cinq points sur les intérêts, la société offshore dégageait des bénéfices qui, en l'absence de tout impôt aux Antilles néerlandaises, n'étaient pas taxés. Ensuite et surtout, la maison mère pouvait déduire les intérêts versés à sa filiale, diminuant l'impôt dû aux États-Unis. Comme les *tax shelters*, ce montage ne brillait pas par sa subtilité et finit par être interdit par les autorités au milieu des années 1980.

Il faut attendre le milieu des années 1990 pour voir l'optimisation fiscale des grandes entreprises prendre pleinement son essor. L'évasion et la fraude fiscales ne fleurissent pas spontanément ; comme nous l'avons vu dans le chapitre précédent, pour bien les comprendre il faut s'intéresser à ce qui se passe du côté des fournisseurs de service d'« optimisation », et cette industrie elle-même ne fonctionne pas dans une bulle : l'environnement idéologique, économique et juridique dans lequel elle opère est déterminant. Or, dans les années 1990, tous les voyants passent au vert : le mur de Berlin vient de tomber ; l'idéologie libérale triomphe ; une nouvelle génération de dirigeants, biberonnés au culte de la primauté de l'actionnaire dans les années 1980, prend les rênes des multinationales américaines.

La mondialisation, parallèlement, offre de nouvelles possibilités d'optimisation fiscale. Jusqu'aux années 1980, les entreprises américaines réalisaient moins de 15 % de leurs bénéfices à l'étranger. Quand tous vos clients sont aux États-Unis, créer des sociétés-écrans aux îles Vierges britanniques peut sembler suspect aux yeux du fisc. Au milieu des années 1990, la part de bénéfices réalisés hors du territoire national explose, pour atteindre environ 30 % dans la

1. Thomas Wright et Gabriel Zucman, « The Exorbitant Tax Privilege », document de travail n° 24983, NBER, 2018.

première décennie du XXIe siècle. La grande évasion dans les paradis fiscaux peut commencer.

Voyons maintenant comment elle s'est déroulée.

Bienvenue à Bermuland

L'évasion fiscale des multinationales exploite les faiblesses du cadre juridique qui régit leur taxation. Conçu dans les années 1920, c'est-à-dire peu de temps après l'invention de l'impôt sur les sociétés, cet ensemble de réglementations a très peu changé au cours du siècle écoulé[1]. Il repose sur l'idée que les filiales d'une même entreprise multinationale doivent être traitées comme des entités autonomes : du point de vue fiscal, Apple Irlande est une société à part entière, distincte d'Apple Amérique. Les bénéfices réalisés par Apple Irlande sont imposés en Irlande et ceux d'Apple Amérique aux États-Unis.

Or voici le problème : le taux d'imposition irlandais (officiellement 12,5 %, en réalité souvent beaucoup moins) étant plus bas que le taux américain (21 %, sans compter les impôts levés par les États), Apple a tout intérêt à faire apparaître ses profits en Irlande plutôt qu'aux États-Unis, et les moyens pour ce faire ne manquent pas. Il existe bien sûr des règles qui encadrent la façon dont doivent être répartis les profits mondiaux d'un groupe entre ses différentes filiales. En théorie, les entreprises multinationales doivent échanger biens, services et actifs d'une filiale à une autre comme si celles-ci étaient parfaitement indépendantes, en utilisant les prix de marché en vigueur pour chaque transaction – c'est ce que l'on appelle le principe de pleine concurrence. À l'issue de toutes ces transactions, les bénéfices enregistrés en Irlande sont taxables en Irlande, ceux enregistrés en France dans l'Hexagone, etc. En pratique, cependant, les multinationales disposent d'une grande marge de manœuvre pour décider elles-mêmes des prix qu'elles facturent pour leurs

1. Gabriel Zucman, « Taxing across Borders... », art. cité.

transactions intra-groupe (donc elles peuvent *de facto* choisir les pays où elles souhaitent faire apparaître leurs profits), et ce grâce aux cabinets de conseil en optimisation fiscale.

Car ces derniers ont inventé, dans les années 1990, le sésame de l'évasion fiscale : le montage consistant pour une multinationale à s'échanger en interne des actifs et des services possédant une vertu essentielle, celle de n'avoir aucun prix de marché. Des actifs tels que des logos ou des marques, des prestations telles que des services de gestion ou des services financiers, qui tous ont en commun de n'avoir aucune valeur de marché observable, ce qui rend le principe de pleine concurrence inapplicable. Combien vaut le logo Apple ? Nul ne le sait : celui-ci n'a jamais été vendu sur aucun marché. Quel est le prix de la fameuse « virgule » emblématique de Nike ? Ou celui des technologies qui font tourner le moteur de recherche et les algorithmes publicitaires de Google ? C'est impossible à dire avec précision, ce qui permet aux entreprises de s'échanger ces actifs en interne à la valeur qui leur sied.

Le produit vendu par les cabinets d'optimisation fiscale aux multinationales du monde entier est un tout-en-un : une transaction intra-groupe inventive, accompagnée d'un prix de transfert certifié « correct » pour ladite transaction. En règle générale, le prix proposé est celui qui maximise l'économie d'impôts pour la multinationale, ce qui n'est guère surprenant dans la mesure où les comptables qui proposent et certifient ces prix sont rémunérés par l'entreprise elle-même. Le résultat ? Grâce à la prolifération de transactions intra-groupe réalisées à des prix truqués, des centaines de milliards de bénéfices sont enregistrées dans les pays où l'impôt est faible, et des montants faibles là où l'impôt est élevé.

Quelques exemples concrets permettent de bien comprendre comment tout cela fonctionne en pratique.

En 2003, soit un an avant son introduction en bourse, en août 2004, Google a vendu ses algorithmes de référencement et de publicité à Google Holdings, une de ses filiales immatriculée en Irlande mais située, du point de vue du fisc irlandais, dans les Bermudes, un archipel de l'Atlantique où se trouvent prétendument ses fonctions de « direction ». Le prix de ce transfert n'est pas connu. Au moment de la création de l'impôt sur les sociétés aux États-Unis, en 1909, la loi prévoyait que les déclarations fiscales des entreprises soient rendues publiques – précisément dans le but de prévenir la fraude. Mais le Congrès revint sur cette obligation dès l'année suivante, et les affaires fiscales des géants américains ont depuis lors été un secret bien gardé.

On sait néanmoins que le prix payé par Google Holdings pour acquérir la technologie de Google fut modeste. Pourquoi ? Parce que, s'il avait été élevé, Google aurait dû payer un impôt conséquent aux États-Unis en 2003. Or, cette année-là, d'après le prospectus déposé en 2004 auprès de la Securities and Exchange Commission (l'autorité de contrôle des marchés financiers américains), le géant de Mountain View a payé en tout et pour tout 241 millions de dollars d'impôts dans le monde entier[1]. En faisant l'hypothèse extrême que toute cette facture fiscale était reliée à la vente de ses actifs immatériels à sa filiale des Bermudes (ce qui est peu probable, puisque Google a sans doute dû payer des impôts pour d'autres raisons), cela donnerait un prix de vente de moins de 700 millions de dollars – ce qui n'est pas cher payé pour des actifs qui ont depuis lors généré des dizaines de milliards de dollars de profits. Au cours de la seule année 2017, Google Holdings a déclaré 22,7 milliards de dollars de chiffre d'affaires aux Bermudes. Comment est-ce possible ? En tant que propriétaire officiel de certains des algorithmes les plus précieux du géant américain, Google Holdings accorde des licences d'utilisation aux filiales de Google dans toute l'Europe en échange d'une redevance (un mécanisme comparable est utilisé en Asie, avec Singapour dans le rôle des Bermudes). Les filiales de Google en Allemagne ou en France versent des milliards de dollars à Google Holdings en échange du droit d'utiliser cette technologie prétendument « bermudéenne », ce qui réduit l'assiette fiscale dans ces

1. « Class A Common Stock », SEC.gov, 18 août 2004.

pays, tout en l'augmentant d'autant aux Bermudes… où le taux d'impôt sur les sociétés est de zéro pour cent[1].

Les entreprises européennes ne sont pas en reste. En 2004, quelques mois après l'épisode Google Bermudes, Skype (une société fondée par un Suédois et un Danois) transférait l'essentiel de sa technologie de téléphonie par Internet à une filiale irlandaise. Ce qui est intéressant en l'occurrence, c'est que, grâce aux révélations des *LuxLeaks* (une fuite de documents confidentiels du cabinet PricewaterhouseCoopers en 2014), les détails de cette transaction sont connus. D'après ce cabinet d'audit, combien valait la technologie révolutionnaire de Skype, qui allait bouleverser le marché des télécoms ? Tenez-vous bien : 25 000 euros[2]. En septembre 2005, quelques mois après cette opération, Skype était racheté par eBay pour 2,6 milliards de dollars.

Que Google et Skype aient vendu leur propriété intellectuelle quasiment en même temps à des sociétés-écrans situées quelque part entre l'Irlande et les Bermudes ne tient pas du hasard. Dans les années 2003-2004, il s'agissait du montage de prédilection proposé par les cabinets d'audit. Skype et Google avaient reçu le même conseil : agissez vite, avant d'être cotés en bourse ou rachetés. Pourquoi ? Parce qu'il est plus difficile de prétendre que la technologie sur laquelle repose toute votre activité ne vaut pratiquement rien quand le marché vous valorise à hauteur de plusieurs milliards de dollars.

Ces exemples montrent que, contrairement à ce qu'on peut parfois lire, les mécanismes de l'évasion fiscale des entreprises sont

1. Jesse Drucker, « Google 2.4 % Rate Shows How $60 Billion Is Lost to Tax Loopholes », Bloomberg.com, 21 octobre 2010 ; Edward D. Kleinbard, « Stateless Income », *Florida Tax Review*, vol. 11, n° 9, 2011, p. 707-714. L'Irlande s'est engagée à mettre progressivement fin d'ici à 2020 au système permettant à une entreprise d'être immatriculée dans le pays tout en étant fiscalement domiciliée dans les Bermudes.

2. Simon Bowers, « Luxembourg Tax Files : How Juncker's Duchy Accommodated Skype and the Koch Empire », *Guardian*, 9 décembre 2014.

en réalité fort simples. Le système repose fondamentalement sur la manipulation du prix des transactions intra-groupes, qu'il s'agisse de produits (des iMac, par exemple), de services (comme lorsqu'une maison mère américaine achète des « services de gestion » à l'une de ses filiales installée en Suisse), d'actifs (comme quand Google vend ses algorithmes à sa filiale aux Bermudes) ou de prêts (voir la vogue des Antilles néerlandaises au début des années 1980). Deloitte, Ernst & Young, KPMG et PricewaterhouseCoopers : ces quatre grands cabinets d'audit qu'on surnomme les « Big Four » proposent des variantes de ces petits arrangements à leurs clients du monde entier. Avec toujours la même conséquence : à l'issue de ces montages, des milliards de bénéfices imposables sont enregistrés au sein de filiales situées dans des territoires à fiscalité faible ou nulle, qui n'emploient pas de personnel, ou peu, et n'utilisent guère de capital.

40 % des bénéfices des multinationales sont transférés dans les paradis fiscaux

Grâce aux statistiques très détaillées du Bureau d'analyse économique des États-Unis (BEA), il est possible de retracer l'évolution de la délocalisation artificielle des bénéfices par les multinationales américaines depuis un demi-siècle. Ces sociétés doivent en effet transmettre tous les ans au BEA des informations détaillées sur leurs opérations de par le monde, et en particulier le montant de leurs bénéfices et de leur impôt pays par pays.

Que voit-on ? Jusqu'à la fin des années 1970, les multinationales américaines recouraient peu aux paradis fiscaux, alors même qu'elles étaient soumises à un impôt sur les sociétés de 50 %. Certaines avaient bien des bureaux en Suisse ou des holdings dans de petites îles des Caraïbes, mais les sommes en jeu restaient négligeables : environ 95 % de leurs bénéfices réalisés hors du territoire américain étaient déclarés dans des pays à fiscalité élevée, essentiellement au

Canada, au Royaume-Uni et au Japon[1]. À la fin des années 1970, le transfert de bénéfices prit une certaine ampleur avec l'entrée en scène des Antilles néerlandaises ; au début des années 1980, la part des profits étrangers enregistrés dans les paradis fiscaux monta d'un seul coup pour les multinationales américaines à 25 %. Ces sociétés, à l'époque, réalisaient néanmoins encore l'essentiel de leurs profits sur le territoire des États-Unis, si bien que, même si elles transféraient un quart de leurs profits étrangers dans des centres offshore, les montants concernés restaient modestes au regard de leurs bénéfices totaux. L'engouement pour les Antilles néerlandaises n'eut *in fine* que peu d'impact sur la facture fiscale des géants américains. C'est seulement depuis la fin des années 1990 que le transfert de bénéfices est réellement devenu significatif.

Aujourd'hui, ce sont près de 60 % des profits réalisés par les multinationales américaines hors du territoire des États-Unis qui sont déclarés dans des pays à fiscalité réduite. Où cela exactement ? En premier lieu en Irlande et aux Bermudes. Il n'est malheureusement pas possible d'être plus précis : comme nous l'avons vu dans le cas de Google (désormais Alphabet), on ne sait pas très bien où passe la frontière entre ces deux îles. Si l'on veut cartographier la délocalisation des bénéfices dans les paradis fiscaux, mieux vaut les considérer comme un seul et même « territoire » situé quelque part au milieu de l'Atlantique, une contrée que nous appellerons « Bermuland »[2].

En 2016, les multinationales américaines ont déclaré plus de bénéfices à Bermuland qu'au Royaume-Uni, au Japon, en France et au Mexique réunis. Elles enregistrent également d'immenses bénéfices à Porto Rico, où ces derniers sont imposés à un taux effectif somme toute modeste : 1,6 %. N'étant pas soumis à l'impôt sur les sociétés américain, ce territoire est depuis longtemps une destination de choix

1. Thomas Wright et Gabriel Zucman, « The Exorbitant Tax Privilege », document de travail cité.

2. Pour une telle cartographie, voir MissingProfits. world.

pour les évadés fiscaux, des géants de l'industrie pharmaceutique comme Abbott à ceux du numérique comme Microsoft. Viennent ensuite les Pays-Bas, Singapour, les îles Caïman et les Bahamas : dans chacun de ces territoires, les multinationales américaines déclarent plus de profits qu'en Chine ou qu'au Mexique. Pour couronner le tout, aspect sans doute le plus grotesque de cette farce, les grandes entreprises américaines ont déclaré en 2016 plus de 20 % de leurs bénéfices non américains... dans des « entités apatrides » – des sociétés-écrans qui ne sont rattachées à aucun pays[1]. C'est comme si elles avaient réalisé 100 milliards de dollars de bénéfices sur une autre planète.

Les multinationales américaines ne sont bien sûr pas les seules à délocaliser leurs bénéfices vers des pays à fiscalité réduite : les grandes entreprises européennes et asiatiques en font tout autant. Le résultat de cette gigantesque course à l'échalote ? Tous les pays se soustraient un peu de recettes fiscales les uns aux autres. Les entreprises américaines réduisent les rentrées fiscales des États européens et asiatiques, et les entreprises européennes et asiatiques rendent la pareille à l'oncle Sam. D'après une étude menée à l'échelle mondiale et publiée en 2018, 40 % des profits réalisés par les multinationales hors du pays où se situe leur siège social (par exemple, les profits d'Apple hors des États-Unis ou de Volkswagen hors d'Allemagne) sont déclarés dans des paradis fiscaux[2]. Cela correspond à environ

1. Cf. US Treasury Department, Internal Revenue Service, *Country-by-Country Report : Tax Jurisdiction Information*, Washington (D. C.), Government Printing Office, 2018, année fiscale 2016, tableau 1A.

2. Thomas R. Tørsløv, Ludvig S. Wier et Gabriel Zucman, « The Missing Profits of Nations », document de travail n° 24701, NBER, 2018 ; Kimberly A. Clausing, « The US State Experience under Formulary Apportionment : Are There Lessons for International Tax Reform ? », *National Tax Journal*, vol. 69, n° 2, 2016, p. 353-386 ; *id.*, « The Effect of Profit Shifting on the Corporate Tax Base in the United States and Beyond », *National Tax Journal*, vol. 69, n° 4, 2016, p. 905-934 ; *id.*, *Open : The Progressive Case for Free Trade, Immigration, and Global Capital*, Cambridge (Mass.), Harvard University Press, 2019.

800 milliards de dollars de bénéfices générés aux États-Unis, en France ou au Brésil mais enregistrés et imposés dans les îles Caïman, au Luxembourg ou à Singapour, à des taux se situant généralement entre 5 % et 10 %. Dans cette guerre de toutes les multinationales contre tous les États, les entreprises américaines semblent les plus audacieuses, puisqu'elles transfèrent chaque année non pas 40 % (la moyenne mondiale), mais près de 60 % de leurs bénéfices multinationaux vers des paradis fiscaux.

Tous les secteurs de l'économie sont concernés. On imagine souvent que les géants des nouvelles technologies seraient les principaux fautifs, car ils possèdent davantage de capital immatériel (plus facilement délocalisable) que les grandes entreprises des autres secteurs, et qu'il suffirait donc de trouver un moyen de mieux taxer le numérique pour résoudre les problèmes d'évasion fiscale. Néanmoins, bien que les entreprises de la Silicon Valley fassent un usage immodéré des paradis fiscaux, l'optimisation est aussi un sport largement pratiqué par l'industrie pharmaceutique (Pfizer), le secteur financier (Citigroup), l'industrie manufacturière (Nike), l'industrie automobile (Fiat) et le secteur du luxe (Kering)[1]. Bien conseillée par les Big Four, n'importe quelle entreprise peut en effet créer ses propres actifs immatériels (logos, savoir-faire, brevets) et se les vendre à elle-même à des prix arbitraires. N'importe quelle société peut également acheter de vagues services financiers ou de gestion à ses propres filiales localisées dans des territoires à fiscalité faible. Pour mettre un terme à ces pratiques, il faut mettre en œuvre des mesures plus globales que les taxes sur les entreprises du numérique adoptées dans la seconde moitié des années 2010 par plusieurs pays

1. Pour des estimations sur l'ampleur des bénéfices conservés dans les paradis fiscaux par les cinq cents premières entreprises des États-Unis telles que recensées par le magazine *Fortune* à la veille du *Tax Cut and Jobs Act*, cf., par exemple, Richard Phillips *et al.*, « Offshore Shell Games 2017 : The Use of Offshore Tax Havens by *Fortune* 500 Companies », US PIRG Education Fund-Institute on Taxation and Economic Policy, 2017.

européens – nous verrons en détail dans le prochain chapitre que ces solutions existent.

Délocalisation des bénéfices ou délocalisation de la production ?

Afin de justifier les sommes faramineuses enregistrées par les multinationales dans les paradis fiscaux, un argument fréquemment avancé consiste à prétendre que ces bénéfices n'ont rien d'artificiels, mais reflètent simplement le jeu normal de la concurrence fiscale internationale[1]. Les entreprises ne feraient que réagir aux différentiels de taux d'imposition et réimplanter leurs activités sous des cieux fiscalement plus cléments. Leurs usines auraient ainsi migré en Irlande, leurs équipes de recherche et développement à Singapour et leurs services financiers à George Town, sur l'île de Grand Cayman – la mondialisation à l'œuvre, en somme.

Les données, cependant, ne confirment guère cette interprétation. Elles montrent en effet que, depuis les années 1990, ce sont en majeure partie les bénéfices des entreprises qui ont été transférés vers les paradis fiscaux – pas leurs bureaux, ni leur personnel ni leurs usines. Environ 95 % des dix-sept millions de salariés employés hors du territoire des États-Unis par les multinationales américaines travaillent dans des pays à fiscalité relativement élevée, au premier rang desquels le Royaume-Uni, le Canada, le Mexique et la Chine[2]. Une petite partie des effectifs salariés à l'étranger (un peu moins d'un million) travaillent certes dans des paradis fiscaux, surtout en Europe. Les multinationales américaines emploient cent vingt-cinq mille personnes en Irlande, par exemple, un chiffre loin

1. Cf., par exemple, Scott A. Hodge, « "The Missing Profits of Nations" Mistakes Tax Competition for Tax Evasion », TaxFoundation.org, 15 août 2018.

2. C'est notamment vrai pour les employés des services de recherche et développement : 95 % d'entre eux se trouvent dans des pays à fiscalité élevée.

d'être négligeable au regard de la population active irlandaise (deux millions trois cent mille individus). Ces implantations contribuent à la prospérité de l'économie irlandaise, au-delà même des rentrées fiscales engrangées. Les effectifs en question restent néanmoins pratiquement quinze fois inférieurs au nombre de salariés travaillant pour des entreprises américaines au Royaume-Uni, pays voisin où l'impôt sur les sociétés a en moyenne été deux fois plus élevé qu'en Irlande depuis le début du XXIe siècle.

Malgré des décennies de concurrence fiscale, rien n'indique donc que la production se soit massivement déplacée vers les paradis fiscaux à ce stade. Plutôt que de s'implanter dans les pays à fiscalité réduite, les entreprises américaines ont investi dans les économies émergentes : plus d'un tiers de leurs salariés travaillant hors des États-Unis sont aujourd'hui employés en Chine, en Inde, au Mexique et au Brésil, soit environ six millions de personnes.

Le résultat est le même si l'on s'intéresse à la géographie du capital, c'est-à-dire aux pays d'implantation des usines, des équipements ou des bureaux. La majorité de ces actifs se trouvent non pas là où les impôts sont faibles, mais là où se situe la main-d'œuvre. Seulement 18 % environ du stock de capital détenu par les entreprises américaines hors des États-Unis se trouvent dans des paradis fiscaux, 82 % étant donc dans des pays à fiscalité élevée. Si l'on compare cela à la part des bénéfices enregistrés dans les paradis fiscaux (près de 60 %), la conclusion s'impose : ce sont les bénéfices, pour l'essentiel, qui ont migré dans les centres offshore, pas les activités de production.

***Graphique 4.2.* – Les profits migrent vers les paradis fiscaux, l'activité réelle bien moins**

(profits enregistrés, stock de capital détenu et salaires versés par des multinationales américaines dans des paradis fiscaux)

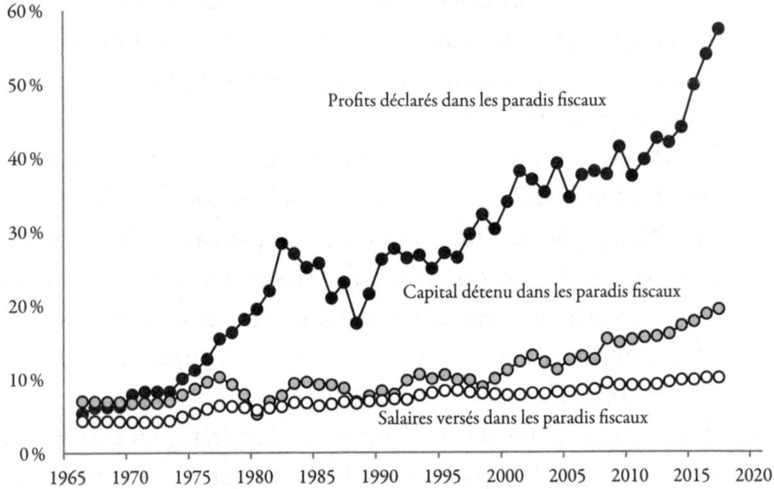

Lecture : Ce graphique montre l'évolution des profits déclarés, du capital détenu et des salaires versés par les multinationales américaines dans des paradis fiscaux depuis 1966, en pourcentage de leurs bénéfices, capitaux et salaires constatés hors du territoire des États-Unis. La part des bénéfices étrangers déclarés dans des paradis fiscaux est passée de moins de 5 % au milieu des années 1960 à près de 60 % aujourd'hui, mais la masse salariale et le capital sont loin d'avoir augmenté dans les mêmes proportions.

Sources et méthodologie : TaxJusticeNow.org.

Les impôts entrent bien sûr en ligne de compte dans les choix d'implantation des entreprises, parmi de nombreux autres facteurs. Certains indicateurs laissent même à penser que la fiscalité pèse un peu plus de nos jours qu'il y a quelques décennies. Comme le montre le graphique 4.2, le stock de capital détenu dans des paradis fiscaux par les multinationales américaines va croissant et augmente plus vite que la masse salariale. Il semble donc que les grandes entreprises soient un peu plus enclines aujourd'hui que par le passé à déplacer des usines ou des bureaux pour faire des économies d'impôt sur les bénéfices. Il est clair également que, dans certains paradis fiscaux comme l'Irlande, la fiscalité a été un argument majeur pour attirer non seulement les bénéfices fictifs mais aussi les activités réelles des entreprises.

Les données disponibles permettent néanmoins de tirer une leçon importante : à l'échelle mondiale, ce déplacement du capital vers les paradis fiscaux a été bien plus limité qu'on ne le croit généralement. Elles ne révèlent pas une transformation de la géographie de l'activité économique au profit des territoires à fiscalité faible, mais une épidémie de fraude fiscale. Les principaux centres offshore (les Bermudes, les îles des Caraïbes à fiscalité nulle ou Malte) se voient allouer des dizaines de milliards de dollars de bénéfices, mais ils n'attirent guère de travailleurs ou d'usines (il ne s'y passe rien de substantiel) ; ces profits correspondent à de purs jeux d'écriture. Même les mouvements de capitaux vers des pays comme l'Irlande restent d'ampleur modeste comparés à l'énormité du transfert des profits vers ces mêmes territoires. Il n'est pas impossible, par ailleurs, que les achats de bureaux et les constructions d'usines dans ces pays ne servent parfois qu'à donner un vernis de légitimité au montant ahurissant de bénéfices qui y sont artificiellement délocalisés, de sorte que ce qui apparaît dans les statistiques comme des déplacements de capital n'est parfois qu'une manifestation supplémentaire de l'étendue de la fraude fiscale des multinationales.

Les grandes entreprises d'aujourd'hui se défendent avec des arguments qui rappellent furieusement ceux de J. P. Morgan hier : tout cela est parfaitement légal ; les multinationales respectent toujours et partout la réglementation en vigueur ; si possibilité d'optimisation fiscale il y a, c'est aux gouvernements qu'il faut s'en prendre. Apple s'acquitte-t-il d'un taux effectif d'imposition de 1 % en Irlande et la Commission européenne lui ordonne-t-elle de rembourser des milliards d'euros d'avantages fiscaux indus à Dublin ? C'est scandaleux : « En Irlande comme dans tous les pays où nous sommes présents, Apple respecte la loi et nous payons tous les impôts que nous devons », déclare ainsi son PDG en 2016[1]. Nike transfère-t-il des milliards de dollars de royalties vers sa société-écran des Bermudes ? Circulez, il n'y a rien à voir : « Nike se conforme pleinement aux réglementations fiscales en vigueur. » D'ailleurs, tout cela est la faute des décideurs internationaux : « Nous encourageons l'OCDE [Organisation de coopération et de développement économiques] à véritablement régler ces questions », répondit Sundar Pichai, PDG de Google, interrogé à Davos en 2018 sur les pratiques d'optimisation fiscale de l'entreprise californienne[2].

Cette défense ne tient guère la route : rien ne se passant réellement aux Bermudes, il est logique de penser que les 22,7 milliards de chiffre d'affaires déclarés par Google dans cet archipel pour l'année 2017 l'ont été dans le seul but d'échapper à l'impôt, en violation du principe juridique de la substance économique. Si ce type de fraude fiscale perdure, c'est parce que la volonté politique de bien taxer les multinationales a diminué et que les moyens de ces entreprises sont bien supérieurs à ceux dont dispose le fisc. Tout cela ne rend pas pour autant légitimes les pratiques de ces grandes sociétés.

Le commerce de souveraineté

Tout comme les *tax shelters* du début des années 1980, les montages permettant de transférer les bénéfices dans des centres offshore enrichissent à la fois leurs pourvoyeurs et leurs clients, tout en appauvrissant le reste du monde d'à peu près autant. Il y a cependant une différence fondamentale entre le marché de l'évasion de cette époque et celui d'aujourd'hui. Outre les fournisseurs des montages et leurs clients, un autre acteur tire avantage de ce commerce : les pouvoirs publics des paradis fiscaux. Ces derniers vendent en effet

1. Tim Cook, « A Message to the Apple Community in Europe », Apple.com, 30 août 2016.

2. Cité par Graeme Wearden et Larry Elliott, « Google CEO : We're Happy to Pay More Tax », *Guardian*, 24 janvier 2018.

un ingrédient essentiel sans lequel les combines des Big Four ne serviraient pas à grand-chose : leur propre souveraineté[1].

Depuis les années 1980, les gouvernements des paradis fiscaux se sont en effet lancés dans un commerce d'un nouveau genre : la vente aux multinationales du droit de décider pour elles-mêmes de leur taux d'imposition, de leurs contraintes réglementaires et de leurs obligations légales. Tout se négocie. Apple exige-t-il un taux réduit pour implanter certaines de ses filiales en Irlande ? Dublin obtempère. Skype redoute-t-il que le fisc puisse un jour contester le prix auquel il a vendu sa propriété intellectuelle à sa filiale irlandaise ? Qu'à cela ne tienne : le Grand-Duché peut lui vendre une assurance, sous la forme de ce qu'on appelle un rescrit fiscal, ou *tax ruling* : un contrat entérinant par avance les montages utilisés par les multinationales. L'optimisation fiscale ne serait guère possible sans la complicité des gouvernements des paradis fiscaux, dont la plupart affichent des taux d'imposition statutaires élevés, mais accordent en pratique des régimes dérogatoires aux entreprises qu'ils courtisent et auxquelles ils fournissent tout un éventail de solutions pour contourner les lois et les règlements en vigueur dans les autres pays.

Pourquoi s'adonnent-ils à cette pratique ? Parce que le commerce de souveraineté est en lui-même très rentable. Il y a des avantages non financiers, pour commencer : le Luxembourg, par exemple, doit une bonne partie de son influence considérable au sein de l'Union européenne à son poids démesuré dans les affaires financières des grandes entreprises. Mais il y a surtout des bénéfices sonnants et trébuchants pour les pays pratiquant ce type de commerce : en imposant même à des taux extrêmement réduits les immenses profits qu'ils attirent, les paradis fiscaux engrangent des recettes fiscales tout à fait substantielles. Quel pays encaisse-t-il donc le plus d'impôt sur les sociétés relativement à son revenu national ?

1. Sur la notion de commercialisation de la souveraineté des États, cf. Ronen Palan, « Tax Havens and the Commercialization of State Sovereignty », *International Organization*, vol. 56, n° 1, 2002, p. 151-176.

Malte paradis fiscal notoire. Médaille d'argent ? Le Luxembourg. Viennent ensuite Hong Kong, Chypre et l'Irlande. Dans les profondeurs du classement, on trouvait en 2017 les États-Unis, l'Italie et l'Allemagne, trois pays où le taux de l'impôt sur les sociétés approchait ou excédait 30 % cette année-là[1]. Avec des taux effectifs d'imposition de 5 % à 10 %, les paradis fiscaux collectent beaucoup plus d'impôt (relativement à la taille de leur économie) que les grands pays qui appliquent des taux de plus de 30 %. Plus le taux est bas, plus les recettes sont élevées !

De prime abord, ce phénomène semble illustrer à merveille la logique de la « courbe de Laffer » (du nom de l'économiste américain qui rendit populaire ladite courbe dans les années 1970), en vertu de laquelle les gouvernements peuvent augmenter les recettes fiscales en baissant leurs taux d'imposition. Même un taux de 0 %, qui pourrait sembler à première vue trop faible, peut en réalité rapporter gros pour un petit pays : les autorités des îles Vierges britanniques et des Bermudes encaissent de généreuses commissions sur la création des sociétés-écrans qu'ils attirent par centaines de milliers – grâce, justement, à leur taux nul.

Il y a toutefois une petite différence entre la prospérité des paradis fiscaux et celle prédite par les prophètes, tels Arthur Laffer, des politiques de l'offre. Dans le monde de Laffer, plus l'impôt est faible, plus les gens vont travailler, les entreprises investir, les fondateurs de start-up innover – et le PIB mondial augmenter. Dans la réalité, cependant, chaque dollar de recette fiscale capté par Malte, par le Luxembourg ou par Chypre l'est au détriment d'autres pays. C'est un jeu à somme nulle qui n'enrichit pas la planète d'un sou. Quand les Bermudes fournissent des sociétés-écrans aux grandes multinationales, quand l'Irlande fait des prix d'amis à Apple, quand les autorités fiscales du Luxembourg travaillent main dans la main avec les Big Four, tous ces pays dérobent des recettes fiscales aux

1. Thomas R. Tørsløv, Ludvig S. Wier et Gabriel Zucman, « The Missing Profits of Nations », document de travail cité.

autres nations sans augmenter d'un iota le PIB mondial. C'est du vol pur et simple.

Des efforts internationaux insuffisants

Il ne s'agit pas ici de diaboliser tel ou tel pays, ni de prétendre que tous nos problèmes disparaîtraient du jour au lendemain pour peu que certains États voyous renoncent à pratiquer le dumping fiscal. Avec la mondialisation, la plupart des pays ont en effet cédé à la tentation de marchander une partie de leur souveraineté dans l'espoir d'attirer un peu d'activité ici, quelques recettes fiscales là. Certains États ont été plus loin que d'autres dans cette voie – notamment les petits pays, car c'est eux qui ont le plus à y gagner. Néanmoins, avec l'intégration économique mondiale et la croissance des pays en voie de développement, presque tous les États sont en passe de devenir des nains à l'échelle de la planète, et la tentation de se transformer en paradis fiscal devient ainsi irrésistible un peu partout.

Des tentatives ont certes été initiées pour enrayer ce commerce de souveraineté. La démarche la plus ambitieuse à ce jour est celle de l'OCDE, qui a lancé en 2016 un programme de lutte contre « l'érosion de l'assiette d'imposition et le transfert des bénéfices », ou BEPS en anglais. Il s'agit de mettre un peu de sable dans les rouages de la grande machine à « optimisation », en rendant plus difficile la manipulation des prix de transfert par les entreprises, en remédiant aux incohérences entre les réglementations fiscales des différents États et en contraignant certains paradis fiscaux à renoncer à leurs pratiques les plus scandaleuses.

Les données disponibles suggèrent cependant que le plan BEPS et les autres programmes du même type n'ont jusqu'à présent guère brillé par leur efficacité. Les masses de profits déclarés par les entreprises américaines dans les paradis fiscaux ne cessent en effet de grandir d'année en année, comme le montre le graphique 4.2. Les données sont moins complètes pour les multinationales des autres pays (la période couverte est plus courte), mais la tendance semble être la même.

Cet échec apparent a une explication principale : le plan d'action de l'OCDE ne s'attaque pas au cœur du problème. Les grands groupes sont toujours censés échanger des biens, des services et des actifs en interne, avec l'aide des Big Four, qui leur créent des transactions sans prix de marché. Les comptables qui certifient ces prix de transfert ont toujours intérêt à satisfaire leurs clients – les multinationales – et donc à valider les montages minimisant leur facture fiscale. L'OCDE essaie d'améliorer le système de Ptolémée, alors que c'est d'une révolution copernicienne dont le monde a besoin.

Le triomphe de la concurrence fiscale

Les tentatives actuelles visant à limiter le dumping fiscal se heurtent *in fine* à une limite plus fondamentale : l'absence d'initiative sérieuse pour harmoniser les taux d'imposition. La plupart des décideurs mondiaux s'accordent à dire qu'il faut lutter contre la délocalisation artificielle des profits ; mais les mêmes ne trouvent pas grand-chose à redire à la concurrence fiscale internationale sur les taux nominaux d'imposition, du moment que les pays respectent les règles du jeu. Une entreprise développe-t-elle des brevets aux États-Unis pour ensuite les délocaliser aux Bermudes ? C'est une mauvaise pratique, à prohiber. Cette même société met-elle au point ces brevets en Irlande, où les redevances sont ensuite taxées à un taux de 6,25 % seulement par Dublin ? Rien de répréhensible là-dedans. N'importe quel taux est acceptable, même 1 %, dès lors que les brevets ont été développés en Irlande, par des ingénieurs employés sur place. L'OCDE autorise en effet les pays à offrir des régimes fiscaux dérogatoires (les fameuses « *patent boxes* ») pour les redevances tirées de l'exploitation de brevets ; outre l'Irlande, le Royaume-Uni propose un taux modique de 10 % et les États-Unis de 13,125 % depuis la réforme fiscale de 2018 – et la pratique est en train de se généraliser à d'autres pays.

La situation est donc aujourd'hui la suivante : les organisations internationales comme l'OCDE ont le droit de discuter des moyens susceptibles d'améliorer la définition de l'assiette fiscale... mais pas du taux d'imposition à appliquer à cette assiette. Il existe bien une forme de coordination internationale, mais celle-ci ne porte pas sur l'élément central de toute politique fiscale, c'est-à-dire le taux d'imposition. L'OCDE espère que ses efforts permettront bientôt d'éradiquer le transfert de bénéfices vers les paradis fiscaux, que les entreprises seront taxées dans le pays où elles ont réellement des activités, point final. Tout cela est bel et bon, mais la question demeure : taxées à quel taux ? Car, même si le plan BEPS réussissait à terme à endiguer les délocalisations artificielles de profits, en l'absence de coordination sur les taux d'imposition eux-mêmes, il se trouverait toujours des pays ayant intérêt à baisser leur taux. Cette forme de concurrence fiscale est peut-être plus transparente que celle consistant à signer des rescrits fiscaux confidentiels, à offrir des échappatoires taillées sur mesure ou à fermer les yeux sur des transactions intra-groupes aberrantes. Cependant, le résultat final est le même : toutes ces pratiques fiscales réduisent le montant de l'impôt des grandes sociétés et donc celui des actionnaires qui les possèdent.

Fondamentalement, la baisse des taux d'imposition n'est qu'une autre forme de commerce de souveraineté. C'est une bonne opération pour les petites nations qui s'y livrent : les recettes fiscales augmentent, ainsi parfois que l'emploi et les salaires (à l'inverse des stratégies ne visant qu'à encourager le seul transfert artificiel de bénéfices, qui sont sans effets sur l'économie réelle). Mais, là aussi, ces gains sont obtenus aux dépens du reste de la planète. Les taux bas que les paradis fiscaux accordent aux grandes entreprises nous coûtent à tous (les économistes parlent d'une « externalité négative »). Ils alimentent une course au moins-disant fiscal, dans laquelle les différents pays en viennent à baisser leurs taux d'imposition les uns après les autres afin d'empêcher le capital de se délocaliser – jusqu'à atteindre des niveaux de taxation bien plus faibles que ceux qui seraient choisis à l'issue d'un processus démocratique. La limite fondamentale des formes actuelles et embryonnaires de coordination internationale est qu'elles ne s'attaquent pas aux forces foncièrement antidémocratiques de la concurrence fiscale – au contraire, elles les légitiment trop souvent.

Et de fait, la concurrence fiscale s'est intensifiée depuis le début de la mise en œuvre du plan BEPS et la course au moins-disant s'est accélérée. Entre 2013 et 2018, le Japon a baissé son taux d'impôt sur les bénéfices de 40 % à 31 % ; les États-Unis, de 35 % à 21 % ; l'Italie, de 31 % à 24 % ; la Hongrie, de 19 % à 9 % ; et un certain nombre de pays d'Europe centrale suivent la même voie. Entre 1985 et 2018, dans ce qui constitue peut-être l'évolution la plus frappante en matière de fiscalité à l'échelle mondiale sur ces trois décennies, le taux global moyen d'impôt sur les sociétés a été divisé par deux, passant de 49 % à 24 %. Si la tendance actuelle se poursuit, il tombera à 0 % d'ici le milieu du XXIe siècle.

Chapitre 5

Engrenage

Même s'ils déplorent parfois les formes les plus extrêmes de dumping fiscal (comme le taux d'imposition nul des Bermudes), les grands dirigeants internationaux s'accordent à dire que la baisse de l'impôt sur les sociétés n'est pas nécessairement une mauvaise chose. Moins d'impôts, après tout, c'est plus de bénéfices que les entreprises peuvent réinvestir. Or l'investissement est l'un des moteurs essentiels de la croissance ; il tire l'emploi et les salaires vers le haut, si bien que les baisses d'impôt sur les sociétés bénéficient *in fine* aux travailleurs. Réduire l'imposition du capital, d'après ce raisonnement, profite à terme aux catégories les plus modestes de la population.

Mais est-ce réellement le cas ? Les baisses d'impôt sur le capital se traduisent-elle nécessairement par une augmentation de l'investissement et des salaires ? Inversement, si les plus aisés paient davantage d'impôts, cela finit-il toujours par nuire au reste de la société ?

Malheureusement, le débat public sur ces questions est trop souvent prisonnier de postures idéologiques stériles. On ne compte plus les prophètes prédisant des miracles en tous genres pour peu que les gouvernements acceptent d'abaisser la « charge fiscale » pesant sur le capital. Pour ces devins, le doute n'est pas permis : laisser les bénéfices après impôts augmenter, c'est la promesse d'un sursaut de l'investissement et d'une hausse des salaires. Essayons de voir ce qu'il en est vraiment.

Travail et capital : les sources de tout revenu

Pour comprendre ce qui se passe quand les États taxent le capital, il faut commencer par définir précisément les notions de « travail » et de « capital ». Avant toute intervention de la puissance publique, l'ensemble du revenu national est perçu soit par les travailleurs, soit par les détenteurs de capital, car tout ce qui est produit une année donnée l'est en utilisant du travail ou du capital (machines, terrains, bâtiments, brevets, etc.). Certains secteurs de l'économie, la restauration par exemple, utilisent majoritairement du travail ; les économistes parlent d'un secteur à forte intensité de main-d'œuvre. D'autres, comme celui de l'énergie, ont une forte intensité capitalistique. Parfois, seul le capital est nécessaire à la production (les maisons produisent des « services de logement » sans l'aide de personne) ; parfois, seul le travail suffit (ce serait le cas, par exemple, si Beyoncé donnait un concert *a cappella* dans un lieu public). Le capital peut être matériel (maisons, machines, etc.) ou immatériel (brevets, algorithmes, etc.). Mais quoi qu'il en soit tous les biens et services produits une année donnée (et donc tout le revenu national) viennent du travail, du capital ou d'une combinaison de ces deux facteurs.

Les revenus du travail représentent la part du revenu national allant aux travailleurs. Ils comprennent les traitements et les salaires, mais aussi toutes les formes de rémunération non salariale, telles que les primes versées par les employeurs à des caisses d'assurance santé ou les cotisations retraite. Les revenus du capital représentent la part du revenu national touchée par les propriétaires du capital, indépendamment de tout effort de leur part. Ces revenus incluent les profits réalisés par les entreprises (qu'ils soient versés sous forme de dividendes ou réinvestis), les intérêts payés aux détenteurs d'obligations, les loyers perçus par les propriétaires immobiliers, etc. Conformément à l'usage, nous incluons également dans les revenus du capital 30 % du « revenu mixte » des travailleurs indépendants (avocats ou médecins libéraux, par exemple), les 70 % restants étant comptabilisés comme des revenus du travail (la raison étant que ce partage 30 %-70 % correspond au partage de la valeur ajoutée qu'on observe dans les entreprises)[1].

Par définition, chaque dollar de revenu qui ne va pas aux travailleurs va aux détenteurs du capital, et vice versa. Dire cela, ce n'est pas porter un jugement sur la légitimité de la part perçue par un groupe ou par l'autre : les économistes et l'opinion publiques sont bien sûr divisés sur la question, qui se trouve au cœur du conflit politique depuis les origines du capitalisme. Faire le constat que le revenu national est partagé entre travail et capital, c'est simplement décrire le fonctionnement de l'économie.

Prenons un exemple concret. En 2018, d'après son compte de résultat officiel, Apple a produit pour environ 85 milliards de dollars de biens et de services (hors coût des matières premières et autres produits intermédiaires achetés par l'entreprise pour fabriquer ses iPhone, iMac, etc.). Sur ces 85 milliards, elle en a versé environ 15 à ses employés : ce sont des revenus du travail[2]. Les 70 milliards restants

1. Le revenu des travailleurs indépendants est mixte dans le sens où, conceptuellement, il correspond à la fois à une rémunération de leur travail (le temps passé à soigner des patients ou à fournir des services juridiques) et de leur capital (matériel médical, actifs immatériels tels que l'image de marque d'un cabinet d'avocats). Attribuer 70 % du revenu des travailleurs indépendants au travail est un peu arbitraire mais, dans la mesure où la majorité des travailleurs sont des salariés (et non des indépendants), déplacer ce curseur ne modifie guère les résultats obtenus.

2. Dans les résultats publiés par l'entreprise, le coût total de la main-d'œuvre n'est pas indiqué à part, mais regroupé avec d'autres sous la rubrique « prix de revient des produits ». Néanmoins, nous savons qu'Apple employait environ

sont allés aux propriétaires d'Apple et à ses créanciers : ce sont des revenus du capital. Une partie de ces derniers a été distribuée sous forme de dividendes, une autre sous forme d'intérêts aux porteurs d'obligations et aux banques, une partie encore a été réinvestie. De même, certains revenus du travail ont été versés aux cadres dirigeants de l'entreprise, d'autres aux ingénieurs de base, d'autres encore aux vendeurs des boutiques Apple. Le travail et le capital sont des agrégats utiles pour l'analyse économique, mais dans le monde réel ceux-ci prennent de nombreuses formes, qui recouvrent des réalités sociales, des cadres juridiques et des rapports de pouvoir très variés.

Les économistes ont longtemps observé que la part du capital dans le revenu national était relativement constante, autour de 25 %, le travail recevant les 75 % restant. Keynes voyait dans cette stabilité une « sorte de miracle », mais le miracle n'aura finalement pas duré[1]. Entre 1980 et 2018, la part des revenus du travail est passée de 75 % à 70 % aux États-Unis, celle du capital augmentant de 25 % à 30 %. La tendance a été particulièrement marquée depuis le début du XXIe siècle : le salaire moyen par adulte a presque stagné aux

cent trente-deux mille équivalents temps plein en 2018 ; et, grâce à la nouvelle règle mise en place en 2018 par la Securities and Exchange Commission, qui oblige les entreprises à publier le rapport entre le salaire du PDG et le salaire médian au sein de l'entreprise, nous savons que celui-ci était de 55 000 dollars pour Apple (sans tenir compte des avantages sociaux tels que la couverture santé). Nous faisons l'hypothèse que le salaire moyen était de 95 000 dollars et nous y ajoutons 20 000 dollars de contributions santé et retraite, ce qui nous donne une rémunération du travail tournant autour de 15 milliards de dollars. À ce montant, nous ajoutons les 70,9 milliards de dollars de « résultat d'exploitation » déclarés par Apple dans son rapport 10-K 2018 (p. 38 ; disponible sur SEC.report) afin de former notre estimation de la valeur ajoutée produite par l'entreprise (85 milliards de dollars).

1. Pour une analyse systématique des parts du capital et du travail au niveau macroéconomique selon les pays et dans le temps, cf. Thomas Piketty et Gabriel Zucman, « Capital Is Back : Wealth-Income Ratios in Rich Countries, 1700-2010 », *The Quarterly Journal of Economics*, vol. 129, n° 3, 2014, p. 1255-1310.

États-Unis (+ 0,4 % par an en moyenne), alors que les revenus du capital croissaient de 1,6 % par adulte et par an – tirés à la hausse par la forte croissance des bénéfices des géants du secteur des nouvelles technologies, de la pharmacie et de la finance. Le capital prospère, tandis que le travail est à la traîne.

Le capital est de moins en moins taxé, le travail de plus en plus

De la même façon que toutes les formes de revenus viennent soit du travail, soit du capital, tous les impôts frappent l'un ou l'autre de ces facteurs de production. Quand il s'agit de décider de leur taxation respective, il y a un arbitrage à faire. Le capital étant utile, il ne faut pas trop l'imposer, ce qui risquerait d'entamer le potentiel productif de l'économie. Mais taxer trop lourdement le travail rend plus difficile pour ceux qui n'ont pas hérité d'accumuler du capital, surtout dans un contexte de quasi-stagnation des salaires.

Comment les États-Unis répartissent-ils la charge fiscale aujourd'hui ? La façon la plus complète de répondre à cette question consiste à comparer l'évolution de trois taux d'imposition : le taux de prélèvements obligatoires (le montant total d'impôt divisé par le revenu national), le taux moyen d'imposition des revenus du capital (c'est-à-dire le montant total des impôts sur le capital – en additionnant l'impôt sur les sociétés, les taxes foncières, les droits de succession et la fraction de l'impôt sur le revenu qui correspond à la taxation des dividendes, des intérêts et des autres formes de revenus du capital –, divisé par le flux total de revenus du capital) et le taux moyen d'imposition des revenus du travail (défini de la même manière comme le ratio entre les impôts sur le travail et les revenus du travail)[1]. Qu'observe-t-on ?

1. Pour être complets, nous répartissons aussi les impôts sur la consommation entre travail et capital, en proportion de la part du travail et du capital dans le revenu national. De cette manière, le taux moyen d'imposition macroéconomique

Premier constat : à l'inverse de ce qui s'est passé dans les autres pays développés, où le taux de prélèvements obligatoires s'est stabilisé à partir des années 1990, aux États-Unis celui-ci a baissé et se retrouve nettement plus bas aujourd'hui qu'à la fin du XXe siècle. Ce n'est que dernièrement, notamment avec les baisses d'impôt de 2018, que cette évolution est devenue parfaitement claire. À court terme, les fluctuations du cycle économique peuvent en effet masquer la tendance de fond (les rentrées fiscales augmentant pendant les phases de croissance et diminuant pendant les récessions), mais celle-ci se dégage maintenant nettement. Pendant la seconde moitié des années 1990, le taux de prélèvements obligatoires américain atteignait 31,5 % du revenu national ; en 2019, après neuf années de croissance et avec un chômage au plus bas, il n'est plus que de 28 %. Étant donné que les rentrées fiscales chutent généralement de plusieurs points en période de récession, il y a fort à parier que, lors du prochain retournement de cycle, le taux de prélèvements obligatoires américain atteindra son plus bas niveau depuis... les années 1960 !

Ce déclin de près de quatre points des prélèvements obligatoires en l'espace de deux décennies est un événement historique exceptionnel. Jusqu'à récemment, personne (ni Ronald Reagan, ni Margaret Thatcher, ni aucun autre dirigeant conservateur) n'avait réussi un tel exploit. Sous Reagan, les recettes fiscales avaient fluctué en pourcentage du PIB sans tendance claire à la hausse ou à la baisse. Au Royaume-Uni, elles avaient légèrement augmenté sous le règne de la Dame de fer, entre 1979 et 1990. Dans les deux cas, les impôts avaient baissé pour les plus riches mais augmenté pour le reste de la population, de sorte que les rentrées s'étaient globalement maintenues. Avec les États-Unis des années 2000-2020, nous avons le premier exemple de déclin significatif et durable du taux de prélèvements obligatoires dans un pays développé.

---

est égal à la somme des taux d'imposition du capital et du travail, après application d'un coefficient de pondération correspondant aux parts respectives du travail et du capital dans le revenu national.

La totalité de cette baisse s'explique par le recul de la taxation du capital. Dans la seconde moitié des années 1990, le taux effectif moyen d'imposition du capital s'élevait à 36 %. Après la réforme fiscale de Trump, il atteint tout juste les 26 %.

Tous les impôts sur le capital, à l'exception des taxes foncières, ont contribué à cette chute. L'impôt sur les sociétés, nous l'avons vu, s'est effondré. L'impôt sur les dividendes a été divisé par deux, le taux maximal étant passé de 39,6 % sous Bill Clinton à 20 % en 2019. Les recettes liées aux droits de succession ont, quant à elles, été divisées pratiquement par quatre, tombant de 0,4 % du revenu national à la fin des années 1990 à environ 0,1 % aujourd'hui.

Si l'on considère une période plus longue, les changements dans la taxation du travail et du capital sont encore plus frappants. Les impôts sur le capital, comme on l'a dit, ont historiquement joué un rôle central aux États-Unis – de l'impôt sur la fortune prélevé par certains États comme le Massachusetts dès le XVIIe siècle jusqu'à la taxation à 50 % des bénéfices des entreprises et aux taux quasi confiscatoires sur les gros paiements d'intérêts et de dividendes au milieu du XXe siècle. Le taux moyen d'imposition du capital dépassait 40 % des années 1940 aux années 1980, à une période où l'imposition du travail n'excédait pas les 25 %. Depuis son point haut des années 1950, ce taux a chuté de vingt points, alors même que la taxation du travail augmentait de plus de dix points, en raison de l'alourdissement des cotisations sociales. Le système fiscal a favorisé les détenteurs de capital, qui ont vu leur fortune prospérer, tout en imposant plus lourdement les travailleurs, dont le salaire a stagné. Tant et si bien qu'en 2018, pour la première fois dans l'histoire moderne des États-Unis, le capital a été moins taxé que le travail.

***Graphique 5.1* – L'effondrement de la taxation du capital**
(taux d'imposition du travail et du capital
et taux de prélèvements obligatoires aux États-Unis, 1915-2018)

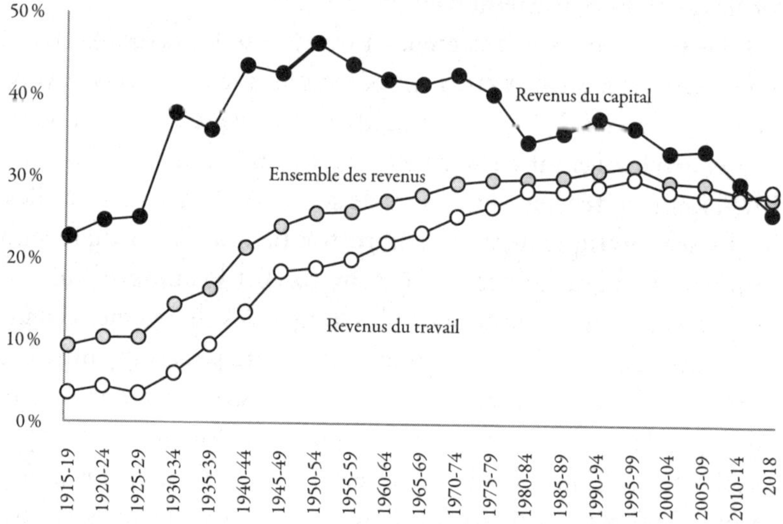

Lecture : Ce graphique montre l'évolution des taux d'imposition des revenus du capital, des revenus du travail ainsi que le taux de prélèvements obligatoires depuis 1915. Tous les impôts levés par l'État fédéral, les États et les collectivités locales sont pris en compte et affectés soit au capital, soit au travail. Historiquement, le taux d'imposition du capital était beaucoup plus élevé que celui du travail. L'écart s'est progressivement comblé et en 2018, pour la première fois, le taux d'imposition du travail est passé au-dessus de celui du capital.

Sources et méthodologie : TaxJusticeNow.org.

L'assurance santé : une lourde taxe cachée sur le travail

Mais ces statistiques elles-mêmes sous-estiment largement l'avantage fiscal dont jouissent désormais les détenteurs de patrimoine par rapport aux salariés, car elles ne prennent en compte que les prélèvements obligatoires publics, ignorant ceux versés à des collecteurs privés. Parmi ces paiements qui ont tout d'un impôt sauf le nom, les plus importants sont les primes d'assurance santé dont doivent s'acquitter les salariés auprès de compagnies d'assurances, le plus souvent par l'intermédiaire de leur employeur. Le coût de la santé étant exorbitant aux États-Unis (en raison principalement du prix prohibitif des actes médicaux courants[1]), cet impôt caché sur le travail est gigantesque. Pour les salariés qui sont couverts par le biais de leur employeur, la cotisation moyenne dépasse aujourd'hui 13 000 dollars par an, après avoir littéralement explosé depuis les années 1980[2].

Pour mieux comprendre ce prélèvement obligatoire privé, il faut commencer par rappeler comment la santé est financée aux États-Unis. Les personnes âgées et les familles les plus modestes sont couvertes par des programmes d'assurance publics (respectivement Medicare et Medicaid) financés par l'impôt (cotisations sociales et budget général

1. D'après la Kaiser Family Foundation, en 2014 une IRM coûtait cinq fois plus cher aux États-Unis (1 119 dollars en moyenne) que dans un pays comme l'Australie (215 dollars). Une appendicectomie coûte 15 930 dollars, l'équivalent d'une année entière de revenu moyen avant impôts pour un Américain appartenant à la moitié inférieure de la distribution des revenus (Kamal, Rabah et Cynthia Cox, « How Do Healthcare Prices and Use in the US Compare to Other Countries ? », HealthSystemTracker.org, 8 mai 2018).

2. Kaiser Family Foundation, « 2018 Employer Health Benefits Survey », KFF.org, 3 octobre 2018 ; cf. également l'enquête Kaiser/HRET sur les assurances santé proposées par les employeurs pour des statistiques couvrant la période 1999-2017. L'enquête du Bureau of Labor Statistics sur les avantages sociaux montre qu'en 2018 59 % des salariés bénéficiaient d'une couverture santé – « National Compensation Survey : Employee Benefits in the United States », BLS.org, 2 mars 2018, tableau 9. Il y avait cette année-là 150,5 millions de salariés à temps plein ou à temps partiel aux États-Unis – US Department of Commerce, Bureau of Economic Analysis, *National Income and Product Accounts of the United States, 1929-2018*, *op. cit.*, tableau 6.4D. 87,3 millions avaient donc une assurance santé, pour un coût moyen par salarié de 12 000 dollars. Le coût total des primes pour les couvertures santé collectives a été de 1 044 milliards de dollars en 2017 – US Centers for Medicare and Medicaid Services, *National Health Expenditure Accounts*, Washington (D. C.), Government Printing Office, 2019, tableau 05-06. En faisant l'hypothèse d'une croissance nominale de 4 % du coût de la santé entre 2017 à 2019, cela correspond à 13 000 dollars par salarié en 2019.

de l'État). Le reste de la population doit s'assurer auprès de compagnies privées. Depuis le vote du *Patient Protection and Affordable Care Act* (connu sous le nom d'Obamacare), en 2010, il est obligatoire d'être assuré et les Américains qui ne sont pas couverts par Medicare et Medicaid doivent donc verser des primes à des caisses privées. En pratique, la plupart d'entre eux ont la possibilité de cotiser par l'intermédiaire de leur employeur plutôt que de s'assurer eux-mêmes. Les conservateurs n'aiment pas l'obligation d'assurance introduite par cette loi et cherchent encore à l'affaiblir, mais, même s'ils s'y parvenaient, la situation ne changerait pas fondamentalement. Que le financement de l'assurance santé prenne la forme d'impôts versés à un monopole public (l'État) ou de primes payées à un oligopole privé (le marché de l'assurance santé est notoirement non concurrentiel aux États-Unis[1]), tous ces paiements réduisent le salaire net des travailleurs ; et bien qu'il soit toujours possible de frauder le fisc ou de refuser de verser un traître sou aux assurances, dans les faits presque tout le monde paie son dû.

La principale différence entre ces deux formes de financement tient à leur effet sur le taux de prélèvements obligatoires publics. Plus la santé repose sur l'assurance privée, plus ce taux est bas. Ce biais est particulièrement prononcé aux États-Unis ; cependant, il existe aussi dans des pays comme la Suisse ou le Japon, dont les systèmes de santé s'appuient sur des assurances privées obligatoires ou quasi obligatoires (gérées par des syndicats, les employeurs ou des organismes à but non lucratif). À l'instar des États-Unis, ces pays peuvent se vanter d'avoir un faible taux de prélèvements obligatoires relativement à des pays tels que le Royaume-Uni, la Suède ou la France, où l'assurance santé est entièrement ou essentiellement financée par l'impôt[2]. Mais cela n'a pas beaucoup de sens.

1. Leemore S. Dafny, « Are Health Insurance Markets Competitive ? », *American Economic Review*, vol. 100, n° 4, 2010, p. 1399-1431.

2. OCDE, *Statistiques des recettes publiques 2018*, Paris, OCDE, 2018 ; *id.*, *Statistiques de l'OCDE sur la santé 2019*, Paris, OCDE, 2019 ; respectivement disponibles sur Read.OECD-iLibrary.org et OECD.org.

Afin de corriger ce biais et de faciliter les comparaisons internationales, le graphique 5.2 traite les primes obligatoires versées à des assureurs santé privés comme des impôts. Ces prélèvements représentent à eux seuls plus de 6 % du revenu national en 2019[1], soit l'équivalent d'un tiers de tous les impôts fédéraux ! Ils font passer le taux de prélèvements obligatoires de 28 % du revenu national à 34 %, un niveau comparable à celui du Canada ou de la Nouvelle-Zélande, et à peine inférieur à celui du Royaume-Uni ou de l'Espagne[2]. Le taux d'imposition des revenus du travail fait un bond encore plus spectaculaire, passant de 29 % à 37 %, puisque les primes d'assurance ne sont prélevées pour l'essentiel que sur les salaires. Avec cette approche plus globale (et à nos yeux plus pertinente) des prélèvements obligatoires, on peut constater que c'est dans les années 1980 et 1990 que les taux d'imposition du travail et du capital ont convergé. Depuis le tournant du siècle (et en particulier depuis la réforme fiscale de 2018), le capital est beaucoup moins imposé que le travail.

1. En 2017, le coût total des primes d'assurance versées par l'intermédiaire des employeurs a représenté l'équivalent de 6,2 % du revenu national – 1 044 milliards de dollars pour 16 756 milliards de revenu national (US Centers for Medicare and Medicaid Services, *National Health Expenditure Accounts*, *op. cit.*, tableau 05-06 ; US Department of Commerce, Bureau of Economic Analysis, *National Income and Product Accounts of the United States, 1929-2018*, *op. cit.*, tableau 1.12). Comme les dépenses de santé progressent plus rapidement que le revenu national, le chiffre sera légèrement supérieur pour 2019.

2. Pour des statistiques sur les niveaux d'imposition dans les pays de l'OCDE, cf. OCDE, *Statistiques des recettes publiques 2018*, *op. cit.*

***Graphique* 5.2 – La hausse de la taxation du travail**
(taux d'imposition du travail et du capital aux États-Unis, 1915-2018)

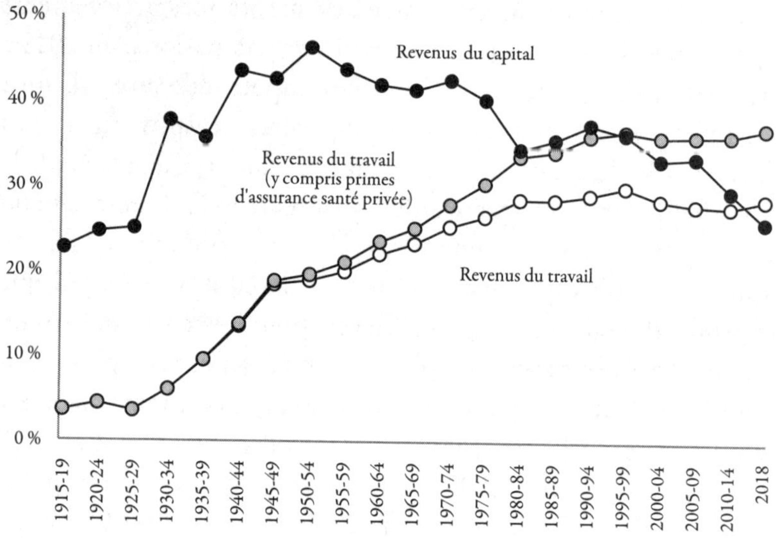

Lecture : Ce graphique montre l'évolution du taux d'imposition des revenus du travail et des revenus du capital depuis 1915. Tous les impôts prélevés à tous les niveaux de gouvernement (État fédéral, États fédérés et collectivités locales) sont pris en compte et affectés soit au capital, soit au travail. Le graphique comporte aussi une courbe où les primes d'assurance santé payées via les employeurs sont ajoutées aux impôts sur le travail. En 2018, primes d'assurance santé comprises, le taux d'imposition du travail (37 %) est nettement supérieur à celui du capital.

Sources et méthodologie : TaxJusticeNow.org.

Cette vision d'ensemble permet aussi de constater que les États-Unis, contrairement à une opinion très répandue, ne sont pas un pays où les prélèvements obligatoires sont particulièrement faibles – du moins, pas quand on compare ce qui est comparable au niveau international. Si l'on tient compte des cotisations versées aux assurances santé privées, le taux de prélèvements obligatoires aux États-Unis (34 %) reste certes plus faible qu'en France (52 %), mais c'est essentiellement parce que dans le second pays presque toutes les cotisations retraite (16,5 % du revenu national) sont aussi considérées comme des impôts, alors que dans le premier seules les cotisations versées à la sécurité sociale (4,5 % du revenu national) le sont. Au bout du compte, la réalité est celle-ci : après avoir payé ses impôts, son assurance santé (impôt privatisé) et ses cotisations retraite, l'Américain moyen conserve à peu près la même proportion de son revenu avant impôts que son homologue européen ; la principale différence est que les Européens paient davantage d'impôts sur la consommation (13 % du revenu national en France contre 5 % de l'autre côté de l'Atlantique). En outre, que ce soit en Europe ou aux États-Unis, le financement des dépenses publiques et de la santé repose de plus en plus sur le travail.

Le taux optimal de taxation du capital : 0 % ?

Faut-il s'inquiéter du recul de la taxation du capital et de l'augmentation concomitante des impôts sur le travail ? Il ne fait aucun doute que ce processus contribue à la montée des inégalités. Car les familles des classes populaires et moyennes tirent toujours et partout l'essentiel de leurs revenus de leur travail. Aux États-Unis, 85 % des revenus avant impôts perçus par les 90 % du bas de la distribution proviennent aujourd'hui du travail (et 15 % du capital). Pour les plus riches, c'est l'inverse. Les 1 % les plus aisés tirent plus de la moitié de leurs revenus de la détention de patrimoine ; et les 0,1 % les plus riches plus des deux tiers[1]. Il s'agit là d'une constante des sociétés capitalistes : plus on monte dans l'échelle des revenus, plus la part des revenus du capital s'accroît – jusqu'à atteindre 100 % au sommet de la pyramide. Quand l'État allège les impôts qui pèsent sur le capital, c'est donc presque toujours les impôts des riches qu'il diminue.

Les baisses d'impôt sur le capital alimentent par ailleurs un effet boule de neige : le patrimoine génère des revenus, qui sont

1. Thomas Piketty, Emmanuel Saez et Gabriel Zucman, « Distributional National Accounts... », art. cité.

d'autant plus facilement épargnés que le capital est faiblement taxé. Ce flux d'épargne vient grossir le stock de richesse existant, qui génère donc davantage de revenus, et ainsi de suite[1]. Cet effet mécanique se trouve aujourd'hui au cœur du processus de concentration des fortunes aux États-Unis. La part du patrimoine total détenu par les 1 % les plus aisés a explosé, passant de 22 % à la fin des années 1970 à 37 % en 2018, tandis que celle des 90 % les moins riches tombait de près de 40 % à 27 %. Depuis 1980, les 1 % du haut et les 90 % du bas ont ainsi échangé leurs parts respectives du patrimoine total : ce que les plus pauvres ont perdu, les plus fortunés l'ont gagné[2].

1. Pour une analyse des relations entre taxation du capital, taux de rendement du capital et inégalités de patrimoine à long terme, cf. Thomas Piketty, *Le Capital au XXIe siècle*, *op. cit.*

2. La part des grandes fortunes est estimée en appliquant la méthode de la capitalisation aux revenus du capital déclarés à l'administration fiscale. Cf. Emmanuel Saez et Gabriel Zucman, « Wealth Inequality in the United States since 1913... », art. cité ; pour des séries actualisées, cf. Thomas Piketty, Emmanuel Saez et Gabriel Zucman, « Distributional National Accounts... », art. cité.

***Graphique 5.3* – La flambée des inégalités de patrimoine aux États-Unis**
(parts du patrimoine privé total détenues par les 1 % des Américains les plus riches et les 90 % les plus pauvres, 1913-2016)

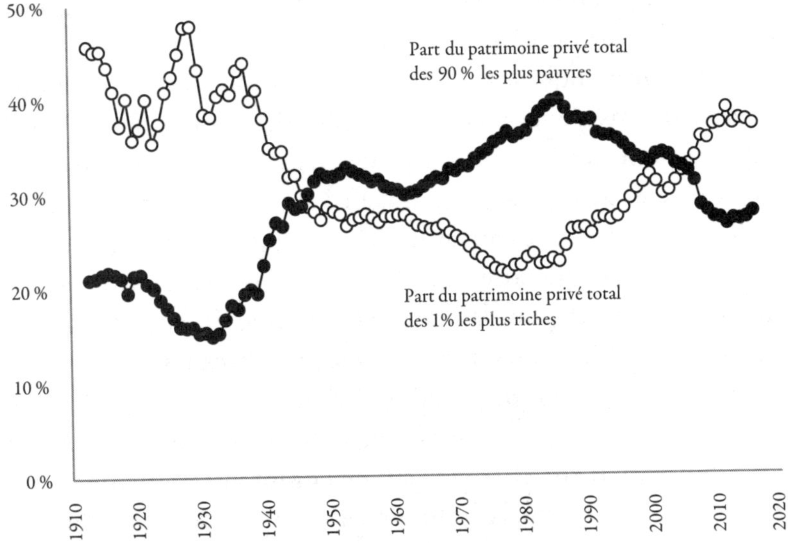

Lecture : Ce graphique montre l'évolution de la répartition des patrimoines aux États-Unis depuis 1913. Le patrimoine comprend tous les actifs privés détenus directement ou indirectement par les ménages (logements, épargne retraite, autres actifs financiers, etc.), nets de dettes. Le patrimoine des couples mariés est divisé à parts égales entre conjoints. La part des 1 % a pratiquement doublé entre la fin des années 1970 (22 %) et aujourd'hui (près de 40 %). Inversement, celle des 90 % s'est effondrée depuis le milieu des années 1980, passant de 40 % à environ 25 %.

Sources et méthodologie : TaxJusticeNow.org.

Si l'on souscrit à certaines théories économiques, il convient néanmoins de se réjouir de cette évolution, car la baisse des impôts sur le capital nous rapprocherait de ce qui serait à long terme l'intérêt… des travailleurs ! D'après ces théories, développées dans les années 1970 et 1980, le taux optimal d'imposition du capital est de 0 % : tous les impôts sur les bénéfices des entreprises, les intérêts, les dividendes, les plus-values, les loyers, les propriétés immobilières et commerciales, la fortune et les successions, devraient être abolis de ce pas et remplacés par des impôts sur le travail et la consommation[1]. Prise au pied de la lettre, cette logique conduit à des recommandations pour le moins détonantes : il conviendrait de complètement détaxer Bill Gates ainsi que toutes les autres grandes fortunes et de compenser le manque à gagner par une taxation plus lourde sur les travailleurs. Même les membres les plus défavorisés de la société (ceux qui ne possèdent strictement aucun patrimoine et ne touchent aucun revenu du capital) gagneraient à terme à une telle réforme, car ils verraient leur revenu avant impôts augmenter.

Il est tentant de prendre cette théorie pour un pur exercice académique sans intérêt pour la marche du monde. Il faut néanmoins prendre conscience qu'il s'agit non seulement du canon enseigné aux étudiants en économie du monde entier, mais aussi d'une référence constante dans les discussions en matière de politiques publiques à Washington. Il en existe bien sûr de nombreuses variantes, dans lesquelles le taux optimal d'imposition du capital peut s'avérer plus élevé que zéro, mais ces subtilités sont généralement perdues de vue. Si vous demandez à des juristes américains spécialistes de fiscalité s'il faut taxer le capital, vous serez surpris (comme nous l'avons

1. Ces résultats relatifs à la pertinence d'un impôt zéro sur le capital sont connus sous le nom de théorème d'Atkinson-Stiglitz (Anthony B. Atkinson et Joseph E. Stiglitz, « The Design of Tax Structure : Direct versus Indirect Taxation », *Journal of Public Economics*, vol. 6, n° 1-2, 1976, p. 55-75) et de résultat de Chamley-Judd (Christopher Chamley, « Optimal Taxation of Capital Income in General Equilibrium With Infinite Lives », *Econometrica*, vol. 54, n° 3, 1986, p. 607-622 ; Kenneth L. Judd, « Redistributive Taxation in a Simple Perfect Foresight Model », *Journal of Public Economics*, vol. 28, n° 1, 1985, p. 59-83). Ils reposent néanmoins sur des hypothèses très fortes et irréalistes. Dans un cadre plus réaliste, il est en fait souhaitable de taxer le capital (cf., par exemple, Thomas Piketty et Emmanuel Saez, « A Theory of Optimal Inheritance Taxation », *Econometrica*, vol. 81, n° 5, 2013, p. 1851-1886 ; Emmanuel Saez et Stefanie Stantcheva, « A Simpler Theory of Optimal Capital Taxation », *Journal of Public Economics*, vol. 162, 2018, p. 120-142).

souvent été) de constater qu'ils répondent en général « que les économistes ont démontré qu'il s'agissait là d'une mauvaise idée ». Aucun grand pays n'a bien sûr totalement supprimé tous ses impôts sur le capital, et en pratique peu de gens réclament leur abolition complète et immédiate. Mais l'idée que la taxation du capital est particulièrement nocive est très répandue.

D'où vient cette croyance ? Essentiellement de l'idée que l'offre de capital (la fraction du revenu national épargnée chaque année, plus le flux net de capitaux attiré de l'étranger) est très sensible au taux de rendement après impôts – tellement « élastique » que même une imposition modérée du capital finit invariablement par réduire considérablement le stock de capital à long terme. Comme le capital rend la main-d'œuvre plus productive, le taxer finit par nuire aux salariés. Les économistes diront alors que les impôts sur le capital sont en réalité payés par les travailleurs. Dans cette vision des choses, l'impôt sur les sociétés est vu comme particulièrement nuisible et susceptible de retomber en fin de compte sur les salariés : essayez donc de taxer les entreprises et les usines partiront à l'étranger ; elles arrêteront d'investir dans leurs outils de production, ce qui diminuera le stock de capital et fera *in fine* baisser les salaires. Si l'on suit ce raisonnement, l'incidence de l'impôt sur les sociétés repose en réalité sur le facteur travail.

Arrêtons-nous un instant sur ce concept d'incidence, qui joue un rôle central dans la réflexion sur la fiscalité. Que se passerait-il donc si l'impôt sur les sociétés était baissé ? Les entreprises pourraient augmenter leurs versements de dividendes ou donner un coup de fouet à leurs programmes de rachats d'actions, augmentant ce faisant le revenu des actionnaires. Elles pourraient également investir dans de nouvelles machines, rendant à terme les salariés plus productifs, avec peut-être des augmentations salariales à la clé. On peut aussi envisager qu'elles baissent le prix de leurs produits, ce qui bénéficierait à la fois au travail et au capital (dans la mesure où ces deux formes de revenus sont en fin de compte consommées). L'incidence fiscale n'est rien d'autre que l'étude des nombreuses conséquences potentielles des changements en matière d'imposition sur le comportement des agents économiques, la croissance et la distribution des revenus et des patrimoines.

La principale conclusion à laquelle est arrivée la recherche dans ce domaine est la suivante : les facteurs de production les moins élastiques sont les principales victimes des hausses d'impôt, tandis que les plus élastiques s'y soustraient. Concrètement, si le capital est très élastique, c'est-à-dire si l'épargne et l'investissement s'effondrent en réponse à une hausse d'impôt, alors c'est le facteur travail qui en définitive aura à payer les conséquences de cet alourdissement de la fiscalité, sous la forme de salaires plus faibles. Mais, si les taxes sur le capital peuvent être répercutées sur le travail, l'inverse est aussi possible. Cela se produit quand l'offre de travail est très élastique, c'est-à-dire lorsque les salariés décident de travailler moins quand leurs salaires sont davantage taxés. Dans un passage de *La Richesse des nations* (1776) qui constitue l'une des premières et des plus célèbres analyses de l'incidence fiscale, Adam Smith explique comment l'impôt sur les salaires peut parfois être payé par le capital. Prenez le cas d'une économie de subsistance où les paysans gagnent tout juste de quoi survivre. Une hausse des taxes sur les salaires, et c'est la famine assurée. Pour garder leur main-d'œuvre en vie, les propriétaires terriens n'ont donc d'autre choix que d'augmenter les salaires. L'impôt sur les plus pauvres est *in fine* payé par les plus aisés.

L'étude de l'incidence fiscale se ramène au fond à des questions simples et empiriques : quelles sont les élasticités respectives de l'offre de capital et de celle de travail ? Le stock de capital, en particulier, s'évapore-t-il lorsque l'impôt sur les sociétés augmente ? Si oui, taxer les bénéfices des entreprises est nocif et il est dans l'intérêt à long terme des travailleurs d'y mettre un terme.

Taxation et accumulation du capital sur longue période

À en croire la plupart des observateurs, l'extrême élasticité de l'offre de capital est une loi de la nature, aussi certaine que la gravité.

Cependant, cette croyance, de même que d'autres sombres prédictions de la théorie économique (celle qui voudrait, par exemple, que les augmentations de salaire minimum se soldent inévitablement par des destructions d'emplois), demande à être confirmée par les faits. Il y a bien sûr de nombreuses façons de procéder à un tel examen. Pour commencer, on peut essayer de comparer l'évolution à long terme des taux d'investissement et celle de l'imposition du capital. Historiquement, ces taux ont-ils baissé de manière significative quand le capital était davantage taxé ? Si tel était le cas, on pourrait en déduire que la taxation du capital réduit le stock de capital et appauvrit en bout de course les salariés.

Mais la réponse semble être négative. Si l'on examine l'évolution de l'épargne et de l'investissement aux États-Unis depuis le début du XXe siècle, il apparaît que la période de forte taxation du capital (des années 1950 à 1980) fut aussi celle où les taux d'épargne et d'investissement étaient historiquement élevés : plus de 10 % du revenu national en moyenne. Et cela, quelle que soit la mesure de l'accumulation du capital retenue, c'est-à-dire que l'on s'intéresse à l'épargne privée (celle des ménages et des entreprises), à l'épargne nationale (la somme de l'épargne privée et de l'épargne de la puissance publique) ou au taux d'investissement (c'est-à-dire à l'épargne nationale minorée du flux net d'épargne investi dans le reste du monde – en pratique, ce dernier flux étant souvent proche de zéro, le taux d'investissement n'est guère éloigné du taux d'épargne nationale). Rien n'indique non plus que l'accumulation de capital se soit accélérée depuis que la taxation du capital a entamé son déclin dans les années 1980. Bien au contraire : l'épargne nationale s'est contractée après 1980, pour frôler les 0 % au milieu des années 2000. Le taux d'épargne des 1 % les plus aisés s'est maintenu à un niveau élevé, mais celui du reste de la population (et du secteur public) a décroché. C'est précisément sur l'hypothèse inverse que s'appuie la théorie de l'impôt zéro sur le capital.

***Graphique 5.4* – Taxation et accumulation du capital**
(taux d'imposition du capital et taux d'épargne aux États-Unis, 1915-2018)

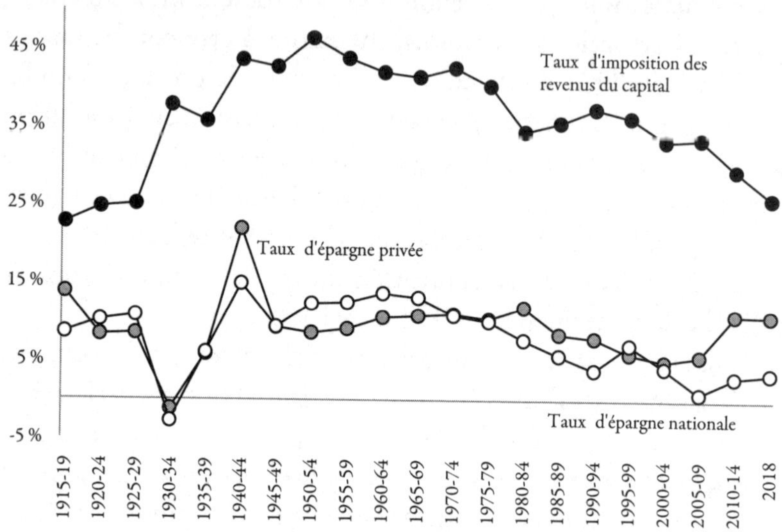

Lecture : Ce graphique compare l'évolution du taux d'imposition des revenus du capital (c'est-à-dire l'ensemble des impôts sur le capital rapporté au total des revenus du capital), du taux d'épargne privée (somme de l'épargne des ménages et des entreprises en pourcentage du revenu national) et du taux d'épargne nationale (somme de l'épargne privée et de l'épargne publique en pourcentage du revenu national) depuis 1915. Entre 1940 et 1980, les États-Unis avaient à la fois un fort taux d'imposition du capital et des taux d'épargne élevés. Depuis 1980, les deux courbes suivent une trajectoire descendante. Au vu des données macroéconomiques, taxer le capital ne semble pas réduire l'épargne.
Sources et méthodologie : TaxJusticeNow.org.

Les faits sont têtus : au cours du siècle écoulé, il n'y a eu aucune corrélation observable entre la taxation et l'accumulation du capital. Avant 1980, les taux d'investissement et d'épargne ont fluctué autour de 10 % du revenu national, et ce malgré d'énormes variations du taux d'imposition du capital. Les seules exceptions notables concernent la crise des années 1930 (pendant laquelle l'épargne s'est effondrée dans un contexte de chômage de masse et de chute sans précédent du revenu réel) et la Seconde Guerre mondiale (pendant laquelle elle a au contraire augmenté du fait du rationnement de la consommation). Si l'on met à part ces épisodes historiques exceptionnels, l'épargne américaine se caractérise par sa grande stabilité. La même constance s'observe en France, en Allemagne et au Royaume-Uni, trois pays pour lesquels nous disposons de statistiques qui remontent jusqu'au XIXe siècle. En dehors des deux guerres mondiales, les taux d'épargne privée de ces économies ont tourné autour de 10 % du revenu national, alors que le taux moyen d'imposition du capital a, comme aux États-Unis, connu des variations considérables au fil du temps, passant de moins de 5 % au XIXe siècle à plus de 50 % pendant les Trente Glorieuses[1].

Soyons clairs : ces observations ne prouvent pas que la taxation du capital n'a aucun coût économique. Ce qu'elles suggèrent en revanche, c'est que les impôts sur le capital sont pour l'essentiel payés à long terme par les propriétaires de patrimoine et non par les travailleurs, puisque les taux d'épargne et d'investissement ne bougent guère quand les taux changent. Ces impôts frappent donc essentiellement les contribuables riches, et non les plus modestes, puisque les plus aisés tirent l'essentiel de leurs revenus de leur patrimoine (alors que les classes moyennes et populaires tirent les leurs de leur travail). Les impôts peuvent bien sûr affecter les décisions d'épargne : si le capital était taxé à 100 %, on peut penser que l'investissement s'effondrerait. Toutefois, pour des plages de rendements après impôts situées dans une fourchette assez large (disons entre 2 % et 5 %, comme ce fut le cas au XXe siècle), les statistiques disponibles laissent penser que l'effet de la taxation du capital sur les décisions d'épargne est assez limité.

Fiscalité contre réglementation

Ce constat soulève une question fondamentale : pourquoi l'accumulation de capital semble-t-elle relativement peu sensible à la

1. Thomas Piketty et Gabriel Zucman, « Capital Is Back... », art. cité.

fiscalité ? La réponse tient au fait que les impôts ne constituent qu'un seul paramètre (relativement mineur, qui plus est) parmi les nombreux facteurs économiques et sociaux qui influencent les choix d'épargne – le plus important de ces facteurs étant sans doute la réglementation qui encadre les comportements d'épargne privée.

Le patrimoine de la plupart des Américains se compose en effet essentiellement, côté actif, de logements et d'épargne retraite, et, côté passif, d'emprunts immobiliers, de crédits à la consommation et de prêts étudiants[1]. Or les politiques publiques affectent directement chacune de ces formes de richesse et de dettes. Les gouvernements successifs des décennies d'après-guerre ont encouragé les entreprises à proposer des plans de retraite par capitalisation à leurs salariés. C'est aussi l'État fédéral qui a favorisé l'octroi de prêts immobiliers sur trente ans – un instrument redoutablement efficace pour épargner au long cours car, rembourser ses dettes tout en devenant propriétaire, c'est accumuler du patrimoine ! Depuis les années 1980, on a observé le processus inverse : les prêts étudiants ont explosé à mesure que le financement public de l'enseignement supérieur régressait, et l'endettement des ménages s'est envolé dans un contexte où, grâce à la dérégulation financière, il devenait possible pour des millions d'Américains de renégocier leurs emprunts immobiliers indéfiniment et d'accéder à de nouvelles formes de crédit à la consommation.

Il s'agit là sans doute du principal enseignement de l'économie comportementale, cette branche de l'économie en plein essor qui s'efforce de porter un regard plus réaliste sur le comportement des individus que ne permet de le faire le modèle classique, fondé sur l'hypothèse d'agents économiques hyper-rationnels : quand

1. Pour une description détaillée de l'évolution de l'épargne et du patrimoine des 90 % des ménages les plus modestes au cours du XXe siècle, cf. Emmanuel Saez et Gabriel Zucman, « Wealth Inequality in the United States since 1913... », art. cité.

il s'agit d'influencer les taux d'épargne, les mesures non fiscales sont infiniment plus efficaces que les incitations strictement monétaires[1]. Par exemple, les salariés qui rejoignent une entreprise sont quatre fois plus susceptibles de souscrire à un plan d'épargne retraite quand c'est l'option par défaut qui leur est proposée (ils sont, dans ce cas, 80 % à le faire) que lorsqu'ils doivent faire une démarche volontaire (ils sont alors 20 %)[2]. Cette option par défaut augmente non seulement l'épargne retraite, mais aussi le taux d'épargne total des salariés concernés, car cette hausse ne se fait pas au détriment d'autres formes d'accumulation du patrimoine, telles que le remboursement d'emprunts immobiliers, par exemple. *A contrario*, les dispositifs classiques à base d'incitations fiscales (à savoir l'exonération des intérêts des placements réalisés sur des comptes d'épargne retraite) poussent simplement les ménages à basculer leur épargne de comptes imposables vers ces enveloppes défiscalisées, sans augmentation notable du taux d'épargne[3]. Des petits « coups de pouce » simples, comme les options par défaut,

1. Deux ouvrages grand public proposent un panorama de la recherche en économie comportementale et résument les enseignements à en tirer en termes de politiques publiques : Richard H. Thaler, *Misbehaving. Les découvertes de l'économie comportementale* (2015), trad. fr. Christophe Jaquet, Paris, Seuil, 2018 ; *id.* et Cass R. Sunstein, *Nudge. La méthode douce pour inspirer la bonne décision* (2008), trad. fr. Marie-France Pavillet, Paris, Vuibert, 2010

2. Ce résultat a été établi pour la première fois par Brigitte C. Madrian et Dennis F. Shea, « The Power of Suggestion : Inertia in 401(k) Participation and Savings Behavior », *The Quarterly Journal of Economics*, vol. 116, n° 4, 2001, p. 1149-1187. Il a ensuite été reproduit lors de multiples études ; cf., par exemple, John Beshears *et al.*, « The Importance of Default Options for Retirement Savings Outcomes : Evidence from the United States », *in* Jeffrey R. Brown, Jeffrey B. Liebman et David A. Wise (dir.), *Social Security Policy in a Changing Environment*, Chicago (Ill.), University of Chicago Press, 2009, p. 167-195.

3. Raj Chetty *et al.*, « Active vs. Passive Decisions and Crowd-Out in Retirement Savings Accounts : Evidence from Denmark », *The Quarterly Journal of Economics*, vol. 129, n° 3, 2014, p. 1141-1219.

ont des effets réels sur l'accumulation de patrimoine nettement supérieurs à ceux des incitations fiscales[1].

Tout cela ne signifie pas que la taxation du capital n'a aucun effet sur quoi que ce soit. Car, si le capital n'est pas très élastique, il peut en revanche être dissimulé – les riches peuvent cacher leurs avoirs à l'étranger, les multinationales transférer leurs bénéfices aux Bermudes, par exemple. Cette optimisation n'affecte cependant en rien l'accumulation *réelle* de la richesse, c'est-à-dire la valeur des portefeuilles d'actions, d'obligations ou le nombre de maisons que possèdent les ménages qui s'y adonnent. Il s'agit là d'une source de confusion récurrente dans les débats sur l'imposition du patrimoine. Oui, le capital réagit parfois fortement aux changements fiscaux, mais c'est parce qu'il est dissimulable à coup d'acrobaties comptables en tous genres, et non pas parce que les agents économiques se mettent soudain à consommer frénétiquement et à entamer leur fortune dès que l'imposition de leur épargne augmente. Et comme nous l'avons vu, l'optimisation fiscale n'est pas une loi de la nature : elle a certes été tolérée par les pouvoirs publics depuis les années 1980, mais elle était bien moins répandue par le passé.

Ces conclusions valent également pour les bénéfices des sociétés, la forme de revenus du capital qui est généralement considérée comme étant la plus élastique. Les entreprises exploitent bel et bien les différences de fiscalité entre pays, mais elles le font principalement en transférant leurs bénéfices vers les paradis fiscaux (un simple jeu d'écriture), et non pas en délocalisant leurs usines vers des pays à fiscalité faible. De façon plus générale, de nombreux indices laissent

1. C'est, par exemple, évident au Danemark, pays qui a aboli son impôt progressif sur la fortune en 1997, mais où les inégalités de patrimoine n'ont pourtant pas progressé, parce que l'augmentation du taux d'épargne des plus aisés a été plus que compensée par le regain contemporain d'épargne des classes moyennes lié aux modifications du système de retraite. Cf. Katrine Jakobsen *et al.*, « Wealth Taxation and Wealth Accumulation : Theory and Evidence from Denmark », document de travail n° 24371, NBER, 2018, à paraître dans *The Quarterly Journal of Economics*.

penser que le niveau de l'impôt sur les sociétés affecte les comportements des entreprises[1]. Quand les taux sont élevés, les entreprises ont tendance à éviter de se constituer sous forme de société anonyme, préférant opter pour des formes juridiques qui ne sont pas sujettes à cet impôt (les entreprises individuelles, par exemple). Quand les intérêts d'emprunt sont déductibles, elles s'endettent davantage. Quand elles se voient octroyer des crédits d'impôt temporaires pour l'achat de biens capitaux, elles accélèrent leurs plans d'investissement. Mais, à long terme, aucune de ces réponses comportementales n'affecte le stock de capital des entreprises, pas plus que le nombre de bâtiments et de machines qu'elles possèdent. Rien ne permet donc d'affirmer que ces différentes formes de réponse à l'impôt affectent les salaires des travailleurs.

Contrairement à ce que beaucoup d'idéologues voudraient faire croire, la science économique n'a certainement pas « prouvé » que le poids de l'impôt sur les sociétés repose sur les salariés. Si c'était le cas, on devrait voir les syndicats du monde entier supplier les gouvernements de l'alléger. En réalité, les plus ardents défenseurs de l'idée selon laquelle les salariés modestes seraient les premières victimes de l'impôt sur les sociétés sont bien sûr les actionnaires. En 2018, lors de la campagne pour les élections de mi-mandat aux États-Unis, les lobbies financés par les frères Koch (qui pèsent environ 50 milliards de dollars chacun) ont ainsi dépensé 20 millions de dollars pour convaincre les électeurs que la baisse de l'impôt sur les sociétés décidée par le président Trump allait se traduire par des hausses de salaire[2].

La science économique n'a pas non plus, à l'inverse, prouvé que les impôts sur le travail sont *in fine* supportés par le capital. À long

1. Pour un panorama de la littérature empirique, cf. Ruud A. de Mooij et Sjef Ederveen, « Taxation and Foreign Direct Investment : A Synthesis of Empirical Research », *International Tax and Public Finance*, vol. 10, n° 6, 2003, p. 673-693.

2. John McCormick, « Koch-Backed Groups Are Selling Trump's Tax Cuts Door-to-Door Ahead of the Midterms », Bloomberg.com, 2 mai 2018.

terme, les impôts sur le capital retombent globalement sur le capital, et les taxes sur le travail globalement sur le travail. Les pauvres ne souffrent pas des impôts prélevés sur les riches, pas plus que les riches ne pâtissent des impôts prélevés sur les pauvres.

Vers la disparition de l'impôt progressif sur le revenu ?

Détaxer le capital et imposer plus lourdement le travail n'a pas de bénéfice clair, mais ce processus a des coûts bien réels. Le premier risque, on l'a évoqué, est d'hypothéquer la soutenabilité d'une mondialisation synonyme d'impôts toujours plus faibles pour ses grands gagnants. Cependant, un second problème mérite d'être noté : le risque de voir prospérer une nouvelle forme d'évasion fiscale potentiellement mortelle pour l'impôt progressif sur le revenu, à savoir le basculement des revenus du travail vers ceux du capital. Car taxer faiblement le capital encourage les plus aisés à essayer de transformer d'un point de vue fiscal leurs salaires (relativement lourdement imposés) en revenus du capital, et plus grand est l'écart d'imposition, plus forte est l'incitation à s'adonner à cette manipulation.

Il y a bien évidemment de nombreuses situations où il n'est pas possible de manipuler la nature juridique de ses revenus. Les enseignants, les caissières et la plupart des employés ne pourront jamais essayer de faire passer leurs salaires pour des dividendes. Pour les plus riches cependant, ce tour de passe-passe est un jeu d'enfant : il leur suffit de se constituer en société.

Prenez John, brillant avocat qui gagne 1 million de dollars par an mais n'en dépense que 400 000 pour ses dépenses courantes personnelles. Et projetez-vous en 2050, dans un monde où la concurrence fiscale aurait finalement eu raison de l'impôt sur les sociétés. Dans une telle situation, que ferait John ? Il créerait sa société, John & Cie, qui lui verserait (sous la forme de dividendes) les 400 000 dollars dont il a besoin pour se payer ses repas, ses costumes, ses vacances, etc., et il épargnerait les 600 000 dollars restant. Bien qu'ayant gagné

1 million de dollars, John paierait donc un impôt sur le revenu des ménages calculé sur 400 000 dollars seulement. Aucun impôt ne serait prélevé sur le reste : son épargne serait défiscalisée. L'impôt sur le revenu ne serait plus qu'un impôt sur la consommation.

Parmi les couches supérieures de la population, de nombreux contribuables peuvent se constituer en société et en tirer avantage lorsque l'impôt sur les sociétés est faible. Avocats, médecins, architectes et autres travailleurs indépendants peuvent choisir d'exercer sous forme de société par action simplifiée, par exemple, plutôt que sous le régime des indépendants. Les détenteurs d'actifs financiers ont la possibilité de transférer leurs portefeuilles d'actions et d'obligations dans des holdings. Les propriétaires-dirigeants d'entreprise peuvent décider de réduire leur salaire et de se payer en dividendes. Même les salariés bien rémunérés (informaticiens, analystes financiers ou éditorialistes) sont en mesure de se métamorphoser en prestataires indépendants, de se constituer en société et de facturer leurs services à Google, à Citigroup ou au *Washington Post*.

C'est pour parer à cette menace que tous les pays ayant un impôt progressif sur le revenu ont également un impôt sur les sociétés. Celui-ci fait office de garde-fou : il empêche les plus riches d'échapper au fisc en encaissant leur revenu *via* des entreprises. Ce n'est bien sûr pas son seul rôle : il permet aussi de faire contribuer les entreprises au financement des infrastructures dont elles bénéficient. Mais prévenir l'optimisation fiscale a toujours été la principale raison d'être de l'impôt sur les sociétés, ce qui explique pourquoi ce dernier a vu le jour à la même époque que l'impôt sur le revenu des ménages. Si l'impôt sur les sociétés défaille, c'est tout le système de l'impôt progressif sur le revenu qui court à la catastrophe.

Car, dans un monde où tous les riches se sont constitués en sociétés, non seulement l'impôt progressif sur le revenu a disparu (il n'est *de facto* rien d'autre qu'un simple impôt sur la consommation), mais les possibilités d'échapper à cet impôt résiduel sont quasiment illimitées. Comment ? En consommant à l'intérieur même des sociétés. Au lieu de verser à John des dividendes (imposables),

John & Cie lui paiera ses repas, ses costumes, ses vacances et autres dépenses personnelles. Soyons clairs : il s'agit là d'évasion fiscale pure et simple, car les frais admissibles pour une entreprise sont strictement encadrés et excluent les dépenses de consommation personnelle. Néanmoins, faire appliquer ces règles et contrôler les entreprises relève de l'impossible quand tout un chacun s'est métamorphosé en une société factice qui n'a de comptes à rendre à personne, sinon à son unique propriétaire. Le Chili d'aujourd'hui fournit une illustration frappante de ce phénomène : l'immense majorité des plus riches possèdent leur société personnelle, et beaucoup pratiquent l'évasion fiscale en faisant passer leurs dépenses courantes sur le compte de ces dernières[1].

Voici donc le problème de fond : avec l'effondrement de l'impôt sur les sociétés (en 2018 aux États-Unis, et plus largement dans le monde) se constituer en société n'a jamais été aussi avantageux qu'aujourd'hui pour les plus riches. Quiconque est en capacité d'épargner une part significative de son revenu a désormais intérêt à sauter le pas, maintenant que les taux d'impôt sur les sociétés tournent autour de 20 % ou moins.

Est-ce une vue de l'esprit ? Les exemples de ce type d'optimisation fiscale abondent déjà aux quatre coins de la planète[2]. Il n'y

1. Claudio A. Agostini *et al.* « Using Small Businesses for Individual Tax Planning : Evidence from Special Tax Regimes in Chile », *International Tax and Public Finance*, vol. 25, n° 6, 2018, p. 1449-1489.

2. En Israël, cf. Dmitri Romanov, « The Corporation as a Tax Shelter : Evidence from Recent Israeli Tax Changes », *Journal of Public Economics*, vol. 90, n° 10-11, 2006, p. 1939-1954. En Suède, cf. Karin Edmark et Roger H. Gordon, « The Choice of Organizational Form by Closely-Held Firms in Sweden : Tax versus Non-Tax Determinants », *Industrial and Corporate Change*, vol. 22, n° 1, 2013, p. 219-243. En Norvège, cf. Annette Alstadsæter, « Small Corporations Income Shifting Through Choice of Ownership Structure – a Norwegian Case », *Finnish Economic Papers*, vol. 23, n° 2, 2010, p. 73-87. En Finlande, cf. Jukka Pirttilä et Håkan Selin, « Income Shifting within a Dual Income Tax System :

a qu'une différence entre les données historiques disponibles et la situation actuelle : jusqu'au tournant du XXIe siècle, les gouvernements veillaient à limiter l'écart entre les taux d'imposition du capital et du travail pour les plus riches. Quand différence il y avait, celle-ci se limitait le plus souvent à quelques points de pourcentage. Avec l'effondrement de la taxation du capital dans le monde entier, nous entrons en terrain inconnu.

Si vous avez été effaré par les *tax shelters* des années 1980, consterné par la délocalisation des bénéfices vers les paradis fiscaux, attachez vos ceintures, car nous entrons à présent dans une troisième phase de l'injustice fiscale. Rien n'est bien sûr écrit à l'avance et on est en droit d'espérer un changement de cap avant qu'il ne soit trop tard. Mais, si la tendance actuelle se poursuit, une nouvelle vague d'évasion fiscale est sur le point de déferler. Avec l'effondrement de l'impôt sur les sociétés sous le coup de la concurrence fiscale internationale, c'est la pierre angulaire des systèmes fiscaux contemporains – l'impôt progressif sur le revenu – qui menace de s'effondrer.

Evidence from the Finnish Tax Reform of 1993 », *Scandinavian Journal of Economics*, vol. 113, n° 1, 2011, p. 120-144.

Chapitre 6

Comment sortir de l'engrenage

En 2019, le Fonds monétaire international a demandé à un panel d'experts de se prononcer sur l'avenir de l'impôt sur les sociétés et sur celui de la concurrence fiscale. La plupart des personnes interrogées répondirent que cette dernière allait « probablement s'accentuer »[1]. Si chaque nation dispose d'un droit souverain de décider de ses impôts, qui pourrait bien obliger les paradis fiscaux à renoncer à leur dumping ? Il y aura toujours des pays, d'après ces experts, pour proposer des taux d'imposition plus bas que ceux de leurs voisins. Les profits des multinationales, mobiles et insaisissables, iront toujours chercher les cieux les plus cléments. Il est sans doute possible de remédier aux abus les plus criants ; mais taxer lourdement les entreprises multinationales, dans une économie mondiale de plus en plus intégrée ? Vous n'y pensez pas.

Cette vision du monde est erronée. Rien dans la mondialisation n'exige que l'impôt sur les sociétés disparaisse. Le choix nous

1. « Fiscalité des entreprises dans l'économie mondiale », document d'orientation n° 19/007, mars 2019, annexe 1, p. 51 ; disponible sur IMF.org.

appartient. La course au moins-disant qui fait rage de nos jours est le fruit d'une décision collective – sans doute pas totalement consciente ou explicite, en tout cas pas prise à la suite d'un débat transparent et démocratique, mais une décision tout de même. Les différentes nations du monde auraient pu choisir de coordonner leurs politiques fiscales ; elles ont préféré, pour le moment, ne pas le faire. Les gouvernements auraient pu choisir d'empêcher les multinationales de déclarer leurs bénéfices dans les paradis fiscaux ; ils les laissent agir à leur guise. Mais d'autres choix sont possibles, dès aujourd'hui.

Pourquoi les pays n'ont-ils pas réussi à se coordonner ?

Pour comprendre comment sortir de la situation actuelle, il nous faut tout d'abord analyser la raison pour laquelle nous avons collectivement échoué, jusqu'à présent, à relever les défis de la mondialisation en matière de fiscalité.

Il y a, pour commencer, un certain nombre d'explications relativement conjoncturelles. La mondialisation financière est un phénomène récent. Près de 20 % des bénéfices des entreprises sont actuellement réalisés en dehors du pays où leur siège social est situé[1], contre moins de 5 % avant les années 2000. Que ces sommes modestes soient correctement imposées ou non n'avait que peu d'importance à l'époque pour les finances publiques, si bien que rares étaient ceux (que ce soit dans les milieux académiques ou politiques) qui s'en préoccupaient. L'hyper-mondialisation a pris tout le monde au dépourvu. Dans les ministères des Finances, on a voulu croire que le système des prix de transfert hérité des années 1920 tiendrait le choc. C'était, comme on l'a vu, une hypothèse beaucoup trop optimiste, mais jusqu'au milieu des années 2010 il n'y avait que peu de réflexion sur de possibles solutions de remplacement.

1. Thomas R. Tørsløv, Ludvig S. Wier et Gabriel Zucman, « The Missing Profits of Nations », document de travail cité.

Cette impréparation des pouvoirs publics a permis aux entreprises d'exploiter les failles de la législation quasiment en toute impunité.

***Graphique 6.1* – La montée en puissance des multinationales**
(part des bénéfices mondiaux réalisée par les entreprises
en dehors du pays où elles ont leur siège, 1930-2019)

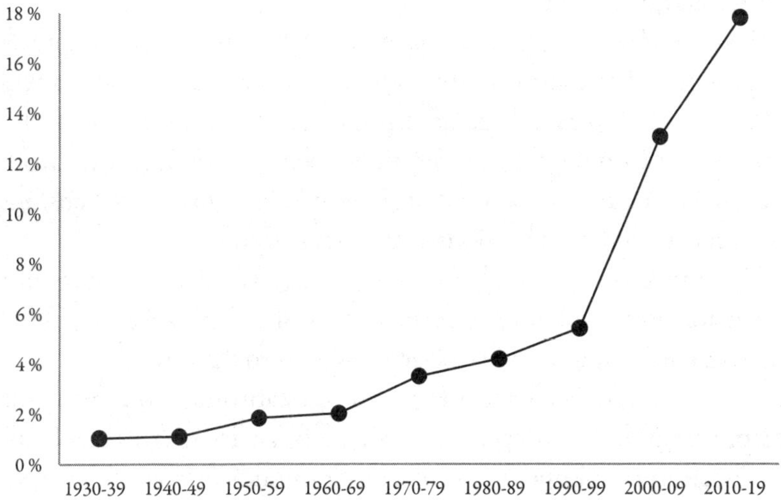

Lecture : Ce graphique montre l'évolution de la part des bénéfices mondiaux réalisée par les entreprises en dehors du pays où elles ont leur siège à partir de 1930. Jusqu'à la fin des années 1980, cette part était minime (moins de 5 %), mais elle n'a cessé d'augmenter ensuite, notamment depuis le début du siècle, jusqu'à atteindre environ 18 % dans les années 2010.

Sources et méthodologie : TaxJusticeNow.org.

Il a aussi fallu du temps pour que les pratiques d'évasion fiscale des multinationales apparaissent dans toute leur ampleur, pour la simple et bonne raison que leurs activités sont entourées d'une grande opacité. Les entreprises ne sont en général pas tenues de faire savoir dans quels pays elles déclarent leurs profits. Dans son rapport annuel à la Securities and Exchange Commission, par exemple, Apple publie ses résultats mondiaux consolidés, mais ne dit pas *où* ses bénéfices sont enregistrés – quelles sommes sont déclarées dans sa filiale irlandaise (et donc imposées en Irlande), en Allemagne ou à Jersey. Il n'y a donc aucun moyen pour le commun des mortels de connaître le montant de bénéfices transférés par le géant de Cupertino dans des paradis fiscaux ; le même secret entoure les activités de la plupart des autres multinationales.

Il serait néanmoins trop commode de tout mettre sur le compte de l'ignorance. Pas besoin d'être grand clerc ni d'avoir accès à des sources d'information particulièrement pointues pour constater le déclin spectaculaire du taux d'imposition des bénéfices des grandes entreprises. Au-delà de l'ignorance pure et simple, les choix qui ont été faits ont également des explications moins sympathiques.

À commencer par le lobbying exercé par les fournisseurs de produits d'évasion fiscale. L'industrie des prix de transfert dans son ensemble vit du système d'imposition des sociétés mis sur pied dans les années 1920 ; pour tout cet écosystème, la préservation du statu quo est un enjeu vital. Si, par exemple, les groupes multinationaux, au lieu d'être taxés filiale par filiale, étaient imposés sur leurs profits mondiaux consolidés, il n'y aurait plus lieu de calculer le prix des transactions entre filiales et tout un secteur d'activité deviendrait obsolète du jour au lendemain. Les enjeux ne sont pas négligeables : deux cent cinquante mille personnes travaillent actuellement comme spécialistes des prix de transfert, soit dans les Big Four, soit dans les multinationales elles-mêmes[1]. Il serait naïf de croire qu'ils restent les bras croisés lorsque se discutent des politiques publiques susceptibles de remettre en cause leur gagne-pain.

Les Big Four ont également tout intérêt à ce que l'harmonisation fiscale internationale reste aussi embryonnaire que possible. Après tout, si l'ensemble des pays avaient le même taux d'imposition,

1. Les estimations disponibles suggèrent que la rémunération globale des experts des prix de transfert a tourné autour de 20 milliards de dollars en 2015 (*ibid.*).

les entreprises ne se donneraient plus la peine de transférer leurs bénéfices vers les paradis fiscaux ; il n'y aurait plus aucun intérêt à faire circuler des brevets d'une filiale à l'autre, ni aucune raison de contracter des emprunts auprès de filiales immatriculées au Luxembourg. Le (non-)système fiscal des Bermudes est une malédiction pour le monde entier, mais c'est du pain béni pour PricewaterhouseCoopers. Les grands cabinets d'audit, de conseil et les avocats fiscalistes aimeraient vous persuader que la concurrence fiscale est inévitable, ou souhaitable, voire les deux, puisque, sans elle, leur activité se réduirait comme peau de chagrin.

Leur lobbying a été légitimé par l'idée que la concurrence fiscale est en soi une bonne chose sur le plan économique, car elle met un frein à la croissance de l'État. D'après cette théorie, défendue entre autres par le politologue Geoffrey Brennan et l'économiste James Buchanan[1], les majorités parlementaires démocratiquement élues ont tendance à surtaxer les propriétaires de patrimoine, qui se retrouvent victimes d'une sorte de « tyrannie de la majorité ». Pour prévenir ce risque, il faut soumettre les États à des contraintes non démocratiques, des garde-fous qui les empêcheront de collecter trop d'impôts – tels que la concurrence internationale. Cette idée s'inscrit dans une longue tradition intellectuelle qui cherche à limiter la démocratie (et en particulier la régulation démocratique du droit de propriété) par le biais de contraintes juridiques et constitutionnelles, comme l'inscription de règles fiscales dans la loi suprême.

En soi, l'idée que le pouvoir législatif de collecter l'impôt doive fairc face à des limites n'a bien sûr rien d'absurde. Il est légitime de débattre de la meilleure manière d'élaborer la politique fiscale, et les contraintes juridiques peuvent avoir leur rôle à jouer. Mais considérer la concurrence fiscale comme une bénédiction, c'est porter la méfiance envers la démocratie à un degré inédit : ni les tribunaux ni le jeu normal des contre-pouvoirs ne suffiraient à protéger les

1. *Collected Works of James M. Buchanan*, t. 9, *The Power to Tax : Analytical Foundations of a Fiscal Constitution*, Indianapolis (Ind.), Liberty Fund, 2000.

propriétaires de la « tyrannie de la majorité », non ! Nous avons besoin des Bermudes et des autres paradis fiscaux pour dompter le Léviathan ; même des règles gravées dans le marbre constitutionnel ne parviendraient pas à garantir le droit de propriété. Dans le fond, cette philosophie témoigne d'une profonde méfiance à l'égard de la démocratie et de la nature humaine ; à l'en croire, s'agissant de l'impôt, les peuples sont incapables de se gouverner rationnellement.

Il est tentant de ne voir dans cette théorie qu'une bizarrerie libertarienne sans grande influence, une curiosité intellectuelle typiquement américaine – mais ce serait une erreur. Car cette idéologie a eu un certain écho en dehors de l'Amérique, y compris en Europe. Le traité de Maastricht (ce que l'Europe a de plus semblable à une constitution politique) exige ainsi l'unanimité des États membres pour la mise en place de toute politique fiscale commune, ce qui a pour effet de sanctuariser *de facto* la concurrence fiscale. N'importe quel pays, aussi petit soit-il, peut ainsi entraver les tentatives d'harmonisation fiscale au sein de l'Union. Le Luxembourg (six cent mille habitants) peut dicter sa volonté à cinq cents millions d'Européens. Étant donné que les petits pays ont, sur un certain nombre de questions fiscales, des intérêts économiques diamétralement opposés à ceux des plus grands (les premiers ayant bien davantage à gagner de la concurrence fiscale que les seconds), cette règle empêche dans la pratique toute forme de coordination. Le raisonnement qui sous-tend cette approche est rarement formulé explicitement, mais il semble être fondé sur le postulat que les États-providence européens sont trop gros et que la concurrence fiscale est nécessaire pour les rendre plus économes. Un débat rationnel et démocratique n'y suffirait pas. Même les institutions post-démocratiques européennes les plus sophistiquées (les décideurs non élus et impartiaux de la Commission) seraient incapables de maîtriser les dépenses sociales. L'Italie a besoin de Malte pour contenir ses dépenses publiques ; la France, du Luxembourg ; la Grèce, de Chypre.

En réalité, cependant, les coûts de la concurrence fiscale dépassent de beaucoup ses bienfaits supposés. En effet, comme nous l'avons vu, il n'y a guère d'impôt progressif sur le revenu possible sans impôt sur les sociétés suffisamment élevé : en l'absence de ce garde-fou, les riches se transforment en sociétés, faisant de l'impôt sur le revenu une simple taxe sur la consommation (facile à contourner, qui plus est). Or, sans impôt progressif sur le revenu, la capacité des États à lutter efficacement contre la montée des inégalités risque fort d'être limitée. Il existe certes tout un éventail de politiques qui peuvent contribuer à réduire ces dernières : de l'augmentation du salaire minimum à la réforme de la gouvernance des entreprises, en passant par un accès plus égalitaire aux études supérieures, une meilleure régulation de la propriété intellectuelle, et la lutte contre les excès de la finance. Il n'en reste pas moins qu'historiquement l'impôt progressif sur le revenu a été l'instrument le plus puissant pour limiter la concentration des richesses[1].

Nous sommes à la croisée des chemins. Si nous prenons celui de la concurrence, l'injustice fiscale et les inégalités risquent de continuer à progresser. Mais il y a heureusement d'autres voies possibles, tout aussi réalistes. Mettre un terme à l'engrenage de la concurrence fiscale n'a rien d'utopique et l'on peut espérer que les grandes multinationales paient bientôt un montant d'impôts raisonnable. Un plan d'action efficace en la matière doit reposer sur quatre piliers : exemplarité ; coordination ; mesures défensives ; et sanctions à l'encontre des paradis fiscaux qui voudraient faire cavalier seul.

Chaque pays doit devenir le gendarme de ses multinationales

Exemplarité, tout d'abord : chaque pays doit devenir le gendarme de ses propres multinationales. Les États-Unis devraient s'assurer

1. Cf., par exemple, Anthony B. Atkinson, Thomas Piketty et Emmanuel Saez, « Top Incomes in the Long Run of History », *Journal of Economic Literature*, vol. 49, n° 1, 2011, p. 3-71 ; Thomas Piketty, *Le Capital au* XXI*e siècle*, *op. cit.*

que les entreprises américaines, si elles ne paient pas suffisamment d'impôts à l'étranger, paient leur dû en Amérique ; l'Italie, en faire autant avec ses entreprises, tout comme la France avec ses champions nationaux.

Pour mieux comprendre ce principe, prenons un exemple concret. Imaginons que, en transférant des actifs immatériels et en manipulant le prix de ses transactions intragroupes, le constructeur automobile italien Fiat ait réussi à faire apparaître 1 milliard de dollars de bénéfices en Irlande (taxés à 5 %) et un autre milliard sur l'île anglo-normande de Jersey (taxés à 0 %). Cela pose un petit problème : Fiat paie beaucoup moins d'impôts qu'il ne le devrait – beaucoup moins, en particulier, que les entreprises italiennes de taille moyenne. Fiat a un *déficit fiscal*. La bonne nouvelle, c'est que rien n'empêche l'Italie de remédier elle-même à ce déficit en collectant les impôts que les paradis fiscaux ont choisi de ne pas percevoir. Concrètement, Rome pourrait taxer les bénéfices irlandais de Fiat à hauteur de 20 % et son magot anglo-normand à 25 %. Plus généralement, l'Italie pourrait facilement obliger Fiat à payer des « impôts de rattrapage », de manière que le taux effectif d'imposition du constructeur automobile transalpin s'élève, dans tous les pays où il est présent, à au moins 25 %.

Cette approche ne viole aucun traité international et n'exige pas la coopération des paradis fiscaux. De façon peut-être plus surprenante encore, elle n'exige même pas de collecter de nouvelles données : les informations nécessaires pour collecter une telle taxe de rattrapage existent déjà. Sous la pression des organisations de la société civile, le secret qui entourait les activités des multinationales a en effet commencé à être levé. Dans le cadre du plan d'action de l'OCDE contre l'érosion de l'assiette d'imposition et le transfert de bénéfices, les grandes entreprises ont depuis 2016 l'obligation de déclarer leurs bénéfices et leurs impôts acquittés pays par pays. Nous sommes certes encore bien loin d'une parfaite transparence financière : les déclarations ne sont pas publiques ; seules les autorités fiscales y ont accès. Mais ces déclarations ont le mérite d'exister :

Apple, par exemple, doit désormais informer le fisc américain du montant de ses bénéfices dans chaque pays du monde ; L'Oréal en fait autant en France et Fiat en Italie. Plus de soixante-quinze pays (parmi lesquels toutes les grandes économies) ont commencé à collecter ces informations ou se sont engagés à le faire dans un avenir proche[1].

Toute cette plomberie administrative peut sembler sans grande importance, jusqu'au moment où l'on se rend compte que, grâce à cette nouvelle mine d'informations, il n'a jamais été aussi facile pour les grands pays de remettre leurs multinationales au pas. Les États-Unis, la France, l'Italie, ainsi que tous les grands pays qui le souhaitent, pourraient faire en sorte que leurs champions nationaux paient au minimum 25 % (par exemple) de leurs profits en impôts dans chacun des pays où ils ont des activités. L'idée, en somme, est simple : il s'agit pour les nations où se situent les sièges sociaux de jouer le rôle de percepteur fiscal de dernier ressort. Apple paie-t-il 2 % à Jersey ? Les États-Unis pourraient collecter les 23 % manquants. Le groupe de luxe Kering, basé à Paris, déclare-t-il des bénéfices en Suisse, taxés à 5 % ? La France pourrait prélever les 20 % restants. L'avantage de ce mécanisme saute aux yeux : les incitations à déclarer des bénéfices dans les paradis fiscaux disparaîtraient immédiatement. Les profits déclarés aux Bermudes n'y seraient certes toujours pas taxés, mais cela ne présenterait plus aucun intérêt pour les multinationales, puisque l'économie d'impôt ainsi réalisée serait entièrement annulée par un impôt plus élevé à payer dans le pays d'origine.

Ce système permettrait aux fiscs du monde entier de récupérer des sommes substantielles. En exploitant les déclarations pays par pays des entreprises américaines pour l'année 2016, publiées pour la première fois par l'IRS en 2019, il est possible de calculer le montant de recettes fiscales supplémentaires que les États-Unis collecteraient s'ils prélevaient un tel impôt de rattrapage sur leurs multinationales. En 2016,

1. OCDE, « Country-Specific Information on Country-by-Country Reporting Implementation », OECD.org, 2018.

les grandes entreprises américaines ont réalisé environ 1 300 milliards de dollars de bénéfices dans le monde entier, somme sur laquelle elles se sont acquittées de 262 milliards de dollars d'impôts (aux États-Unis et à l'étranger), ce qui correspond à un taux d'imposition global de 20 %. Dans nombre de pays cependant, elles ont payé beaucoup moins que cela : 0 % sur les 22 milliards déclarés aux Bahamas, 0 % aussi sur les 24 milliards déclarés dans les îles Caïman, 2 % sur les 39 milliards transférés à Porto Rico, etc. En imposant un taux minimal de 25 % pays par pays, on peut ainsi estimer que, toutes choses égales par ailleurs, les États-Unis auraient perçu près de 100 milliards de dollars de plus en recettes d'impôt sur les sociétés – ce qui aurait eu pour effet d'augmenter de sept points le taux effectif d'imposition des multinationales américaines, le faisant passer de 20 % à 27 %.

Précisons d'emblée que, si un tel impôt de rattrapage avait existé en 2016, les entreprises américaines auraient bien sûr déclaré moins de bénéfices aux Bermudes et davantage dans des pays à fiscalité élevée (c'est précisément le but de la manœuvre). Une partie du magot des Bermudes aurait été déclarée et taxée aux États-Unis, ce qui aurait accru les recettes de l'oncle Sam. Une autre aurait été enregistrée dans des pays comme l'Allemagne ou la France, et les États-Unis auraient donc collecté moins que les 100 milliards de dollars de recettes supplémentaires de notre calcul naïf. Ce qu'il faut néanmoins bien comprendre, c'est que les entreprises américaines (et *in fine* leurs actionnaires, dont la majorité sont américains) auraient globalement vu leur facture fiscale augmenter d'environ 100 milliards de dollars (une part de ces paiements allant aux États-Unis, le reste aux autres pays tels que la France et l'Allemagne qui sont aujourd'hui victimes de l'optimisation fiscale des multinationales américaines). En outre, si la France imposait demain un taux d'imposition minimum à ses champions nationaux, les entreprises françaises réduiraient de même leurs bénéfices au Luxembourg et en déclareraient davantage aux États-Unis, ce qui serait bon pour les finances publiques de ce pays. La France gagnerait à ce que l'Amérique police ses multinationales, et vice versa : les

États-Unis engrangeraient davantage de recettes fiscales si des impôts de rattrapage étaient instaurés ailleurs dans le monde. Seuls les paradis fiscaux perdraient au change.

Est-il réaliste d'imaginer que les grands pays puissent commencer à policer leurs multinationales dans un avenir proche ? On peut le penser, car c'est dans leur intérêt. À l'inverse du commerce international, qui en principe enrichit tous les pays (même s'il peut avoir des conséquences redistributives majeures à l'intérieur de ceux-ci), la concurrence fiscale, elle, fait des gagnants et des perdants parmi les nations – et toutes les grandes économies se retrouvent dans le camp des perdants. Celles-ci ont donc d'excellentes raisons de mettre fin à ce jeu de dupes. Comme nous l'avons vu au quatrième chapitre, les petits pays qui appliquent des taux proches de zéro collectent beaucoup d'impôt sur les sociétés en proportion de leur revenu national. Cette stratégie est payante pour eux parce qu'ils attirent ainsi un gros volume de bénéfices provenant de l'étranger par rapport à leur assiette fiscale intérieure. Mais les grands pays n'ont rien à gagner à imiter cette stratégie. Ils pourraient certes, en baissant leurs taux, attirer des bénéfices en provenance du reste du monde mais, dans leur cas, tout gain serait plus qu'annulé par le manque à gagner lié à une moindre taxation de leur assiette fiscale intérieure. Au bout du compte, les grands pays sont certains de voir diminuer leurs rentrées fiscales quand ils baissent leur taux d'impôt sur les sociétés. Il suffit de regarder la réforme américaine de 2018 qui a, excusez du peu, réduit les recettes de l'impôt fédéral sur les sociétés de 45 %[1]. Contrairement à Malte, les États-Unis ou la France n'ont rien à gagner, en termes budgétaires, à se transformer en paradis fiscal.

1. Les recettes de l'impôt fédéral sur les sociétés sont tombées de 285 milliards de dollars en 2017 à 158 milliards en 2018 (US Department of Commerce, Bureau of Economic Analysis, *National Income and Product Accounts of the United States, 1929-2018*, *op. cit.*, tableau 3.2). Si l'on ajoute les impôts levés par les États sur les bénéfices des entreprises, la chute est de 35 % – de 338 milliards de dollars en 2017 à 218 milliards en 2017 (*ibid.*, tableau 3.1).

Or, dans la mesure où presque toutes les multinationales ont leur siège dans de grandes économies, les responsables politiques à Rome, à Berlin et à Washington pourraient siffler la fin de la récréation en collectant des impôts de rattrapage sur les bénéfices déclarés dans des pays à fiscalité réduite[1].

Première leçon à retenir : la spirale de la concurrence fiscale internationale peut être enrayée sans même que les paradis fiscaux montent leurs taux. Les petits pays ont, il est vrai, un intérêt gigantesque à appliquer de faibles taux ; cela ne constitue cependant pas un obstacle à une augmentation des taux effectifs d'imposition mondiaux des multinationales ici et maintenant.

La coordination internationale, c'est maintenant

À ce stade, on peut se demander ce qui se passerait si les grands pays se mettaient réellement à jouer le rôle de percepteur fiscal de dernier ressort. Fiat, Apple et L'Oréal ne déménageraient-ils pas leur siège dans des paradis fiscaux ? C'est un risque potentiel, mais il existe heureusement plus d'une manière de contrer cette menace – d'abord et avant tout via un minimum de coopération internationale.

Comme nous l'avons vu, la plupart des pays se sont déjà mis d'accord pour harmoniser leurs législations afin d'entraver les

1. La réforme fiscale américaine de 2018 a introduit un embryon d'impôt de rattrapage avec son dispositif GILTI (*global intangible low-tax income*), qui prévoit que les bénéfices étrangers des multinationales américaines jugés anormalement élevés (c'est-à-dire dépassant 10 % de rendement sur les actifs corporels) soient taxés au taux minimum de 10,5 % aux États-Unis. La mesure est toutefois insuffisante pour deux raisons : ce taux est trop faible et la taxe ne s'applique pas pays par pays, mais sur une base consolidée (ce qui signifie qu'une entreprise qui déclare beaucoup de bénéfices aux Bermudes mais paie des impôts suffisamment élevés au Japon peut y échapper). Pour de plus amples détails, cf. Eric Toder, « Explaining the TCJA's International Reforms », TaxPolicyCenter.org, 2 février 2018.

formes les plus scandaleuses de transfert de bénéfices. L'étape suivante évidente serait que les pays du G20 (qui regroupe toutes les grandes économies du monde) s'entendent pour appliquer un taux plancher de 25 % à leurs multinationales, quel que soit l'endroit où elles exercent leurs activités, réduisant à néant toute incitation à déplacer son siège social de la France vers l'Angleterre, par exemple.

Les entreprises pourraient certes encore esquiver l'impôt en déplaçant leurs sièges vers des petits paradis fiscaux. Cette question des expatriations fiscales revient de manière récurrente dans le débat public. Aux États-Unis, le spectre des « inversions fiscales » (mécanisme par lequel des entreprises américaines fusionnent avec des entreprises étrangères domiciliées en Irlande ou dans d'autres territoires à fiscalité réduite, et ce faisant prennent la nationalité de leur partenaire) n'est jamais loin. Mais on s'exagère le danger.

Car, bien que la question ait fait couler beaucoup d'encre, très peu d'entreprises ont en réalité transféré leur siège dans des îles tropicales. On trouve quelques cas très médiatisés : le cabinet d'audit Accenture a quitté Chicago pour les Bermudes en 2001 (avant de partir pour l'Irlande en 2009) ; la société de conseil financier Lazard a de même déplacé son siège social de New York aux Bermudes en 2005 ; et Herbalife, une entreprise qui produit des compléments alimentaires, réside fièrement aux îles Caïman depuis 2002. D'après le registre tenu par Bloomberg, au total quatre-vingt-cinq entreprises américaines se sont expatriées entre 1982 et 2017 (appartenant pour beaucoup d'entre elles au secteur pharmaceutique et parfaitement inconnues)[1]. À ce chiffre, on peut ajouter une poignée de multinationales qui ont toujours eu leur siège dans des centres financiers offshore (ou qui y sont parties de longue date), la plus connue étant sans doute le géant des services pétroliers Schlumberger, dont le siège est sis sur l'île de Curaçao, dans le Sud de la mer des Caraïbes.

1. « Tracking Tax Runaways », Bloomberg.com, 1er mars 2017.

Bien que tout cela semble assez inquiétant, il faut bien se rendre compte que ces expatriations ne représentent qu'une goutte d'eau dans l'océan. En 2019, parmi les deux mille plus grandes entreprises du monde, seules dix-huit ont leur siège en Irlande, treize à Singapour, sept au Luxembourg et quatre dans les Bermudes[1]. Près d'un millier d'entre elles sont aux États-Unis ou dans l'Union européenne, le reste se trouvant essentiellement en Chine, au Japon, en Corée du Sud et dans d'autres pays du G20.

Pourquoi peu de sociétés s'expatrient-elles, si les avantages fiscaux d'une telle manœuvre sont vraiment élevés ? Sans doute parce qu'il n'est pas facile de manipuler la nationalité d'une entreprise. L'attribution d'une nationalité obéit en effet à des règles strictes. Par exemple, une société constituée aux États-Unis ne peut pas d'un claquement de doigts déménager son siège à l'étranger : sur le plan fiscal, elle continuerait à être traitée comme une entreprise américaine. Seule une fusion avec une entreprise étrangère peut lui permettre d'opérer un changement de nationalité et, pour que celui-ci soit juridiquement valable, encore faut-il que la fusion réponde à certains critères bien précis – des conditions qui ont été durcies au fil du temps, notamment par Barack Obama en 2016. La première est qu'il doit y avoir une modification significative dans le contrôle du capital de l'entreprise : une société américaine ne peut pas devenir bermudienne en fusionnant avec une société-écran domiciliée au beau milieu de l'Atlantique. En pratique, il est ainsi devenu impossible aux géants américains de se réimplanter dans des petits paradis fiscaux. Depuis ces nouvelles règles instaurées par Obama (et auxquelles Trump n'a pour l'instant pas touché), il n'y a eu jusqu'à fin 2019 aucune inversion fiscale à déplorer.

Deuxième leçon à retenir : la coordination fiscale internationale, même limitée à quelques grands pays, peut efficacement entraver l'évasion fiscale. Si les membres du G20 imposaient demain un taux

1. Andrea Murphy *et al.*, « GLOBAL 2000 : The World's Largest Public Companies », Forbes.com, 15 mai 2019.

plancher de 25 % à leurs multinationales, plus de 90 % des bénéfices mondiaux seraient aussitôt effectivement taxés à 25 % ou plus.

Collecter le déficit fiscal des évadés

Une telle coordination internationale prendra sans doute du temps et restera peut-être limitée dans l'immédiat. C'est pourquoi le troisième volet de notre plan d'action comporte des mesures défensives à l'encontre des entreprises situées dans des pays refusant de coopérer.

Prenons un cas concret : celui de l'entreprise helvétique Nestlé. Imaginons que la Suisse refuse de se faire le gendarme de ses multinationales, soit parce qu'elle pense que jouer cavalier seul est conforme à son intérêt national, soit parce que ses dirigeants subissent la pression de riches actionnaires. Nestlé est donc imposé à des taux très faibles et la Suisse refuse d'appliquer le taux plancher de 25 % pays par pays. On tiendrait ici l'exemple d'une grande multinationale qui échapperait à l'impôt, libre de transférer ses profits dans des paradis fiscaux en toute impunité. Comment y remédier ?

Selon nous, les pays à fiscalité élevée devraient collecter des impôts en lieu et place de la Suisse. Le mécanisme le plus simple consiste à répartir les bénéfices mondiaux de Nestlé au prorata du chiffre d'affaires réalisé par le géant de l'industrie agroalimentaire dans chacun des pays où ce dernier a des clients. Si Nestlé réalise 20 % de ses ventes aux États-Unis, par exemple, alors (quels que soient les pays où il a sa main-d'œuvre et ses usines, son siège social et ses brevets) les États-Unis pourraient faire valoir que 20 % des bénéfices mondiaux de l'entreprise ont été faits sur leur territoire et y sont donc imposables. Si 10 % des ventes mondiales de Nestlé sont effectuées en France, alors Bercy pourrait de même considérer que 10 % des bénéfices mondiaux du géant suisse y sont taxables.

Proposition chimérique ? Nullement, puisque c'est déjà sur ce principe que la plupart des États américains collectent leur propre impôt sur les sociétés. Quarante-quatre d'entre eux taxent les bénéfices des entreprises (avec des taux qui montent jusqu'à 12 %, en Iowa) par le biais d'un impôt qui vient s'ajouter à l'impôt fédéral sur les sociétés. Pour déterminer le montant des bénéfices de Coca-Cola imposable en Californie, l'administration fiscale du *Golden State* répartit les bénéfices américains totaux du vendeur de boissons gazeuses au prorata du chiffre d'affaires réalisé dans chacun des États. Quelques-uns de ces derniers, comme le Kansas, l'Alaska ou le Maryland, appliquent des formules de ventilation plus complexes, tenant compte non seulement des ventes, mais aussi de la localisation des actifs et des effectifs employés. Au fil du temps néanmoins, la majorité des États a convergé vers une formule d'allocation des bénéfices qui repose uniquement sur le chiffre d'affaires[1]. Cette façon de calculer le montant de profits imposables dans différentes collectivités – via des formules difficiles à manipuler – est un mécanisme éprouvé, dont se servent également les provinces canadiennes et les municipalités allemandes. Rien n'empêche les pays (et pas seulement des collectivités locales) de l'adopter.

On peut même recourir à un mécanisme encore plus robuste pour lutter contre l'optimisation fiscale des grandes entreprises. Au lieu de répartir les bénéfices mondiaux de Nestlé, les pays à fiscalité élevée pourraient ventiler son déficit fiscal. Concrètement, les États-Unis (et toute autre nation désireuse de le faire, comme la France) commenceraient par calculer le déficit fiscal mondial de Nestlé, c'est-à-dire les impôts supplémentaires dont l'entreprise devrait s'acquitter si elle était soumise à un taux effectif d'imposition de 25 % dans chacun des pays où elle a des activités. Ils ventileraient ensuite ce déficit fiscal au prorata du chiffre d'affaires et collecteraient l'impôt de rattrapage correspondant : si le géant helvétique fait 20 % de ses ventes mondiales aux États-Unis, par exemple, l'oncle Sam collecterait 20 % de son déficit fiscal mondial. Les États-Unis – et les

1. Pour une analyse de l'expérience américaine en matière d'allocation des bénéfices des entreprises, cf. Kimberly A. Clausing, « The US State Experience under Formulary Apportionment... », art. cité.

autres pays où Nestlé commercialise ses produits – assumeraient *de facto* le rôle que la Suisse se refuse à jouer : celui de collecteur en dernier ressort.

Cette solution, qui à notre connaissance n'avait encore jamais été proposée, présente de nombreux avantages.

Pour commencer, elle est applicable immédiatement. Comme nous l'avons dit, les données sur les bénéfices, les impôts et les ventes des multinationales pays par pays existent déjà. Dans le cas de Nestlé, elles sont collectées par le fisc helvétique, mais depuis 2018 celui-ci les transmet automatiquement aux autorités fiscales des autres pays. En février 2019, d'après l'OCDE, plus de deux mille paires de pays pratiquaient cet échange automatique de déclarations[1]. La France, les États-Unis et la plupart des pays où Nestlé commercialise ses produits ont donc déjà en main les informations nécessaires pour calculer le déficit fiscal de l'entreprise suisse et collecter leur part de son déficit fiscal. Et même s'ils ne les avaient pas, ils pourraient facilement les demander. Les pays posent déjà toutes sortes de conditions quand il s'agit d'ouvrir leurs marchés aux entreprises étrangères – protection des consommateurs, respect des règles de sécurité, etc. Rien n'interdit d'ajouter un strict minimum de transparence comptable à cette liste.

Un autre avantage est que notre solution ne contrevient à aucun traité international existant. Au fil des années, les pays ont signé une multitude de conventions pour parer au risque de double imposition des entreprises. En pratique, ces traités (et les incohérences qu'ils contiennent) ont ouvert la porte à de multiples formes d'évasion fiscale, mais cela n'empêche pas de nombreux gouvernements et l'OCDE d'y être encore attachés – au point que d'autres tentatives de réforme de l'impôt sur les sociétés ont été bloquées au motif qu'elles contrevenaient à ces sacro-saintes conventions. Il faut bien comprendre, toutefois, que l'impôt de rattrapage que nous proposons ne serait collecté que sur les multinationales ayant

1. « Country-by-Country Exchange Relationships », OECD.org, 2019.

un déficit fiscal, c'est-à-dire se voyant appliquer, au moins dans certains pays, un taux inférieur à 25 %. Par construction, notre solution n'introduit donc aucune forme de double imposition, et ne viole ainsi pas les fameux traités existants.

Tous les pays du monde devraient en principe appliquer l'impôt défensif que nous décrivons, pour la simple et bonne raison que chacun a intérêt à faire partie du groupe des percepteurs fiscaux de dernier ressort. Ne pas le faire revient en effet à laisser des recettes fiscales sur la table au profit des autres pays ! Imaginons donc un monde où tous les territoires au sein desquels les multinationales réalisent l'essentiel de leurs ventes appliquent ce mécanisme. Le déficit fiscal de chaque entreprise serait alors complètement ventilé, si bien que même les entreprises domiciliées aux Bermudes seraient soumises à un taux effectif d'imposition minimum de 25 %. Toutes les possibilités d'évasion fiscale disparaîtraient.

Sanctionner les paradis fiscaux

Il ne faut bien sûr pas sous-estimer l'ingéniosité des professionnels de l'optimisation fiscale. Il n'est pas impossible que des avocats fiscalistes trouvent d'autres failles à exploiter à l'avenir. C'est pourquoi tout plan d'action efficace comporte un quatrième volet : des sanctions contre les paradis fiscaux qui commercialisent leur souveraineté et, ce faisant, permettent aux multinationales de se soustraire à leurs obligations.

Appliquer des sanctions aux paradis fiscaux refusant de coopérer se justifie pleinement au regard de la logique économique. Chaque pays a certes le droit de choisir ses propres lois, mais lorsque celles-ci engendrent des externalités négatives majeures, les acteurs économiques qui en sont victimes sont en droit de riposter. Or il ne faut pas se voiler la face : refuser d'adhérer à une norme minimale internationale telle qu'un taux effectif d'imposition de 25 % – taux somme toute modeste au regard des pratiques internationales actuelles et de l'histoire de l'imposition des bénéfices – est une forme extrême de dumping, qui remplit les caisses de quelques petits États (et surtout des actionnaires du monde entier) aux dépens de tous les autres acteurs. Ce type de pratique doit être découragé, par exemple en taxant les transactions financières avec les paradis fiscaux non coopératifs. Comme nous l'avons vu au troisième chapitre, les États-Unis ont brandi avec succès cette menace pour obliger les paradis fiscaux à partager automatiquement leurs données bancaires avec l'IRS, ce qui a ouvert la voie à une nouvelle forme de coopération internationale que d'aucuns jugeaient impossible. La même approche pourrait être utilisée pour convaincre les paradis fiscaux d'adhérer à un taux d'imposition minimum.

Le principal argument avancé à l'encontre de cette méthode est que l'impôt est une prérogative nationale et qu'obliger un pays à relever son taux d'imposition constitue une atteinte à la souveraineté des États. C'est exactement par ce discours que les autorités suisses défendaient, jusqu'à la fin des années 2000, leur secret bancaire et leur refus de coopérer avec les administrations fiscales des autres pays – avant de changer d'attitude sous la pression des États-Unis et à la suite d'une série de scandales qui a révélé l'ampleur de la fraude dans les grands établissements helvétiques. Cet épisode suggère que, pour faire des progrès, il est essentiel de bien quantifier l'externalité négative que les paradis fiscaux imposent au reste du monde. Grâce aux nouvelles statistiques sur les profits déclarés par les multinationales dans chaque pays où elles opèrent, il devient possible de chiffrer les pertes occasionnées par la politique fiscale des centres offshore pour les recettes publiques de pays comme la France et les États-Unis. Il n'y a plus d'excuse pour ignorer le coût du dumping fiscal.

De la course au moins-disant à la course au mieux-disant

Politiquement, quelle solution semble la plus probable ? Il serait sans doute trop optimiste d'envisager que tous les pays du G20 acceptent bientôt de policer leurs multinationales, rejoignent le club des collecteurs en dernier ressort et appliquent des sanctions contre les paradis fiscaux. Mais il n'est pas déraisonnable d'espérer qu'au moins certains d'entre eux le fassent dans un futur proche. Environ la moitié des multinationales sont en 2020 domiciliées aux États-Unis et dans l'Union européenne ; à elles deux, ces économies représentent plus de 50 % de la consommation mondiale. Si elles adoptaient conjointement le système que nous proposons, jusqu'à 75 % des bénéfices mondiaux seraient taxés à un taux minimum de 25 % : tous les bénéfices des multinationales américaines et européennes (soit 50 % du total), et jusqu'à la moitié des bénéfices de toutes les autres entreprises (25 %). Conclure un accord de cette nature devrait, d'après nous, être le principal objectif des partisans de la coopération transatlantique.

De manière plus générale, pour progresser politiquement sur ces questions, une stratégie raisonnable consiste à mettre la fiscalité au centre des traités économiques internationaux, et en particulier des traités commerciaux. À l'avenir, aucun accord ne devrait être signé qui ne prévoie pas de coordination fiscale. Quel sens cela a-t-il donc de conclure des traités qui se donnent beaucoup de mal pour garantir les droits de propriété des investisseurs étrangers (ce qui est l'essentiel de ce que font les traités de libre-échange en vigueur) tout en laissant totalement de côté la question fiscale ? La propriété ne peut pas n'être qu'un droit qui viendrait sans obligation (en particulier fiscale) en contrepartie.

Avec une taxation minimale suffisamment élevée, la logique de la concurrence internationale s'inverserait. Une fois le dumping fiscal neutralisé, les entreprises choisiraient de s'implanter là où la main-d'œuvre est productive, où les infrastructures sont de bonne qualité et où les consommateurs ont un pouvoir d'achat suffisamment élevé. Au lieu de rivaliser à qui baissera le plus ses taux, les pays en viendraient ainsi à se faire concurrence en augmentant les dépenses publiques d'infrastructure, en investissant dans l'accès à l'éducation et en finançant la recherche. La mondialisation d'aujourd'hui augmente les profits des actionnaires, celle de demain pourrait contribuer à réduire les inégalités au sein des pays.

En outre, rien n'empêcherait les nations qui le souhaitent de relever le taux d'imposition des sociétés au-dessus du plancher de 25 %. Pour prendre un exemple : imaginons que les États-Unis adoptent demain de manière unilatérale un taux de 50 %. Historiquement, très peu d'entreprises américaines ont changé de nationalité pour fuir l'impôt, même lorsque le niveau d'imposition était nettement plus élevé aux États-Unis que dans les autres pays de l'OCDE (comme ce fut le cas de la fin des années 1990 à 2018). Mais envisageons que, devant la menace de ce taux de 50 %, beaucoup d'entreprises américaines soient tentées de se délocaliser. Allons un cran plus loin et imaginons même que toutes les nouvelles entreprises soient créées ailleurs qu'aux États-Unis. Dans un cas comme dans l'autre, l'oncle Sam pourrait toujours collecter des recettes fiscales significatives en déployant la taxe défensive que nous avons proposée – c'est-à-dire en calculant le déficit fiscal de chaque entreprise et en taxant à 50 % la fraction dudit déficit correspondant à la part du chiffre d'affaires mondial réalisé aux États-Unis. Il n'y aurait rien que les entreprises puissent faire pour se dérober : dans la mesure où elles réaliseraient des ventes sur le sol américain et où elles paieraient moins de 50 % à l'étranger, toutes seraient tenues de payer des taxes significatives aux États-Unis.

En dépit de ce que peuvent croire les experts consultés par le Fonds monétaire international, la mondialisation n'empêche en rien les pays de taxer les entreprises à des taux élevés. Ceux qui professent que la course au moins-disant fiscal est une loi naturelle et qu'infliger des sanctions aux paradis fiscaux est un crime de lèse-libre-échange aiment à se présenter comme les grands défenseurs de la mondialisation. En réalité, ils ne sont que les défenseurs d'une forme bien particulière de mondialisation, inégalitaire et sans doute vouée à l'échec à plus ou moins brève échéance. Ce qui rendra la mondialisation durable, ce n'est pas la disparition de la taxation du capital, mais sa réinvention. Ce n'est pas le chacun pour soi, mais la coordination. Ce ne sont pas des accords de libre-échange qui passent sous silence la question des impôts, mais des accords internationaux qui fassent avancer la cause de l'harmonisation fiscale. Quand les peuples s'empareront de ces idées, il apparaîtra clairement que l'impôt progressif n'est pas voué à disparaître : il peut, au contraire, être refondé pour devenir plus progressif, et ce même dans une économie mondiale intégrée.

Chapitre 7

Taxer les riches

Après s'être vanté de ne pas payer d'impôts lors du premier débat qui l'opposa à Hillary Clinton en 2016, le candidat Donald Trump finit par donner un peu plus de détails sur ses prouesses comptables : « J'ai des charges déductibles. Une grosse partie, c'est de l'amortissement, une charge formidable », expliqua-t-il au cours du deuxième débat de la présidentielle. « J'adore l'amortissement. » Pour appuyer sa démonstration, il évoqua ensuite les riches soutiens de Hillary Clinton qui, affirmait-il, ne payaient pas non plus énormément d'impôts : « Beaucoup de ses amis ont eu de plus grosses déductions. Warren Buffett a eu une gigantesque exonération. »

On ne sait pas très bien à quelle niche fiscale Trump pensait, mais comme Buffett est connu pour s'être engagé à léguer l'essentiel de sa fortune de son vivant, on peut penser qu'il songeait à la déduction fiscale pour les dons caritatifs. Piqué au vif, le PDG de Berkshire Hathaway publia dès le lendemain un communiqué détaillant sa feuille d'impôt : « Ma déclaration fiscale de 2015 fait apparaître un revenu brut ajusté de 11 563 931 dollars. » Contrairement à ce qu'avait affirmé Trump à la télévision, de gigantesque déduction il n'y avait point. Et Buffett payait bien des impôts : « Mon impôt fédéral sur le revenu pour cette année s'est monté à 1 845 557 dollars. Les déclarations des années précédentes sont du même ordre. Je paie l'impôt fédéral sur le revenu tous les ans depuis 1944, soit depuis l'âge de 13 ans. » Ce communiqué se voulait la preuve que le sage d'Omaha était un citoyen responsable qui, contrairement à une certaine vedette de téléréalité, ne manquait pas à ses devoirs envers la société.

Malheureusement, il montrait précisément le contraire. D'après le magazine *Forbes*, la fortune de Buffett s'élevait à 65,3 milliards de dollars en 2015. Nous ne savons pas quel est le taux de rendement exact de sa fortune, mais tablons prudemment sur 5 %. Cela signifie que son véritable revenu avant impôts était en 2015 d'au moins 5 % de 65,3 milliards, soit 3,2 milliards de dollars. Sur cette somme, Buffett révélait donc fièrement payer 1,8 million de dollars d'impôt. Faites le calcul : pendant que Trump se vantait de ne rien payer du tout, Buffett répliquait qu'il avait un sens moral autrement plus prononcé, lui qui avait un taux effectif d'imposition de... 0,055 % !

Les bons contribuables se ressemblent tous ; les mauvais payeurs se soustraient à l'impôt chacun à leur manière. Trump s'est exonéré des droits de succession sur l'immense fortune que lui a léguée son père, après quoi il a réduit son impôt sur le revenu en jouant sur toute une palette de techniques d'optimisation taillées pour ses besoins personnels par des cabinets d'avocats fiscalistes[1]. Buffett, quant à lui, a emprunté une autre voie. Sa fortune consiste principalement en actions de son entreprise. Berkshire Hathaway ne verse pas de dividendes. Quand elle investit dans d'autres sociétés,

1. David Barstow, Susanne Craig et Russ Buettner, « Trump Engaged in Suspect Tax Schemes as He Reaped Riches From His Father », art. cité ; Russ Buettner et Susanne Craig, « Decade in the Red : Trump Tax Figures Show Over $1 Billion in Business Losses », *New York Times*, 8 mai 2019.

elle les oblige à cesser d'en verser. La conséquence de tout cela ? Pendant des décennies, la fortune de Buffett a grossi au sein même de cette entreprise sans être soumise à l'impôt sur le revenu des personnes physiques. Les profits perpétuellement réinvestis de Berkshire Hathaway ont poussé le cours des actions de cette société à la hausse, année après année – son cours de bourse dépasse désormais les 300 000 dollars, soit trente fois plus qu'en 1992. Pour financer ses dépenses courantes, il suffit à Buffett de vendre quelques actions. Par exemple, en en vendant quarante, il peut mettre douze millions de dollars sur son compte en banque personnel, somme sur laquelle il paie un impôt (modique) sur les plus-values. Et c'est tout.

Buffett s'est publiquement plaint de ne pas payer assez d'impôts, et certains élus à Washington ont avancé des propositions pour remédier à cette injustice. La plus célèbre d'entre elles, défendue par Barack Obama en 2011 et Hillary Clinton en 2016, consiste à appliquer un taux plancher de 30 % aux contribuables gagnant plus d'un million de dollars par an. Cette « règle Buffett » est devenue une antienne des programmes du Parti démocrate. Elle est censée résoudre le problème suivant : comme le taux marginal supérieur d'imposition des plus-values (20 % en 2019) est plus faible que celui des salaires (37 %), Buffett (qui gagne essentiellement des plus-values) est moins imposé que sa secrétaire (dont le revenu prend la forme de salaires). Ce n'est pas une mauvaise idée, mais elle ne s'attaque toutefois pas au fond du problème : le taux de 20 % auquel Buffett est assujetti lorsqu'il vend une poignée d'actions ne s'applique qu'à une fraction infinitésimale de son revenu réel, et ce serait toujours le cas avec un taux de 30 %. La « règle Buffett » ne changerait en réalité quasiment rien à la facture fiscale du contribuable Buffett.

Voici donc la situation actuelle : de leur propre aveu, Trump et Buffett versent au fisc des montants dérisoires. Mêmes les milliardaires qui se vantent de payer leurs impôts ne s'acquittent que de taux très faibles. Comme on l'a vu au premier chapitre, quand on prend en compte la totalité des prélèvements obligatoires, les ultra-riches ont eu en 2018 des taux effectifs d'imposition inférieurs à ceux des classes moyennes. La plupart des propositions aujourd'hui sur la table ne changeraient guère fondamentalement cette situation. Comment sortir de cette impasse ?

Pourquoi taxer les plus riches ? Pour aider les plus démunis

La première question à se poser porte sur l'objectif à atteindre : quel est le taux d'imposition idéal à appliquer aux plus riches ? Il y a bien sûr plusieurs manières d'envisager le problème. Nous prendrons pour point de départ la théorie de la justice sociale énoncée par le philosophe John Rawls, à laquelle adhèrent de nombreux spécialistes des sciences humaines et sociales[1]. D'après Rawls, les inégalités économiques ne sont acceptables que lorsqu'elles améliorent les conditions de vie des catégories les plus vulnérables de la société. Appliqué à la fiscalité, ce principe signifie qu'il ne faut guère se soucier de la situation pécuniaire des riches, mais seulement de la façon dont leur imposition affecte le reste de la population. L'objectif n'est donc pas de « faire payer aux riches leur dû », ou leur « *fair share* » comme disent les Américains (concept quelque peu nébuleux) ; il est de s'assurer que la grande fortune de quelques-uns profite aux plus modestes.

Concrètement, cela veut dire que, si une augmentation du taux marginal d'imposition des plus aisés entraîne une diminution des recettes fiscales (via une réduction des incitations à travailler, par exemple), mieux vaut baisser les taux, car cela permettra d'augmenter les ressources que l'État peut consacrer à la santé, aux crèches et autres services sociaux qui améliorent les conditions de vie des plus pauvres. À l'inverse, tant qu'augmenter les taux d'imposition génère des recettes supplémentaires, il faut le faire, car le surcroît de

1. *Théorie de la justice* (1971), trad. fr. Catherine Audard, Paris, Seuil, 1997.

recettes ainsi générées sert les intérêts des membres les plus désavantagés de la société. Le taux optimal d'imposition des plus riches est donc tout simplement celui qui maximise les recettes fiscales. Cet objectif ne fait pas particulièrement controverse parmi les économistes. Intuitivement, il correspond à l'idée – à laquelle tout le monde peut souscrire – qu'un dollar supplémentaire a plus de valeur dans les mains d'une personne aux ressources modestes que dans celles de Bill Gates. Taxer un peu plus les riches ne les empêchera jamais de pouvoir élever leurs enfants dans de bonnes conditions mais, si cela permet à ceux qui leur servent le café ou à leurs employés de ménage d'en faire autant, alors le jeu en vaut la chandelle[1].

La question de l'imposition optimale des plus fortunés se transforme alors en problème d'ingénierie appliquée. Dans les années 1920, l'économiste et mathématicien génial Frank Ramsey a formellement démontré que, quand tous les contribuables sont soumis au même taux d'imposition, le taux qui maximise les recettes fiscales est inversement proportionnel à l'élasticité du revenu imposable[2]. Qu'est-ce à dire ? Nous avons déjà croisé la notion d'élasticité au cinquième chapitre. Si le revenu imposable est inélastique, cela signifie que le revenu déclaré par les contribuables ne change que faiblement lorsque les taux d'imposition augmentent. Dans ce cas, le Trésor public engrange mécaniquement davantage de recettes en relevant ces derniers. Si, au contraire, le revenu imposable est très élastique, alors des taux élevés réduisent l'assiette fiscale dans

1. Les économistes se fondent essentiellement sur le principe utilitariste qui consiste à maximiser la somme des utilités pour les différents individus d'une société. L'utilité individuelle augmente avec le revenu, mais à un rythme décroissant, si bien que l'utilité marginale procurée par un dollar supplémentaire s'amenuise jusqu'à disparaître pour les très hauts revenus. Cf. Thomas Piketty et Emmanuel Saez, « Optimal Labor Income Taxation », *in* Alan J. Auerbach, Raj Chetty, Martin S. Feldstein et Emmanuel Saez (dir.), *Handbook of Public Economics*, t. 5, Amsterdam, Elsevier, 2013, p. 391-474.

2. « A Contribution to the Theory of Taxation », *Economic Journal*, vol. 37, n° 145, 1927, p. 47-61.

de telles proportions qu'ils ne rapportent pas grand-chose et sont donc indésirables. C'est la règle cardinale en matière de taxation optimale, dite « règle de Ramsey » : il ne faut pas trop lourdement taxer les assiettes fiscales élastiques.

L'approche de Ramsey était limitée, puisqu'elle se bornait à considérer un impôt à taux unique – ce qu'on appelle un impôt proportionnel. Or il s'agit là d'un outil fiscal très rudimentaire. En théorie, il est possible de rendre l'impôt sur le revenu progressif (avec des taux marginaux qui augmentent à mesure qu'on monte dans l'échelle des revenus) et, en pratique, c'est bien ainsi qu'il fonctionne dans presque toutes les démocraties. À la fin des années 1990, des chercheurs ont tenté d'étendre le résultat obtenu par Ramsey et trouvé quel est le taux optimal d'imposition des riches (c'est-à-dire celui qui maximise les recettes fiscales) lorsque l'impôt sur le revenu est progressif. Comme dans la règle de Ramsey, le taux optimal est inversement proportionnel à l'élasticité du revenu imposable. Première différence néanmoins : quand on s'intéresse à l'imposition des plus aisés, seule compte l'élasticité des riches. En outre, le taux optimal dépend également du degré d'inégalité : plus les revenus sont concentrés, plus le taux optimal d'imposition est élevé[1].

Le taux moyen optimal d'imposition des plus riches : 60 %

Avec cette théorie en tête, on comprend que, lorsqu'il s'agit de choisir un taux maximal d'imposition, la manière dont les riches vont modifier leur comportement en réponse à la fiscalité est un paramètre essentiel à prendre en compte. Dans le débat public,

1. Peter A. Diamond, « Optimal Income Taxation : An Example with a U-Shaped Pattern of Optimal Marginal Tax Rates », *American Economic Review*, vol. 88, n° 1, 1998, p. 83-95 ; Emmanuel Saez, « Using Elasticities to Derive Optimal Income Tax Rates », *Review of Economic Studies*, vol. 68, n° 1, 2001, p. 205-229.

l'idée que le revenu déclaré par les plus riches est forcément très élastique (et qu'on ne peut donc pas trop les taxer) est souvent présentée comme une évidence. En réalité, les choses sont plus compliquées, parce que les élasticités ne sont pas des constantes universelles ; elles sont, à l'inverse, fortement influencées par les politiques publiques.

Car les riches sont, après tout, susceptibles de réagir de deux manières à une augmentation d'impôts. Ils peuvent d'abord modifier leur comportement économique réel : réduire leur temps de travail, par exemple, ou choisir de mener des carrières moins lucratives. On ne peut pas faire grand-chose pour les en empêcher, c'est leur droit. La seconde réponse possible aux hausses d'impôt – et souvent la plus fréquente – consiste à chercher à se soustraire au fisc. Or l'évasion fiscale peut être considérablement réduite en mettant en œuvre des politiques publiques appropriées.

Quand les entreprises déclarent leurs bénéfices dans des paradis fiscaux tropicaux, quand les travailleurs indépendants se constituent en sociétés, quand les plus aisés investissent dans des *tax shelters* sans substance économique, ces acteurs n'obéissent pas là à des lois naturelles. De tels comportements apparaissent lorsque le système fiscal favorise certaines formes de revenus au détriment d'autres et que les pouvoirs publics laissent les contribuables tirer parti de ces possibilités d'optimisation. Mais ce qui est à certains moments toléré, voire encouragé, peut aussi être encadré et interdit. Quand tous les revenus (qu'ils soient issus du capital ou du travail, qu'ils soient consommés ou épargnés, qu'ils soient déclarés aux Bermudes ou aux États-Unis, qu'ils soient versés sur un compte en banque à Zurich ou à Paris) sont imposés au même taux et quand les possibilités d'optimisation sont strictement limitées, l'évasion fiscale peut pratiquement disparaître. Dans ce cas, les plus aisés ne sont plus en mesure de se soustraire à l'impôt autrement qu'en diminuant leur véritable revenu – c'est-à-dire en choisissant de s'appauvrir.

Or, les contribuables choisissent rarement d'eux-mêmes de s'appauvrir, même pour une cause aussi noble que celle consistant à échapper à l'impôt. Les changements de comportement réel provoqués par la fiscalité sont généralement de faible envergure. Il est peu probable que Steve Jobs aurait inventé une autre iMerveille pour peu que son taux d'imposition ait été de zéro. Ou que Mark Zuckerberg aurait opté pour une carrière dans les beaux-arts si le code des impôts américains avait été rédigé autrement. Oui, Apple transfère ses bénéfices à Jersey, Facebook crée des sociétés-écrans dans les îles Caïman et une industrie tentaculaire aide les plus fortunés à réduire leur facture fiscale. Mais il s'agit là d'évasion fiscale, un phénomène qui prolifère dans un certain contexte idéologique et législatif – et pas dans d'autres.

À titre d'illustration, le *Tax Reform Act* de 1986 (qui a ramené le taux marginal supérieur de l'impôt sur le revenu à 28 %) s'est traduit par une hausse des revenus déclarés par les ménages américains les plus aisés ; cette augmentation ne s'explique toutefois pas par un accroissement de l'offre de travail, mais par une modification des stratégies d'optimisation fiscale. Avec la réforme de Reagan, il devenait en effet davantage profitable pour les sociétés de s'organiser sous la forme de partenariats – dont les bénéfices sont soumis à l'impôt sur le revenu des ménages – plutôt que sous la forme classique d'une société traditionnelle, assujettie à l'impôt sur les sociétés (35 %)[1]. La grande leçon des recherches menées depuis les

1. Pour une analyse des changements de stratégie d'optimisation fiscale à l'époque du *Tax Reform Act* de 1986, cf. Joel Slemrod (dir.), *Do Taxes Matter ? The Impact of the Tax Reform Act of 1986*, Cambridge (Mass.), MIT Press, 1990 ; Emmanuel Saez, « Reported Incomes and Marginal Income Tax Rates, 1960-2000 : Evidence and Policy Implications », *in* James Poterba (dir.), *Tax Policy and the Economy*, t. 18, Cambridge, MIT Press, 2004, p. 117-174. Robert Moffitt et Mark Wilhelm montrent que la hausse du revenu imposable déclaré par les plus aisés ne s'est pas accompagnée d'une hausse du nombre d'heures travaillées – « Taxation and the Labor Supply : Decisions of the Affluent », *in*

années 2000 sur les réponses comportementales à l'impôt peut se résumer simplement : lorsque les possibilités d'évasion fiscale sont limitées, l'élasticité du revenu imposable est généralement faible – et donc le taux optimal élevé.

Bien sûr, le taux optimal n'est pas de 100 % : à ce stade, la plupart des contribuables soumis à de tels taux préféreraient passer du temps avec leur famille ou cultiver leur potager plutôt que de travailler pour le seul bénéfice de la collectivité. Mais les études disponibles suggèrent que le taux marginal supérieur qui maximise les recettes collectées auprès des plus riches se situe aux alentours de 75 %. Par « riches », nous entendons les contribuables qui font partie des 1 % les plus aisés, c'est-à-dire les Américains qui touchent plus de 500 000 dollars de revenu en 2019[1]. Cette estimation est la meilleure qui existe aujourd'hui, compte tenu des nombreuses études empiriques conduites à partir du début des années 2000. Quand les possibilités d'évasion fiscale sont limitées, les riches ne réagissent que faiblement aux évolutions de la fiscalité : quand le taux de rétention du revenu augmente de 1 % (c'est-à-dire, par exemple, que lorsque les riches gagnent un dollar supplémentaire, au lieu d'en garder 70 centimes après impôts, ils en gardent 70,7 centimes), les plus aisés travaillent un peu plus dur et augmentent leur revenu avant impôts d'environ 0,25 %[2]. Ce qui signifie que l'assiette

Joel Slemrod (dir.), *Does Atlas Shrug ? The Economic Consequences of Taxing the Rich*, New York (N. Y.), Russell Sage Foundation, 2000, p. 193-234.

1. Pour un résumé de l'analyse théorique, cf. Peter A. Diamond et Emmanuel Saez, « The Case for a Progressive Tax : From Basic Research to Policy Recommendations », *Journal of Economic Perspectives*, vol. 25, n° 4, 2011, p. 165-190.

2. Emmanuel Saez, Joel Slemrod et Seth Giertz ont passé en revue la littérature empirique et montré que les cas attestés de changement massif de comportement en réaction à une modification de la fiscalité sont toujours liés à l'évasion (« The Elasticity of Taxable Income with Respect to Marginal Tax Rates : A Critical Review », *Journal of Economic Literature*, vol. 50, n° 1, 2012, p. 3-50). Lorsque le système laisse peu d'échappatoires, comme au Danemark, les réponses comportementales sont quantitativement limitées, avec des élasticités se situant

fiscale ne se rétrécit pas beaucoup quand les riches sont taxés plus lourdement, et conduit à calculer un taux marginal supérieur optimal de l'ordre de 75 %.

Ce résultat appelle plusieurs remarques. D'une part, on parle ici d'un taux *marginal*, qui ne s'appliquerait qu'aux revenus gagnés au-delà d'un seuil élevé (500 000 dollars en 2019). Le taux *moyen* correspondant à ce taux marginal est plus faible, puisque chaque dollar gagné en deçà dudit seuil est moins lourdement taxé. Taux marginal et taux moyen ne se rejoignent que pour les ultra-riches. Concrètement, si demain le taux marginal supérieur de l'impôt sur le revenu passait à 75 % pour les revenus gagnés au-delà de 500 000 dollars, le taux moyen d'imposition des 1 % des Américains les plus riches s'élèverait à 60 %[1]. En d'autres termes, le taux *moyen* optimal pour les contribuables dans la tranche supérieure de l'impôt sur le revenu est de 60 % (moins de 60 % pour ceux en bas de ladite tranche, 75 % pour les ultra-riches, d'où 60 % en moyenne). À bien des égards, il est plus transparent de raisonner en termes de taux moyens que de taux marginaux, car cela permet de mieux comprendre la contribution réelle des différents groupes sociaux en matière d'impôts. Augmenter le taux moyen des 1 % les plus aisés à 60 % reviendrait à faire payer à ces derniers deux fois plus d'impôts, relativement à leur revenu, que l'Américain moyen (pour

---

dans une fourchette de 0,2-0,3 pour les très hauts revenus (Henrik J. Kleven et Esben Anton Schultz, « Estimating Taxable Income Responses Using Danish Tax Reforms », *American Economic Journal : Economic Policy*, vol. 6, n° 4, 2014, p. 271-301).

1. Le revenu moyen des individus qui gagnent plus de 500 000 dollars est d'environ 1 500 000 dollars (Thomas Piketty, Emmanuel Saez et Gabriel Zucman, « Distributional National Accounts… », art. cité). Les contribuables de la tranche supérieure paieraient donc 75 % sur 1 million de dollars et un taux plus bas sur les premiers 500 000 dollars. Si l'on part du principe que le taux d'imposition de cette première enveloppe est de 30 % (taux moyen dans le pays), cela donne un taux moyen de 60 % sur les revenus de ces contribuables – (2/3) × 75 % + (1/3) × 30 %.

lequel le taux d'imposition, comme on l'a vu au premier chapitre, s'élève à près de 30 %).

Deuxième remarque : ces taux optimaux prennent en compte tous les prélèvements obligatoires, à tous les échelons administratifs. Le taux moyen de 60 % pour les plus riches est calculé en additionnant l'impôt fédéral sur le revenu, les impôts sur le revenu des différents États, la fraction de l'impôt sur les sociétés acquittée par les plus riches, les cotisations sociales, les impôts sur la consommation, etc. Comme les cotisations sociales sont plafonnées et que les taxes sur la consommation sont très limitées au sommet de l'échelle des revenus, le taux marginal supérieur optimal de 75 % peut se comprendre comme étant le taux optimal à appliquer aux plus aisés quand on combine les impôts sur le revenu (de l'État fédéral et des collectivités locales) et l'impôt sur les sociétés.

Enfin, et il faut le dire clairement : augmenter les taux marginaux supérieurs d'impôt sur le revenu sans rien changer d'autre à la réglementation fiscale ou à la politique de recouvrement actuelle serait une mauvaise idée. Les possibilités d'optimisation fiscale sont en effet trop nombreuses ; avant de pouvoir taxer davantage les plus fortunés, il faut commencer par endiguer ces possibilités et créer les conditions d'une fiscalité progressive viable à long terme, même dans une période d'extrême inégalité.

Une autorité anti-optimisation

Première proposition que nous formulons : la création d'une autorité anti-optimisation chargée de réguler les fournisseurs de services d'évasion fiscale. Tout comme les États-Unis ont des agences fédérales qui régulent le secteur financier (le Consumer Financial Protection Bureau), l'aviation (la Federal Aviation Administration) et l'industrie pharmaceutique (la Food and Drug Administration), ils devraient créer un Public Protection Bureau pour protéger l'intérêt général contre les vendeurs de montages fiscaux.

Car, ainsi que nous l'avons vu, ce n'est pas la demande qui tire l'évasion fiscale, mais l'offre. Derrière chaque recrudescence de la fraude se cache un regain de créativité parmi les professionnels des montages fiscaux. La législation en vigueur comporte bien sûr des failles qu'il convient de supprimer (nous y reviendrons). Mais même l'abolition complète des niches fiscales ne résoudrait pas le problème de fond. Quand l'évasion fiscale des ménages a augmenté dans les années 1980, ce n'était pas une réponse à la création de nouvelles niches, mais la conséquence, pour l'essentiel, de produits créés par les acteurs du secteur. Même chose quand la fraude des entreprises a explosé dans les années 1990-2000 : le système des prix de transfert sur lequel repose l'imposition des multinationales existe depuis les années 1920 ; ce sont les Big Four qui ont inventé de nouvelles façons d'exploiter ces failles. Pour lutter contre l'injustice fiscale, il faut éradiquer l'offre de montages en tous genres.

Malheureusement, entre l'administration fiscale et l'industrie de l'évasion fiscale, le combat n'est pas à armes égales, pour plusieurs raisons. D'abord parce que le fisc américain a vu ses ressources s'effondrer : au cours des années 2010, son budget a diminué de plus de 20 % à prix constants[1]. Moins de ressources, donc moins de contrôleurs : en 2017, l'IRS n'en comptait plus que neuf mille cinq cent dix, alors qu'ils étaient plus de quatorze mille en 2010. La dernière fois qu'il y en avait moins de dix mille, c'était au milieu des années 1950, à une époque où les États-Unis étaient deux fois moins peuplés qu'aujourd'hui. Le deuxième problème est celui du niveau de rémunération des agents de l'IRS : il est nettement plus lucratif de travailler pour les Big Four que d'œuvrer à la lutte contre la fraude au sein du service public.

Dernier problème, et non des moindres : l'IRS est vulnérable aux vicissitudes de la vie politique. Le risque n'est pas tant que l'exécutif

1. Paul Kiel et Jesse Eisinger ont retracé les coupes budgétaires et la baisse des activités de recouvrement subies par l'IRS depuis 2010 (« How the IRS Was Gutted », art. cité).

intervienne directement dans le fonctionnement quotidien des services fiscaux ; il est à la fois plus subtil et plus grave que cela. Le Congrès et le gouvernement orientent la politique de recouvrement : ils décident des moyens affectés aux contrôles, influencent le degré d'énergie avec lequel l'IRS s'opposera aux stratégies d'optimisation fiscale des plus riches, pèsent sur la manière dont la doctrine de la substance économique sera ou non appliquée[1]. Même quand ces choix ne sont pas directement dictés par l'hôte de la Maison-Blanche, ils sont influencés par l'idéologie dominante à Washington. Lorsque le parti au pouvoir dit pis que pendre de l'impôt sur les successions, considéré comme une atteinte au sacro-saint droit de propriété, il y a peu de chances que l'IRS consacre beaucoup de ressources à sa collecte (et, de fait, le nombre de contrôles s'est effondré depuis 1980). De tels changements souterrains (et peu démocratiques) constituent une menace de fond pour la pérennité de tout système fiscal progressif. Si l'on veut éviter de revivre au XXIe siècle une ruée vers les *tax shelters* comme sous Reagan, il faut instaurer une agence à laquelle tout le monde (la société civile, l'industrie du conseil fiscal et le fisc) puisse faire confiance pour appliquer l'esprit de la loi, quel que soit le parti au pouvoir. L'administration fiscale elle-même sera toujours considérée comme étant juge et partie, d'où l'utilité d'une agence indépendante.

Cette autorité anti-optimisation devrait avoir deux grandes missions. D'abord et avant tout, faire appliquer la doctrine de la substance économique – ce principe qui, rappelons-le, rend illicite toute transaction dont le seul but est d'éluder l'impôt. Cela passe en premier lieu par la collecte d'informations. La loi devrait rendre obligatoire d'aviser systématiquement cette autorité au moment de la mise sur le marché de tout nouveau produit d'optimisation fiscale : opération de cession de propriété intellectuelle au sein d'un groupe, investissements dans des partenariats bidons, trusts permettant à

1. Cf., par exemple, Paul Kiel et Jesse Eisinger, « The IRS Tried to Take on the Ultrawealthy... », art. cité.

l'héritage de sauter des générations, etc. Il deviendrait ainsi possible de repérer les nouveaux stratagèmes mis au point pour aider les plus riches et les entreprises à échapper à l'impôt. Les acteurs du secteur qui ne rendraient pas compte de leurs pratiques s'exposeraient à de sévères amendes. Et tous les produits contrevenant à la doctrine de la substance économique seraient aussitôt proscrits.

Deuxième mission de l'autorité anti-optimisation : assurer une veille sur les pratiques fiscales des autres pays et demander au gouvernement d'appliquer des mesures de rétorsion économique à l'encontre des paradis fiscaux qui siphonnent l'assiette fiscale des autres nations. Quand les îles Vierges britanniques permettent aux blanchisseurs d'argent de créer des sociétés anonymes pour deux sous ou quand le Luxembourg fait en sous-main des fleurs aux multinationales, ils dérobent les recettes fiscales des États-Unis ou de la France. Rien dans la logique du libre-échange ne justifie un tel larcin. Le commerce de souveraineté doit être plus strictement contrôlé, par exemple en taxant les transactions financières avec les paradis fiscaux non coopératifs[1].

À revenu égal, impôt égal

La lutte contre l'évasion fiscale passe ensuite par une mesure de bon sens : la réforme de la fiscalité en vue de rétablir le principe de justice horizontale élémentaire « à revenu égal, impôt égal ». La plupart des réformes fiscales américaines menées depuis le début du siècle ont en effet été dans le sens l'inverse : du taux préférentiel accordé aux dividendes en 2003 jusqu'à la baisse de l'impôt sur les sociétés en 2018, la principale préoccupation du législateur américain a été de taxer le capital moins que le travail. La même logique est à l'œuvre en France (où le gouvernement d'Emmanuel Macron a mis en place un prélèvement forfaitaire unique, ou *flat tax*,

1. Gabriel Zucman, *La Richesse cachée des nations. Enquête sur les paradis fiscaux*, Paris, Seuil, 2013.

s'appliquant à partir de 2018 sur les intérêts et dividendes), et à vrai dire dans toute l'Europe.

Taxer au même taux les contribuables ayant le même revenu est la réponse à donner aux appels à lutter contre les niches fiscales, et a plusieurs implications concrètes.

Tout d'abord, tout revenu, quelle que soit sa source, doit être assujetti à l'impôt progressif sur le revenu des personnes : non seulement les salaires, les dividendes, les intérêts, les loyers et les revenus d'activités non salariées, mais également les plus-values, qui dans de nombreux pays (notamment en France et aux États-Unis) sont aujourd'hui taxées à des taux forfaitaires plus avantageux. Rien ne justifie que les plus-values soient moins imposées que les autres formes de revenus. Ce traitement de faveur ne fait qu'encourager les plus riches à requalifier leurs revenus en plus-values. La raison pour laquelle de nombreux pays ont historiquement pratiqué un tel rabais (ou même choisi de détaxer complètement les plus-values), c'est qu'autrefois le fisc ne connaissait pas le prix d'acquisition des actifs (actions, obligations, biens immobiliers, etc.), de sorte qu'il était difficile de prélever une taxe sur les gains réalisés. Aux États-Unis, l'IRS ne collecte cette information de manière systématique que depuis 2012. Mais, avec les outils de calcul puissants et peu coûteux dont on dispose dorénavant, plus rien ne s'oppose au fait de rendre l'impôt sur les plus-values progressif, y compris lorsque les actifs se sont appréciés sur plus d'une génération[1]. Les plus-values sont certes parfois réalisées de façon ponctuelle (par exemple, à l'occasion de la cession d'une entreprise), ce qui peut

1. Lorsqu'un bien est transmis par héritage après le décès, la loi américaine stipule que le prix d'acquisition devient, pour l'héritier, celui de la valeur du bien au moment de la transmission. Connue sous le nom de « majoration de l'assiette » (*stepped-up basis*), cette disposition malheureuse a pour conséquence qu'il est possible de se soustraire à l'impôt sur la plus-value en conservant ses biens jusqu'à sa mort. La plupart des économistes s'accordent à dire qu'il s'agit là d'une faille qu'il serait important de combler.

rendre l'imposition progressive excessivement lourde (les plus-values constituant alors une rentrée exceptionnelle) ; cependant, on peut facilement résoudre ce problème en étalant les paiements, comme cela se fait couramment dans le cas de l'impôt sur l'héritage.

Il est même possible d'aller plus loin dans la réforme de l'imposition des plus-values. Puisque les administrations connaissent désormais la date d'acquisition des différents actifs des contribuables, elles pourraient améliorer le système en retranchant des plus-values imposables l'effet mécanique de l'inflation. Actuellement, un actif acheté 100 dollars en 2012 et revendu 150 dollars en 2020 génère une plus-value imposable de 50 dollars. C'est un peu absurde dans la mesure où, des 50 dollars d'augmentation, 20 correspondent à la simple montée du niveau général des prix et non à un revenu ; seuls 30 correspondent à un vrai gain (net de l'inflation). La taxe appliquée aux 20 dollars est l'équivalent d'un impôt sur la fortune – d'un type assez opaque et aléatoire, puisque dépendant du taux d'inflation. Il serait bon d'y renoncer et de ne taxer que les 30 dollars de plus-value réelle dans le cadre de l'impôt progressif sur le revenu. Voilà au moins une baisse d'impôt sur laquelle nous pouvons tous nous entendre !

Intégrer l'impôt sur le revenu et l'impôt sur les sociétés

Deuxième application du principe « à revenu égal, impôt égal » : l'impôt sur les sociétés et l'impôt sur le revenu des personnes physiques devraient être intégrés – comme c'était jadis le cas dans la plupart des pays européens et comme c'est encore le cas en 2020 en Australie, au Canada et dans quelques autres pays. Une telle intégration signifie que, une fois les bénéfices distribués aux actionnaires, les impôts payés par les entreprises pourraient être soustraits aux impôts dus par les actionnaires. Prenons le cas de John, un riche actionnaire assujetti au taux marginal de 50 % sur le revenu individuel. Et imaginons que John possède une entreprise qui réalise 100 dollars de bénéfices, paie 20 dollars d'impôt sur les sociétés et distribue les 80 dollars restants sous forme de dividendes. Voici comment fonctionnerait un impôt sur le revenu intégré : John inclurait la totalité du bénéfice de 100 dollars (et pas seulement les 80 dollars de dividendes) dans son revenu imposable personnel. Sur ce revenu, il paierait 50 dollars d'impôt, correspondant à son taux marginal de 50 %. Mais, pour tenir compte du fait que son entreprise a déjà payé 20 dollars d'impôt sur les sociétés, sa facture serait réduite de 20 dollars, ce qui la ramènerait à 30 dollars.

Un tel système prend acte d'une vérité fondamentale : l'impôt sur les bénéfices des sociétés n'est pour l'essentiel rien d'autre qu'un précompte de l'impôt sur le revenu des personnes physiques. Ce mécanisme présente aussi de nombreux avantages. Pour commencer, il réduit grandement les incitations à frauder l'impôt sur les sociétés. Imaginons qu'Apple, grâce aux conseils des Big Four, ait totalement réussi à éviter l'impôt sur les bénéfices : dans un système intégré, ses riches actionnaires ne recevraient aucun crédit et devraient donc payer plein pot – un taux de 50 % (si l'on garde l'exemple précédent) sur leur part des résultats d'Apple. Au contraire, tout impôt acquitté par Apple réduirait d'autant la facture fiscale de ses actionnaires. Il y a fort à parier que, dans ces circonstances, ces derniers demanderaient à l'entreprise de Cupertino de sabrer ses dépenses en matière d'optimisation fiscale.

Le système d'imposition intégré du revenu présente aussi l'avantage de supprimer tout un tas de distorsions fiscales. Par exemple, il devient neutre pour une entreprise d'être constituée en société (et donc soumise au régime de l'impôt sur les sociétés) ou non (tous ses bénéfices étant alors transmis à ses propriétaires et soumis à l'impôt sur le revenu des ménages, comme c'est le cas pour les partenariats aux États-Unis). Plus de différence, en outre, pour les entreprises entre émettre de la dette et des actions, car les versements d'intérêts et de dividendes auraient les mêmes conséquences fiscales. De manière plus générale, un tel système garantit que le capital soit taxé à la même hauteur que le travail – ni plus, ni moins. Dans le cas de John, l'impôt collecté au total sur les 100 dollars de bénéfices réalisé par sa compagnie s'élève à 50 dollars : 20 dollars payés par l'entreprise et 30 payés par John lui-même. Soit un taux d'imposition de 50 %, exactement le même taux qui serait payé par John si ce dernier, au lieu de toucher des bénéfices, percevait un salaire. Il n'est jamais bon de s'écarter de l'idéal consistant à traiter le capital et le travail de la même manière, parce que toute déviation, que ce soit dans un sens ou dans l'autre, crée des possibilités d'optimisation, réduisant d'autant le volume des recettes fiscales. Si le but est de rendre l'impôt plus progressif, le bon levier ne consiste pas à taxer le capital davantage que le travail, mais à relever les taux marginaux supérieurs sur toutes les formes de revenus.

Quoique l'impôt sur le revenu n'ait jamais été intégré aux États-Unis, ce système a été la norme dans la plupart des pays européens pendant la majeure partie du XXe siècle, notamment au Royaume-Uni, en Allemagne, en Italie ou encore en France. Pourquoi a-t-il donc disparu ? En résumé, faute d'avoir su s'adapter à la mondialisation. Jusqu'à la fin des années 1980, les investissements dans des entreprises étrangères étaient quasi inexistants. Quand ils se sont brusquement développés dans les deux décennies suivantes, les pouvoirs publics ont jugé inacceptable d'accorder à leurs contribuables des crédits pour compenser l'impôt sur les sociétés encaissé par d'autres pays. La France, par exemple, n'en accordait pas aux actionnaires français de General Motors, qui étaient donc plus lourdement imposés que les actionnaires français de Renault. En 2004, la Cour de justice des communautés européennes a jugé ce traitement discriminatoire, ce qui a conduit la France à renoncer à son système intégré (qui était connu dans le contexte français sous le nom d'avoir fiscal) l'année suivante[1].

La solution à ce problème est pourtant simple : les impôts sur les sociétés acquittés à l'étranger devraient donner lieu à des crédits

1. Gabriel Zucman, « Taxing across Borders… », art. cité.

d'impôt au même titre que les autres. C'est-à-dire que la France devrait imputer aux actionnaires français d'entreprises américaines les impôts sur les sociétés prélevés par les États-Unis, et vice versa. Cette réciprocité existe déjà pour les salariés qui travaillent dans un pays tout en résidant fiscalement dans un autre. Elle pourrait facilement faire l'objet d'accords bilatéraux ou, mieux encore, se négocier dans le cadre d'une grande refonte de la fiscalité internationale des entreprises telle que nous la présenterons dans le dernier chapitre. Rien dans la mondialisation n'empêche un système intégré de fonctionner correctement.

Il y a une troisième conséquence au principe « à revenu égal, impôt égal ». Un des avantages majeurs d'un impôt sur les sociétés intégré serait qu'un dollar de salaire serait toujours imposé à la même hauteur qu'un dollar de bénéfices distribués. Bien qu'allant dans la bonne direction, ce mécanisme laisserait encore un épineux problème sans solution : les bénéfices non distribués (c'est-à-dire les profits réalisés par les entreprises mais non payés sous forme de dividendes à leurs actionnaires) resteraient moins taxés que d'autres formes de revenus. Pour reprendre notre exemple, John pourrait réduire sa facture fiscale en ordonnant à son entreprise de ne pas verser de dividendes et de réinvestir ses profits, car ainsi les 100 dollars de bénéfices ne seraient soumis qu'à l'impôt sur les sociétés (20 %), et non à l'impôt sur le revenu des personnes. Il s'agit là d'une vérité éternelle : les actionnaires fortunés ont intérêt à conserver leurs bénéfices bien au chaud au sein de leurs entreprises ; cela leur permet d'éviter l'impôt sur les dividendes et d'épargner à l'abri du fisc. En pratique, le risque que ce phénomène se produise est particulièrement fort dans le cas des sociétés à actionnariat restreint, contrôlées par un petit nombre de propriétaires qui peuvent piloter la politique de distribution des dividendes au mieux de leurs intérêts. La solution consiste à obliger ces sociétés à distribuer chaque année (du point de vue fiscal) tous leurs bénéfices à leurs propriétaires. Toute entreprise non cotée devrait toujours être traitée comme un partenariat ou une entreprise individuelle :

non assujettie à l'impôt sur les sociétés, mais avec tous ses bénéfices soumis à l'impôt progressif sur le revenu personnel des actionnaires. Depuis le *Tax Reform Act* de 1986, la plupart des sociétés à actionnariat restreint (un groupe qui inclut de nombreuses grandes entreprises) fonctionnent de la sorte aux États-Unis et voient leurs bénéfices imposés au niveau de l'actionnaire individuel. L'expérience américaine montre que ce système d'imposition ne pose pas de difficulté technique insurmontable[1].

Cette règle empêcherait que les riches puissent réinvestir leur revenu sans passer par la case impôt, ce qui est l'une des plus puissantes sources d'injustice fiscale actuellement. On mettrait du même coup un terme au recours aux sociétés-écrans, qui n'a cessé de s'intensifier depuis la décennie 1980, puisque celles-ci ne confèreraient plus aucun avantage fiscal à leurs propriétaires. Ces coquilles vides ne sont pas, cela va sans dire, de véritables entreprises. Les considérer comme telles et leur accorder les avantages fiscaux afférant est absurde et doit cesser.

Combien d'impôt les 1 % pourraient-ils payer ?

Une fois l'évasion fiscale réduite au minimum, il existe un large consensus pour dire qu'il serait possible d'augmenter les recettes collectées auprès des plus riches Américains. Mais de combien, exactement ? D'après nos calculs, d'environ quatre points de

1. Les bénéfices revenant à des actionnaires non individuels (tels que fonds de pension et fondations) resteraient assujettis à l'impôt sur les sociétés, et les plus-values continueraient à être soumises à l'impôt progressif sur le revenu. Cela ne signifie pas que celles-ci seraient doublement taxées, pour la raison suivante : dans le système intégré que nous décrivons, les bénéfices non distribués seraient considérés comme un nouvel investissement de la part des actionnaires et viendraient donc augmenter le prix d'acquisition de leurs actions. Ainsi, les profits non distribués ne contribueraient pas à générer des plus-values ; toute plus-value ne refléterait qu'une pure appréciation des prix d'actifs.

pourcentage du revenu national, soit 750 milliards de dollars par an en 2019.

Pour comprendre comment on en arrive à ce chiffre, rappelons que les 1 % les plus aisés gagnent collectivement 20 % du revenu national et que, si l'on prend en compte tous les prélèvements obligatoires, leur taux moyen d'imposition s'élève aujourd'hui à 30 %. Ils paient donc en impôts l'équivalent de 6 % du revenu national américain (30 % fois 20 %). Comme le *Wall Street Journal* ne manque jamais de le rappeler, les riches américains paient beaucoup d'impôts. Cependant, contrairement à ce qu'ils voudraient faire croire, ce n'est pas parce que leur taux effectif d'imposition est élevé (il est très proche du taux moyen de prélèvement obligatoire), mais parce qu'aux États-Unis les riches captent une très grosse partie du revenu national.

Ainsi que nous l'avons vu, une fois les possibilités d'évasion fiscale réduites au minimum, le taux moyen qui maximiserait les impôts payés par les 1 % les plus aisés serait bien plus élevé que les 30 % actuels : il frôlerait les 60 %. Naturellement, si leur taux d'imposition doublait, les riches déclareraient moins de revenus, même en l'absence d'évasion fiscale : il se pourrait que les maîtres à penser donnent moins de conférences rémunérées, que les cadres dirigeants prennent leur retraite un peu plus tôt, etc. En conséquence de quoi, l'inégalité du revenu national avant impôts diminuerait : d'après les meilleures estimations disponibles, la part du revenu total touchée par les 1 % les plus aisés passerait de 20 % à environ 16 %[1]. Refaisons le calcul : si leur taux d'imposition doublait, les familles fortunées se verraient appliquer un taux de 60 % sur leur part de 16 % du revenu

1. Nous faisons l'hypothèse que l'élasticité du revenu par rapport au taux de rétention est de 0,25 pour les 1 % des plus hauts revenus. Dans le système actuel, les individus de ce groupe ont un taux moyen d'imposition de 30 % et font face en moyenne à un taux marginal de 35 %. Passer à un taux marginal de 75 % réduirait le revenu avant impôts de ce groupe par un facteur de $[(1 - 0{,}75) / (1 - 0{,}35)]^{0{,}25}$ = 79 %. Sa part de revenu tomberait donc à 20 % × 79 % = 15,8 %.

national, soit l'équivalent d'environ 9,5 % du revenu national en taxes diverses. Voilà donc, d'après la théorie économique, le volume maximum d'impôts qu'il est possible de prélever auprès des 1 % des Américains les plus aisés : 9,5 % du revenu national. Relever légèrement le taux d'imposition des catégories se situant juste en dessous des 1 % (par exemple, en augmentant le taux d'impôt sur les sociétés) rapporterait un demi-point de pourcentage supplémentaire, ce qui porterait le montant total d'impôts payé par les plus aisés à 10 % du revenu national. C'est-à-dire quatre points de plus qu'en 2019.

Doubler le taux moyen d'imposition des catégories les plus favorisées est-il une perspective réaliste ? Comme nous l'avons dit, l'Amérique a déjà connu des taux effectifs d'imposition de l'ordre de 60 % au sommet de la pyramide des richesses. Les 0,1 % des plus hauts revenus payaient près de 60 % de leur revenu en impôts dans les années 1950 ; en 1950, ce taux approchait même les 70 % pour les 0,01 % des plus hauts revenus, à une époque où la lourde imposition des profits des entreprises générait de grosses recettes et où l'actionnariat était encore très concentré. Le système fiscal américain était alors nettement progressif, avec des taux effectifs d'imposition de l'ordre de 18 % pour les 90 % des ménages du bas de la distribution en 1950, soit quarante points de moins que pour les 0,1 % du haut. Revenir à des taux effectifs de 60 % pour les plus aisés n'aurait rien de révolutionnaire au regard de l'histoire fiscale américaine.

***Graphique 7.1* – Quand l'Amérique taxait lourdement les plus aisés**
(taux moyen d'imposition des 0,1 % des plus hauts revenus
et des 90 % des plus bas revenus, 1913-2018)

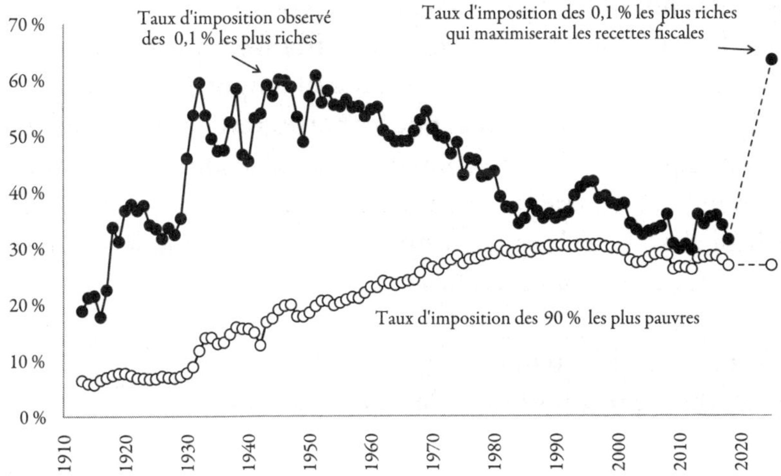

Lecture : Ce graphique montre le taux moyen d'imposition des 0,1 % des plus hauts revenus et des 90 % des plus bas revenus depuis 1913. Tous les impôts prélevés par l'État fédéral, les États et les collectivités locales sont pris en compte. Les impôts sont exprimés en pourcentage du revenu avant impôts. Le taux qui maximise les recettes fiscales pour les 0,1 % se situe autour de 65 %, ce qui est comparable aux taux effectifs en vigueur au milieu du siècle dernier.

Sources et méthodologie : TaxJusticeNow.org.

On peut certes faire valoir que, même aux beaux jours de l'impôt progressif, le taux moyen d'imposition des catégories simplement aisées (les Américains appartenant aux 1 % des plus riches, mais pas aux 0,1 %) était plutôt de l'ordre de 40 %. Si bien que le taux moyen pour l'ensemble du 1 % était plus proche de 50 % que des 60 % que nous préconisons. Mais les riches captaient une fraction du revenu national nettement plus faible au milieu du siècle dernier qu'aujourd'hui. Quand les revenus sont plus concentrés, la théorie économique indique que les riches devraient être davantage taxés.

La construction d'une fiscalité progressive exige bien plus qu'un simple retour en arrière. En dépit de ses mérites, le système fiscal hérité du *New Deal* était en effet loin d'être parfait. À l'encontre du principe « à revenu égal, impôt égal », les plus-values étaient moins taxées que les autres revenus et des échappatoires permettaient aux plus fortunés de se soustraire parfois à l'impôt. Si l'on tire les leçons du passé et des expériences internationales, et en s'appuyant sur les technologies modernes, il est possible de faire mieux.

L'impôt sur la fortune : la meilleure façon de taxer les milliardaires

Un système fiscal moderne et progressif comporte trois ingrédients indispensables et complémentaires : un impôt progressif sur le revenu, un impôt sur les sociétés (intégré à l'impôt sur le revenu) et un impôt progressif sur la fortune. L'impôt sur les sociétés permet de taxer tous les bénéfices, qu'ils soient distribués ou non ; il agit *de facto* comme un impôt minimum sur les plus aisés. L'impôt progressif sur le revenu constitue la pierre angulaire de la progressivité. Et l'impôt progressif sur la fortune permet de taxer les ultra-riches à hauteur de leur véritable capacité contributive.

Pourquoi l'impôt sur le revenu n'y suffit-il pas ? Tout simplement parce qu'il est possible de détenir un patrimoine considérable tout en n'ayant que de faibles revenus imposables. Premier cas de figure typique : celui du propriétaire d'une entreprise de grande valeur qui ne fait pas beaucoup de bénéfices, mais dont tout le monde s'attend à ce qu'elle soit un jour immensément profitable (Jeff Bezos, par exemple). Cas plus fréquent encore : celui de l'actionnaire d'une grande société déjà fort rentable mais qui ne distribue pas de dividendes (voir Warren Buffett). Dans ces deux cas, les milliardaires peuvent aujourd'hui ne payer pratiquement aucun impôt. Comme nous l'avons vu au cinquième chapitre, même du strict point de vue de l'efficacité économique, il n'y a guère de façon de justifier que les très grandes fortunes aient tout loisir de croître sans contribuer aux besoins de la société.

Or, en l'absence d'impôt sur la fortune, il est quasiment impossible d'atteindre des taux moyens effectifs de 60 % au faîte de l'échelle des richesses. Augmenter le taux marginal supérieur de l'impôt sur le revenu ne modifierait guère la facture fiscale de Jeff Bezos ou de Warren Buffett, on l'a dit, puisque ni l'un ni l'autre n'a beaucoup de revenus imposables. Prélever d'autres taxes, par exemple un plus gros impôt sur l'héritage, ne résoudrait pas non plus le problème. Il est toujours possible de se réconforter en se disant que Jeff Bezos, l'homme le plus riche de la planète, paiera un jour des droits de succession sur son immense fortune, mais, comme le fondateur d'Amazon a fêté ses cinquante-cinq ans en 2019, on peut espérer pour lui que cela n'arrivera pas avant 2050. Sans parler de Mark Zuckerberg, né en 1984 – est-il bien raisonnable d'attendre 2075 pour que le fondateur de Facebook commence à contribuer aux recettes fiscales de son pays ? Pour faire payer les milliardaires à hauteur de leur capacité contributive, il faut taxer la richesse elle-même, aujourd'hui et non pas dans un lointain avenir[1].

L'impôt sur la fortune ne remplacera jamais l'impôt sur le revenu ; son objectif est plus limité : s'assurer que les très riches ne paient pas moins que le reste de la population. Les cadres supérieurs, les grands sportifs ou les vedettes de cinéma (qui ont de gros revenus) peuvent être imposés de manière adéquate par un impôt global sur le revenu. C'est pour les milliardaires (dont la plupart ne touchent que peu de revenus imposables au regard de leur immense patrimoine) que l'impôt sur la fortune est indispensable.

1. Nous examinons plus en détail la possibilité de mettre en place un impôt progressif sur la fortune aux États-Unis dans « Progressive Wealth Taxation », *Brookings Papers on Economic Activity*, octobre 2019.

Il y a mille façons de combiner l'impôt sur la fortune avec l'impôt progressif sur le revenu et l'impôt sur les sociétés pour atteindre un taux effectif de 60 % pour les plus riches[1]. Sur le graphique 7.2, le taux effectif d'imposition des bénéfices des entreprises est multiplié par deux (si bien que les recettes remontent à leur niveau d'avant la réforme de 2018, ce qui ne relève certainement pas du domaine de l'impossible) ; l'impôt progressif sur le revenu est rendu plus complet (en taxant le capital comme le travail) et plus progressif (avec un taux marginal supérieur de 60 %) ; les recettes de l'impôt successoral sont multipliées par deux (grâce à une meilleure lutte contre l'optimisation fiscale) ; et un nouvel impôt annuel sur la fortune (au taux de 2 % au-dessus de 50 millions de dollars de patrimoine et de 3,5 % au-dessus d'un milliard) est introduit.

Le résultat ? Un système fiscal qui, pour les plus aisés, ressemblerait de près à celui des années 1950.

1. Sur TaxJusticeNow.org, le lecteur intéressé pourra simuler les effets de toutes les combinaisons fiscales possibles et imaginables.

***Graphique 7.2* – Un objectif possible : revenir à la progressivité de la période Truman-Eisenhower**
(taux moyen d'imposition par groupe de revenus avant impôts, 1950 et 2018)

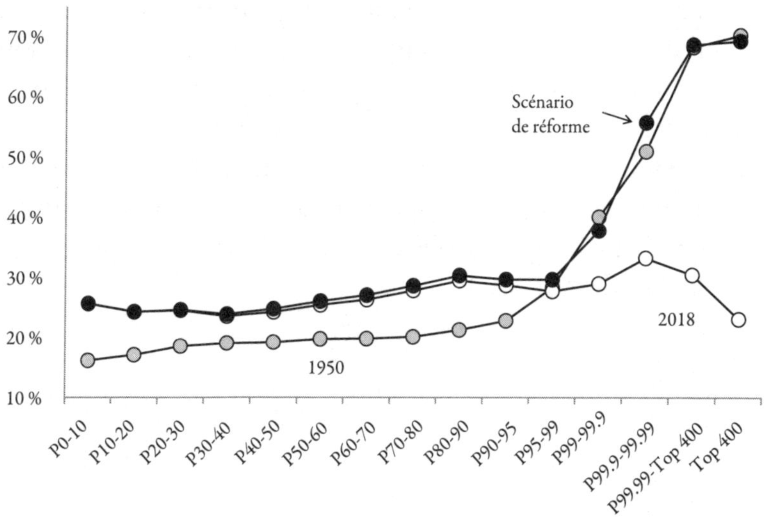

Lecture : Ce graphique montre les taux moyens d'imposition par groupe de revenus en 1950, en 2018 et dans un scénario de réforme qui augmente l'impôt sur les sociétés, accentue la progressivité de l'impôt sur le revenu et introduit un impôt progressif sur la fortune. Ce scénario permettrait de retrouver la progressivité qui était celle du système fiscal américain en 1950.

Sources et méthodologie : TaxJusticeNow.org.

La principale différence entre le système fiscal des années 1950 et celui représenté sur le graphique a trait à la présence d'un impôt progressif sur la fortune. Les États-Unis n'ont jamais eu d'impôt fédéral annuel sur le patrimoine et en 1950 le système fiscal américain devait l'essentiel de sa forte progressivité au taux élevé de l'impôt sur les sociétés (52 %). Celui-ci frappait des entreprises rentables et qui, à l'époque, avaient un nombre relativement restreint de propriétaires (et plutôt des particuliers que des investisseurs institutionnels)[1]. Or de nos jours plus de 20 % des actions d'entreprises cotées américaines sont détenues par des étrangers et 30 % par des fonds de pension[2], de sorte que même une forte hausse du taux d'imposition des entreprises ne permettrait pas de retrouver le même degré de progressivité qu'au milieu du siècle dernier. L'impôt sur les sociétés, qui a un taux unique, est un instrument trop grossier pour rétablir l'équité fiscale. Et, nous l'avons vu, même avec un impôt sur le revenu très amendé, il ne serait pas possible de taxer les ultra-riches au niveau qui convient. Voilà pourquoi un impôt sur la fortune est un ingrédient indispensable à toute réforme fiscale progressive en ce début de XXIe siècle.

1. Dans les années 1950 à 1970, la concentration des richesses était historiquement faible aux États-Unis. Les propositions visant à instaurer un impôt progressif sur la fortune partent généralement du constat empirique d'une concentration croissante des patrimoines. À la suite de ses recherches sur la montée des inégalités de patrimoine aux États-Unis dans les années 1980 – *Top Heavy : A Study of Increasing Inequality of Wealth in America*, New York (N. Y.), Brookings Institution, 1995 –, Edward Wolff a avancé l'idée d'un impôt progressif sur la fortune (mais avec des taux modestes) – « Time for a Wealth Tax ? », *Boston Review*, 1er février 1996. Plus récemment, en réaction à la concentration croissante de la richesse mondiale, Thomas Piketty propose un impôt progressif sur le patrimoine mondial, avec des taux pouvant atteindre 5 % à 10 % – *Le Capital au XXIe siècle*, *op. cit.* Il propose aussi un impôt sur la fortune dont les taux monteraient jusqu'à 90 % pour les multimilliardaires afin de financer une dotation en capital pour chaque jeune adulte – *Capital et idéologie*, Paris, Seuil, 2019.

2. Steven M. Rosenthal et Lydia S. Austin, « The Dwindling Taxable Share of US Corporate Stock », *Tax Notes*, 16 mai 2016.

***Graphique 7.3* – L'impôt sur la fortune, une composante indispensable d'un système fiscal progressif**
(taux moyen d'imposition par groupe de revenus avant impôts)

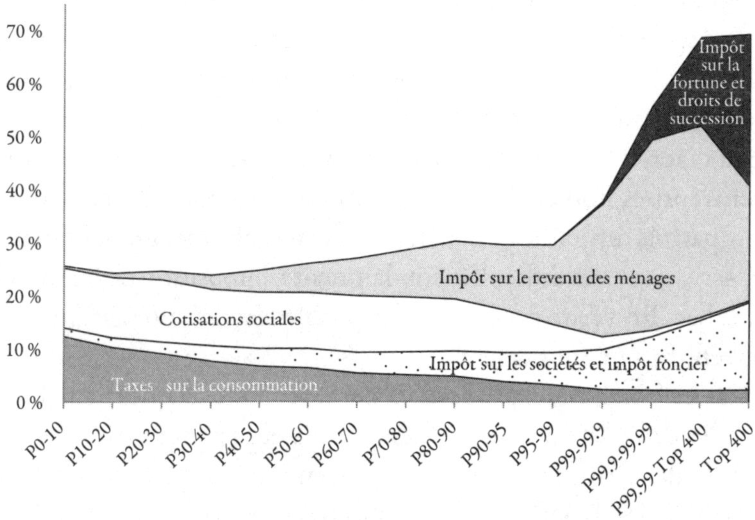

Lecture : Ce graphique montre les taux moyens d'imposition par groupe de revenus dans un scénario de réforme qui augmente l'impôt sur les sociétés, accentue la progressivité de l'impôt sur le revenu et introduit un impôt progressif sur la fortune. Ce dernier est indispensable pour restaurer la progressivité de l'impôt parmi les ultra-riches.

Sources et méthodologie : TaxJusticeNow.org.

Comment taxer la fortune ?
En utilisant le pouvoir des marchés

L'imposition des grandes fortunes n'a rien d'impossible, pour une raison simple : contrairement au revenu imposable, qui peut être artificiellement réduit, la fortune est bien définie : c'est la valeur de marché des actifs, nette des dettes. Warren Buffett déclare un revenu imposable dérisoire au regard de son véritable revenu économique, mais il ne peut dissimuler le fait que sa fortune se monte à plus de 50 milliards de dollars. Avec un impôt de 2 % sur le patrimoine au-delà de 50 millions de dollars et de 3 % au-dessus d'un milliard (tel que proposé par la sénatrice du Massachusetts Elizabeth Warren en janvier 2019), Buffett paierait environ 1,8 milliard de dollars par an, soit mille fois l'impôt sur le revenu qu'il a payé en 2015.

Toutes les formes de richesse ne sont certes pas faciles à estimer. Berkshire Hathaway a une valeur de marché bien précise ; et comme toute la fortune de Buffett est investie dans cette société, il est facile de le taxer. Mais les plus riches peuvent aussi détenir des parts d'entreprises non cotées ; et certains biens (œuvres d'art, bijoux) sont parfois difficiles à évaluer. Si l'on en croit les commentateurs conservateurs, ces difficultés condamnent l'imposition des fortunes à l'échec. En vérité cependant, les problèmes de valorisation sont souvent fortement exagérés.

Car les économies capitalistes modernes comme celle des États-Unis ont des droits de propriété bien définis et assignent un prix à la plupart des actifs. D'après nos calculs, environ 80 % du patrimoine des 0,1 % des Américains les plus riches sont constitués d'actions cotées, d'obligations, de parts dans des fonds de placement collectifs, de biens immobiliers et d'autres actifs dont la valeur de marché est facile à connaître. Quant aux 20 % restants (essentiellement des parts de sociétés non cotées), leur estimation soulève moins de difficultés qu'on ne pourrait le croire. Même sans être échangées sur les marchés boursiers, les actions des grandes sociétés non cotées font régulièrement l'objet d'opérations de cession et d'acquisition. Avant même que Lyft et Uber n'entrent en bourse en 2019, par exemple, il était possible aux plus fortunés d'investir dans ces entreprises. Les sociétés non cotées émettent régulièrement de nouvelles actions à l'intention des banques, des fonds de capital-risque, de riches particuliers et d'autres « investisseurs qualifiés » aux portefeuilles suffisamment bien garnis. Ces transactions mettent *de facto* un prix sur ces entreprises.

Il peut certes arriver qu'aucune transaction n'ait lieu pendant des années. C'est parfois le cas pour des sociétés privées arrivées à maturité et contrôlées par un nombre restreint d'actionnaires.

Prenons le géant de l'agroalimentaire Cargill, la plus grosse entreprise non cotée des États-Unis, qui est détenue à 90 % par une centaine de membres des familles Cargill et MacMillan. La dernière transaction d'actions Cargill remonte à 1992 : 17 % du capital de l'entreprise avaient alors été vendus pour 700 millions de dollars, ce qui valorisait Cargill à un peu plus de 4 milliards de dollars de l'époque[1]. Voilà un cas frappant où il peut sembler impossible de taxer la richesse : quelle est la valeur de Cargill en 2020, près de trente ans après cette dernière cession ? Toute tentative de valorisation ne présente-t-elle pas d'innombrables risques d'erreurs et d'abus ?

Et pourtant, taxer les familles Cargill et MacMillan de manière équitable n'a rien d'impossible. Pour commencer, l'administration fiscale peut partir de la valorisation de Cargill en 1992 et l'actualiser en se fondant sur l'évolution des résultats de l'entreprise depuis cette date. Si cette société fait trois fois plus de bénéfices qu'à l'époque, il n'est pas déraisonnable de penser qu'elle vaut trois fois plus. Naturellement, une estimation fiable nécessiterait de prendre en compte beaucoup plus de paramètres, comme des données sur les concurrents directs de Cargill cotés en bourse, Archer Daniels Midland ou Bunge. Le fisc pourrait ainsi regarder à combien un dollar de bénéfice réalisé par ces entreprises est valorisé par les marchés et étudier l'évolution du ratio prix/bénéfice de ces sociétés depuis 1992. Valoriser des sociétés non cotées par ces techniques et d'autres plus sophistiquées, c'est précisément ce que font des centaines d'analystes financiers tous les jours. Les États-Unis ne manquent pas d'experts en la matière (la France non plus). En s'inspirant des méthodes du secteur privé, il ne serait pas très difficile pour l'administration fiscale de parvenir à une estimation raisonnable de la valeur de marché de Cargill à la fin de chaque année.

Mais imaginons à présent que les familles MacMillan et les Cargill se sentent flouées par le fisc – c'est-à-dire qu'elles considèrent que

1. Gregory Meyer et Neil Hume, « Cargill Guards Private Life in 150th Year », *Financial Times*, 19 avril 2015.

celui-ci surestime la valeur de leur entreprise. Il se pourrait que Cargill ait profondément changé depuis 1992, d'une façon mal prise en compte par les techniques de valorisation même les plus modernes et sophistiquées ; ou bien que cette société ait des faiblesses que ne partagent pas ses concurrents. Que faire ?

Au fond, le problème, c'est qu'il manque un marché : alors qu'il en existe un, actif et liquide, pour les actions d'Archer Daniels Midland et de Bunge, rien de tel pour celles de Cargill. De notre point de vue, la solution consiste à créer le marché qui fait défaut. Concrètement, l'administration fiscale pourrait offrir aux actionnaires de Cargill la possibilité de payer leur impôt sur la fortune en nature, c'est-à-dire avec des actions Cargill, plutôt qu'en monnaie sonnante et trébuchante. S'ils utilisaient cette option (ce que, par définition, ils ne feraient que s'ils pensaient l'estimation du fisc exagérée), l'administration fiscale vendrait ensuite ces actions aux plus offrants sur un marché ouvert à tous : fonds de capital-risque, fonds d'investissement, fondations ou autres familles souhaitant acquérir des parts du géant de l'agroalimentaire.

Cette solution, qui à notre connaissance n'avait encore jamais été proposée, lève un sérieux obstacle à la mise en place d'un impôt sur la fortune. Car, de même qu'un impôt sur le revenu efficace traite tous les revenus sur un pied d'égalité, un bon impôt sur la fortune taxe toutes les formes de patrimoine de la même façon : à leur valeur de marché. Si certaines de ces valeurs n'existent pas, la solution la plus simple est de les créer. Et quoi de mieux pour créer une valeur de marché que de créer… un marché ? Pour un impôt sur la fortune au taux moyen de 2 %, les actionnaires de Cargill transféreraient à l'État 2 % de leurs actions chaque année (ou l'équivalent en liquide, s'ils préfèrent garder le contrôle total de l'entreprise), à charge ensuite pour les pouvoirs publics de liquider les actions Cargill. Comme dans le cas de Buffett et de Berkshire Hathaway, il n'y aurait pas d'échappatoire à l'impôt[1].

1. Pour les plus petites entreprises (du type entreprise individuelle n'ayant qu'un seul propriétaire), le plus simple est de s'inspirer des bonnes pratiques

Ce système permet aussi de répondre à une autre objection fréquemment opposée à l'imposition des fortunes : le problème du manque de liquidité. Certains contribuables très riches peuvent détenir beaucoup de patrimoine, sans percevoir pourtant assez de revenus pour payer leur impôt sur la fortune. N'est-il pas injuste de les obliger à régler une taxe s'ils n'ont pas d'argent disponible ? À vrai dire, cet argument est souvent utilisé avec mauvaise foi. La plupart du temps, l'idée que des gens qui pèsent 100 millions de dollars n'auraient pas assez d'argent pour payer 1 million de dollars d'impôt ne tient pas la route. Quand les ultra-riches prétendent avoir peu de liquidités, c'est le plus souvent parce qu'ils ont *choisi* de réaliser peu de revenus pour échapper à l'impôt progressif sur le revenu des ménages. Ils organisent, en d'autres termes, leur propre illiquidité.

Il peut toutefois exister de vrais problèmes. Prenons le cas d'une start-up fortement valorisée mais qui ne dégage aucun bénéfice. Générer des liquidités chaque année peut s'avérer compliqué ou coûteux pour ceux dont le patrimoine est principalement investi dans une jeune pousse qui ne verse pas de dividendes. Dans ce cas, permettre aux contribuables de payer en nature (avec des actions de l'entreprise) résout le problème. Puisque les grandes fortunes sont essentiellement constituées de parts d'entreprise et que celles-ci (au contraire de l'immobilier) peuvent être divisées, il est toujours possible de s'en servir pour payer l'impôt. Avec ce mécanisme, l'impôt sur la fortune devient aussi simple à mettre en œuvre qu'un impôt progressif sur le revenu.

Les classes moyennes paient déjà un impôt sur leur patrimoine, à travers la taxe foncière. Ce n'est pas le cas des plus riches, puisque

---

d'autres pays. La Suisse impose efficacement la propriété de ces entreprises en appliquant des formules fondées sur la valeur comptable des actifs de l'entreprise et un multiple de ses résultats. Aux États-Unis, l'IRS collectant déjà ces informations pour percevoir l'impôt sur les sociétés et celui sur les revenus tirés d'activités non salariées, il serait facile d'adopter les mêmes principes.

l'essentiel de leur fortune se compose d'actifs financiers, exonérés d'impôts fonciers. Les États-Unis ont une longue histoire d'imposition de la richesse : au XIXe siècle, dans la plupart des États, les taxes sur la propriété frappaient tous les actifs, qu'ils soient réels ou financiers ; et au début du XXe siècle, les États-Unis ont été les premiers à mettre en place une taxation progressive du patrimoine avec leur impôt fédéral sur l'héritage. Avant de tourner le dos à cette glorieuse tradition, l'Amérique se trouvait aux avant-postes du mouvement de régulation démocratique de la propriété par le système fiscal. En instaurant un impôt progressif sur les très grandes fortunes, l'Amérique pourrait à nouveau montrer l'exemple.

Chapitre 8

Dépasser Laffer

Depuis 2015, les heureux visiteurs du Musée national de l'histoire américaine à Washington peuvent y admirer une serviette de table agrémentée d'un dessin d'Arthur Laffer. Ce n'est sans doute pas la serviette du restaurant Two Continents sur laquelle il a, d'après la légende, tracé pour la première fois, en 1974, la courbe qui porte son nom (plus probablement un souvenir fabriqué des années plus tard), mais tous les ingrédients sont là : le taux d'imposition sur un axe, les recettes fiscales sur l'autre. Quand le taux d'imposition est nul, point d'impôt collecté – logique. À mesure que le taux s'élève, les recettes s'accroissent, avant de commencer à chuter à partir d'un certain point. Lorsque le taux atteint 100 %, les recettes sont redescendues à zéro. La leçon est simple : trop d'impôts tue l'impôt. Cette serviette est dédicacée à Donald Rumsfeld, ministre de la Défense de 1975 à 1977 sous Gerald Ford, puis de nouveau de 2001 à 2006 sous George W. Bush.

D'un point de vue strictement logique, le diagramme exposé dans le musée est malheureusement incompréhensible. Tout y est à l'envers : les axes sont inversés et les signes des équations sont faux. Mais, même si Laffer n'était pas un génie des mathématiques comme Frank Ramsey, il avait raison sur un point : si demain tous les revenus devaient être taxés à 100 %, les contribuables se donneraient beaucoup de mal pour se soustraire au fisc ou ils arrêteraient de travailler. Puisqu'un taux de 0 % et un taux de 100 % déboucheraient tous deux sur une collecte nulle, il doit y avoir un taux entre ces deux extrêmes, souvent appelé taux de Laffer, qui maximise les recettes fiscales.

Difficile, bien sûr, de savoir à quelle hauteur ce dernier se situe : 50 % ? 60 % ? 80 % ? En principe, tout est possible, en fonction de la sensibilité des contribuables à l'impôt. Cependant, quel que soit le taux qui correspond au sommet de la courbe, il semble qu'aucune société ne devrait jamais vouloir aller au-delà. Car choisir un taux plus élevé, cela voudrait dire collecter *moins* d'impôts qu'avec un taux plus bas. Nul pays ne devrait jamais vouloir se trouver du « mauvais » côté de la courbe de Laffer, celui où les recettes baissent à mesure que les taux montent. N'est-ce pas ?

Dans ce chapitre, nous allons expliquer pourquoi des gouvernements démocratiques peuvent raisonnablement choisir d'appliquer aux riches des taux supérieurs à ceux qui maximisent les recettes fiscales – c'est-à-dire pourquoi détruire une partie de l'assiette fiscale peut être dans l'intérêt de la collectivité. Si cette idée vous semble délirante, c'est parce que les débats sur la fiscalité des dernières décennies se sont trop souvent fondés sur des graphiques griffonnés sur un coin de table, oublieux de l'histoire, de la politique et des relations de pouvoir dans une économie de marché. Il est grand temps de dépasser Laffer.

La taxation des hauts revenus avant Laffer

En un sens, l'idée qu'il peut être de bonne politique d'appliquer des taux très élevés même s'ils ne génèrent que peu de recettes ne devrait guère être surprenante, du moins pour un lecteur américain. Car ce fut après tout la position officielle du gouvernement des États-Unis pendant longtemps. Ainsi que nous l'avons vu au deuxième chapitre, le taux marginal supérieur s'est élevé en moyenne à 78 % entre 1930 et 1980, dépassant même les 90 % entre 1951 et 1963. Les décideurs publics américains avaient compris, bien avant que Laffer ne dessine sur sa serviette, qu'avec des taux marginaux de 90 % même les individus les plus âpres au gain seraient découragés de gagner davantage d'argent. De la présidence de Franklin Roosevelt à celle de Dwight Eisenhower, tout le monde savait que les taux quasi confiscatoires sur les hauts revenus n'augmentaient pas d'un iota les recettes fiscales mais au contraire réduisaient l'assiette. Ils se trouvaient du « mauvais » côté de la courbe de Laffer. Ils détruisaient des revenus.

Ce n'était pas un bug ; c'était au contraire le but de la manœuvre. La politique de taux quasi confiscatoires prônée par Roosevelt et ses successeurs à la Maison-Blanche avait pour objectif affiché de réduire les revenus des super-riches, et ce faisant de resserrer l'éventail de la distribution des revenus. Souvenez-vous qu'elle ne frappait que des revenus extraordinairement élevés, l'équivalent de plusieurs millions de dollars aujourd'hui. En 1960, par exemple, le taux marginal supérieur de 91 % ne s'appliquait qu'à partir d'un seuil correspondant à presque cent fois le revenu national par adulte, l'équivalent de 6,7 millions de dollars aujourd'hui[1]. Les catégories simplement aisées (professions libérales, dirigeants de moyennes entreprises, et plus généralement les contribuables gagnant l'équivalent de quelques centaines de milliers de dollars d'aujourd'hui) étaient taxées à des taux marginaux allant de 25 % à 50 %, ce qui correspond à ce qu'on observe couramment de nos jours (par exemple, à New York ou en Californie, si l'on tient compte de l'impôt prélevé par les collectivités locales).

1. Les observateurs convertissent souvent les barèmes d'imposition en ne corrigeant que l'effet de l'inflation, sans tenir compte de la croissance. Cette omission conduit à surestimer le poids de l'impôt dans le passé lointain, car les revenus réels étaient beaucoup plus faibles à l'époque.

Au vu des données disponibles, cette politique semble avoir porté ses fruits. Entre la fin des années 1930 et le début des années 1970, les inégalités de revenus ont reculé. La part de revenu national (avant impôts) captée par les 1 % les plus riches a été divisée par deux, passant de près de 20 % à la veille de la Seconde Guerre mondiale à tout juste plus de 10 % au début des années 1970. Ainsi, en 1960, seules trois cent six familles gagnaient plus de 6,7 millions de revenu imposable, seuil au-delà duquel le taux marginal de 91 % s'appliquait[1]. Et il ne semble pas que cette réduction des inégalités se soit faite au détriment de la croissance, car en ce temps-là l'économie américaine croissait vigoureusement.

Comme nous l'avons dit au deuxième chapitre, le déclin des inégalités ne semble pas avoir été une simple illusion fiscale. Il y avait, bien sûr, de l'évasion, mais rien ne semble indiquer que les riches parvenaient à mettre des sommes énormes à l'abri du fisc. La baisse de la part de revenu national des 1 % les plus aisés que nous mesurons tient compte de toutes les formes de revenus, qu'ils soient déclarés ou non à l'IRS, et notamment des bénéfices non distribués, des investissements en obligations défiscalisées et autres niches fiscales disponibles à l'époque. Tout porte à croire que les taux quasi confiscatoires instaurés par Franklin Roosevelt et appliqués par ses successeurs réduisirent bel et bien la concentration des revenus avant impôts.

Les États-Unis n'étaient pas les seuls à mener une telle politique. Le Royaume-Uni alla même plus loin dans cette direction, avec des taux marginaux qui montèrent jusqu'à 98 % entre 1941 à 1952, ainsi qu'au milieu des années 1970 (tout en ne redescendant jamais en dessous de 89 % entre ces deux périodes). Comme aux États-Unis, ces taux ne touchaient qu'un très petit nombre de contribuables et ne généraient pas de recettes fiscales significatives. Et, comme aux États-Unis, la concentration des revenus et des patrimoines diminua

1. Cf. *Statistics of Income : Individual Income Tax Returns 1960*, Washington (D. C.), Government Printing Office, 1962, p. 32 ; disponible sur IRS.gov.

de manière spectaculaire dans les années 1940 et resta à des niveaux historiquement bas jusqu'à la fin des années 1970.

Faut-il des taux quasi confiscatoires pour les ultra-riches ?

La politique fiscale suivie de part et d'autre de l'Atlantique pendant ces décennies reflétait l'idée qu'un niveau trop élevé d'inégalité est indésirable ; que l'économie fonctionne mieux quand on décourage la rente ; et que, laissés à eux-mêmes, les marchés conduisent à une concentration des richesses qui menace nos idéaux démocratiques et méritocratiques.

Cette idéologie est au moins aussi vieille que les États-Unis eux-mêmes, et elle n'est bien sûr pas l'apanage des progressistes. D'illustres conservateurs américains l'ont aussi partagée. Voici ce qu'écrivait James Madison, le père de la Constitution américaine et l'une des figures tutélaires des républicains d'aujourd'hui, à la fin du XVIIIe siècle : « Le grand objet [des partis politiques] devrait être de combattre le mal : 1. En établissant une égalité politique entre tous. 2. En ne permettant pas sans nécessité à quelques-uns d'accroître l'inégalité des biens par une accumulation de richesses immodérée, surtout si elle est imméritée[1]. » Les conservateurs ont bien sûr davantage tendance à voir du « mérite » dans l'extrême richesse (à coup de distinction entre bons milliardaires américains « qui créent des emplois » et mauvais « kleptocrates » russes ou africains, distinction qui passe sous silence les nombreux points communs rapprochant ces différents milliardaires, tels que leur pouvoir de monopole et l'influence qu'ils exercent sur le législateur). Cette différence importante mise à part, les conservateurs eux-mêmes seront souvent d'accord pour dire que l'extrême richesse peut être un mal en soi, que la concentration excessive des richesses mine le contrat social – ce qui explique sans doute pourquoi tous les gouvernements

1. James Madison, « Parties », *National Gazette*, 23 janvier 1792.

républicains jusqu'à Reagan poursuivirent la politique de Roosevelt. Aux yeux de Madison, toujours, l'inégalité excessive des fortunes était aussi toxique pour la démocratie que la guerre : « En temps de guerre, le pouvoir discrétionnaire de l'exécutif aussi est étendu ; son influence sur la distribution des postes, des honneurs et des émoluments est multipliée. [...] Les mêmes effets néfastes pour les institutions républicaines se retrouvent dans l'inégalité des fortunes[1]. »

La richesse, c'est le pouvoir ; l'extrême concentration des richesses, c'est l'extrême concentration des pouvoirs. Le pouvoir d'influencer les politiques publiques, d'étouffer la concurrence, de façonner les idéologies. Tous ces pouvoirs qui, réunis, permettent de changer la distribution des revenus à son avantage – sur les marchés, dans les sphères politiques, dans les médias. Aujourd'hui comme de tout temps, c'est pour cette raison élémentaire que l'extrême richesse détenue par quelques-uns est susceptible de réduire la fortune des autres, que les revenus des super-riches peuvent être acquis aux dépens du reste de la société. C'est ce qui a valu en leur temps aux John Astor, Andrew Carnegie, John Rockefeller et autres capitaines d'industrie du *Gilded Age* leur surnom de « barons voleurs ».

Que font Apple, Jeff Bezos et les héritiers Walton aujourd'hui ? Ils protègent leur fortune. Ils défendent des positions acquises. Ils achètent les nouveaux entrants avant qu'ils ne deviennent une menace pour leur entreprise. Ils dépensent des sommes astronomiques pour lutter contre la concurrence, contre les autorités de régulation, contre l'IRS. Ils achètent des journaux. Ils font ce qu'ont toujours fait ceux qui ont accumulé des milliards. Les fondateurs d'Apple, d'Amazon et de Walmart ont certes tous beaucoup innové et créé de nouveaux produits et de nouveaux services. Certains d'entre eux le font encore, mais il y a peu de chances que les grandes innovations de demain viennent des héritiers de talentueux fondateurs ou de sociétés qui

1. James Madison, « Political Observations », 20 avril 1795, in *Letters and Other Writings of James Madison*, t. 4, Philadelphie (Pa.), J. B. Lippincott & Co., 1865, p. 491-492.

figurent depuis des années en haut du classement des cinq cents premières entreprises américaines publié par le magazine *Fortune*.

Voici donc l'argument théorique qui justifie de dépasser le sommet de la courbe de Laffer : l'extrême richesse, comme les émissions de gaz à effet de serre, impose une externalité négative au reste de la société. L'objectif d'une taxe carbone n'est pas de faire rentrer de l'argent, mais de réduire les émissions de gaz à effet de serre. Il en va de même pour les taux quasi confiscatoires appliqués aux très hauts revenus : ils n'ont pas pour but de financer les services publics à long terme, mais de réduire le revenu des ultra-riches, d'empêcher ou d'entraver les diverses formes de rente associées à la possession d'une richesse extrême, qu'on peut observer dans les économies de marché les plus inégalitaires[1]. Quel est l'intérêt de négocier un salaire de 20 millions de dollars, d'engranger des sommes folles en créant des produits financiers douteux, de facturer des prix prohibitifs pour des médicaments brevetés, quand, sur chaque dollar supplémentaire gagné, 90 cents iront directement dans les caisses du fisc ? Les taux d'imposition quasi confiscatoires permettent de redistribuer le pouvoir économique, d'égaliser la distribution des revenus avant impôts et de favoriser la concurrence sur les marchés.

D'un point de vue strictement logique, cet argument (classiquement utilisé pour défendre la nécessité de tempérer les inégalités engendrées par l'économie de marché) peut être renversé. Il est possible d'imaginer que l'externalité de la richesse extrême et des revenus mirobolants soit en fait positive. Et si les ultra-riches apportaient davantage à la société qu'ils ne gagnent eux-mêmes ? Et si nous bénéficiions tous du fait que

1. Thomas Piketty, Emmanuel Saez et Stefanie Stantcheva proposent un modèle de taxation sur ce principe (« Optimal Taxation of Top Labor Incomes... », art. cité). Ils concluent que, si des taux marginaux élevés réduisent la rente des très hauts revenus, alors des taux confiscatoires dépassant le taux de Laffer sont souhaitables. En s'appuyant sur des données internationales concernant la rémunération des dirigeants d'entreprise, ils montrent que des taux supérieurs élevés jouent bien un rôle important dans la modération de leur rémunération.

Bill Gates touche des milliards de dollars aujourd'hui et que nous étions tous perdants demain si ces milliards devaient lui être retirés par l'impôt (par exemple, parce que cela diminuerait les moyens financiers de la fondation Bill-et-Melinda-Gates, qui d'après certains observateurs fait meilleur usage de son argent que l'État) ? Cette hypothèse est une variante de la fameuse théorie du ruissellement, qui voudrait que la fortune des plus privilégiés finisse par profiter à toute la société.

Pour aller plus loin dans la réflexion et juger de la pertinence de taux allant au-delà du sommet de la courbe de Laffer aujourd'hui, il nous faut une chose trop souvent absente de ces débats souvent chargés d'idéologie : des données.

Les vertus de l'extrême richesse : un débat sans données

Afin d'étudier cette question de manière rigoureuse, il faut en effet des données distributives détaillées. Comment la prospérité des ultra-riches (et les politiques publiques qui l'influencent) affecte-t-elle non seulement le taux de croissance de l'économie dans son ensemble, mais aussi la dynamique des revenus de chaque classe sociale ? Les revenus des catégories populaires augmentent-ils quand les riches sont moins taxés ? Pour commencer à répondre à ces questions, il convient d'abord d'étudier la croissance des revenus des différents segments de la population.

Malheureusement, les comptes nationaux ne fournissent d'informations que sur la croissance du revenu national et non sur l'évolution du revenu de chaque catégorie sociale. C'est là une lacune majeure des statistiques économiques publiques. À partir de 2013, nous nous sommes lancés dans une recherche au long cours pour tenter d'y remédier. Notre objectif ? Découvrir qui avait réellement bénéficié de la croissance économique américaine au cours des dernières décennies et dans quelle mesure, par exemple, cette croissance avait profité (ou non) aux classes populaires, aux classes moyennes, aux classes aisées et aux super-riches. Même si les indicateurs de croissance macroéconomique dont raffole la presse ont leur importance dans cette analyse, ils sont trop grossiers : ce qui compte, ce n'est pas seulement la dynamique du PIB, mais également l'évolution des revenus des enseignants et des banquiers, des retraités et des adultes en âge de travailler – bref, des individus de toutes les professions et de toutes les conditions.

Nous avons donc créé des « comptes nationaux distributifs », une base de données qui répartit de manière systématique le revenu national entre tous les adultes résidant aux États-Unis, année après année. Il est bien sûr impossible de savoir combien chaque individu gagne exactement (il n'existe nulle part de fichier administratif qui contienne cette information de manière exhaustive) ; aucune ligne de notre base de données ne correspond donc à un individu réel. Nos fichiers sont constitués d'Américains synthétiques, construits en combinant les données provenant des déclarations d'impôts, les enquêtes sur les revenus et le patrimoine des ménages, les statistiques de la sécurité sociale et de nombreuses autres sources officielles. À eux tous, les Américains fictifs qui figurent dans notre base de données sont parfaitement représentatifs de la population des États-Unis dans son ensemble. Leur revenu total correspond au revenu national ; ce revenu a augmenté en moyenne de 1,4 % par an depuis 1980, comme dans les statistiques macroéconomiques officielles.

Nos calculs ne sont en aucun cas définitifs. Notre espoir est que ce travail sera repris et amélioré par les statisticiens gouvernementaux et que les administrations publiques finiront par publier des comptes nationaux distributifs officiels. Les comptes nationaux dont nous nous servons actuellement ont été créés plus ou moins de la même manière au milieu du XXe siècle. En attendant, le mérite de notre travail tient à sa cohérence (la croissance cumulée d'un bout à l'autre de l'échelle des revenus concorde avec la croissance macroéconomique totale), à sa transparence (tous nos programmes et toutes nos sources de données sont publics) et à son universalité (des méthodes statistiques similaires sont appliquées dans de plus en plus de pays)[1].

1. Pour une présentation des comptes nationaux distributifs des États-Unis, cf. Thomas Piketty, Emmanuel Saez et Gabriel Zucman, « Distributional National

1946-1980 : une croissance forte et équitable

Que s'est-il donc réellement passé à l'époque des taux marginaux supérieurs quasi confiscatoires ?

Pour tenter d'y répondre, nous divisons la population en cent groupes de taille égale (des centiles) et nous calculons le taux de croissance du revenu moyen de chacun de ces groupes au fil du temps. Étant donné que le centile du sommet (les 1 % les plus aisés) gagne une part importante du revenu national, nous découpons cette population en sous-groupes : les 1 % les plus riches sont divisés en dix sous-groupe, et les 0,1 % les plus riches le sont à leur tour en dix autres sous-groupe. Nous pouvons ainsi calculer le taux de croissance des revenus du bas de l'échelle sociale jusqu'aux milliardaires.

Que voit-on ? Pendant les décennies d'après-guerre, la croissance américaine était vigoureuse et largement partagée. De 1946 à 1980, le revenu national par adulte a augmenté de 2 % par an en moyenne, soit un des plus forts taux de croissance enregistrés sur une génération dans un pays à la pointe de la modernité technologique mondiale. Presque tous les groupes de la population ont vu leurs revenus croître à ce rythme général (voir graphique 8.1), la seule exception concernant les 1 % des plus hauts revenus, pour lesquels la croissance a été un peu plus lente. À ce détail près, la similitude des trajectoires des différentes catégories sociales est stupéfiante.

Accounts... », art. cité ; pour la méthodologie générale, cf. Facundo Alvaredo *et al.*, « Distributional National Accounts (DINA) Guidelines... », document de travail cité. Le Bureau du recensement des États-Unis et l'OCDE ont également développé des projets qui vont dans ce sens pour les États-Unis et les pays européens ; cf. Dennis Fixler et David S. Johnson, « Accounting for the Distribution of Income in the US National Accounts », *in* Dale W. Jorgenson, J. Steven Landefeld et Paul Schreyer (dir.), *Measuring Economic Stability and Progress*, Chicago (Ill.), University of Chicago Press, 2014, p. 213-244 ; Jorrit Zwijnenburg, Sophie Bournot et Federico Giovannelli, « Expert Group on Disparities in a National Accounts Framework : Results from a 2015 Exercise », document de travail n° 2016/10, OCDE, 2017.

On comprend aisément comment les économistes ont pu, à cette période, choisir de modéliser l'économie comme étant peuplée par un seul « agent représentatif » : du point de vue de la croissance, presque tous les groupes sociaux se comportaient de la même manière que l'économie dans son ensemble.

1980-2018 : les classes populaires exclues de la croissance

Le tableau de la période 1980-2018 n'a rien à voir.

Pour commencer, la croissance a fléchi depuis 1980. La première caractéristique de l'économie américaine reaganienne et post-reaganienne, c'est son faible dynamisme. Depuis la crise financière de 2008-2009, l'économie américaine a certes retrouvé un peu de vigueur (surtout en comparaison de ce qui s'est passé en Europe) ; néanmoins, si l'on considère une plus longue période (qui lisse les cycles économiques, c'est-à-dire l'alternance des récessions et des périodes de reprise), ce qu'on découvre n'est pas réjouissant. Depuis 1980, le revenu national par adulte n'a progressé que de 1,4 % par an en moyenne. Et depuis le tournant du XXIe siècle, de seulement 0,8 % l'an.

Ensuite et surtout, la croissance des revenus pour la plupart des groupes sociaux n'a rien à voir avec le taux macroéconomique moyen de 1,4 %. Pour près de 90 % de la population, la croissance a été bien inférieure à cela. Seuls les 10 % des plus hauts revenus ont connu une progression égale ou supérieure à 1,4 % l'an. Si vous prenez un centile de revenus au hasard, il y a de fortes chances que l'évolution de son revenu moyen n'ait aucun rapport avec les performances de l'économie américaine dans son ensemble. Il y a eu un décrochage massif entre le taux de croissance macroéconomique et les gains de pouvoir d'achat dont les Américains ont véritablement fait l'expérience – la moyenne de la croissance des revenus pour chaque Américain n'a été que de 0,65 %. La fiction de l'« agent représentatif » est bel et bien morte.

***Graphique 8.1* – La distribution de la croissance économique américaine**
(croissance annuelle du revenu avant impôts par centile de revenus, 1946-1980 et 1980-2018)

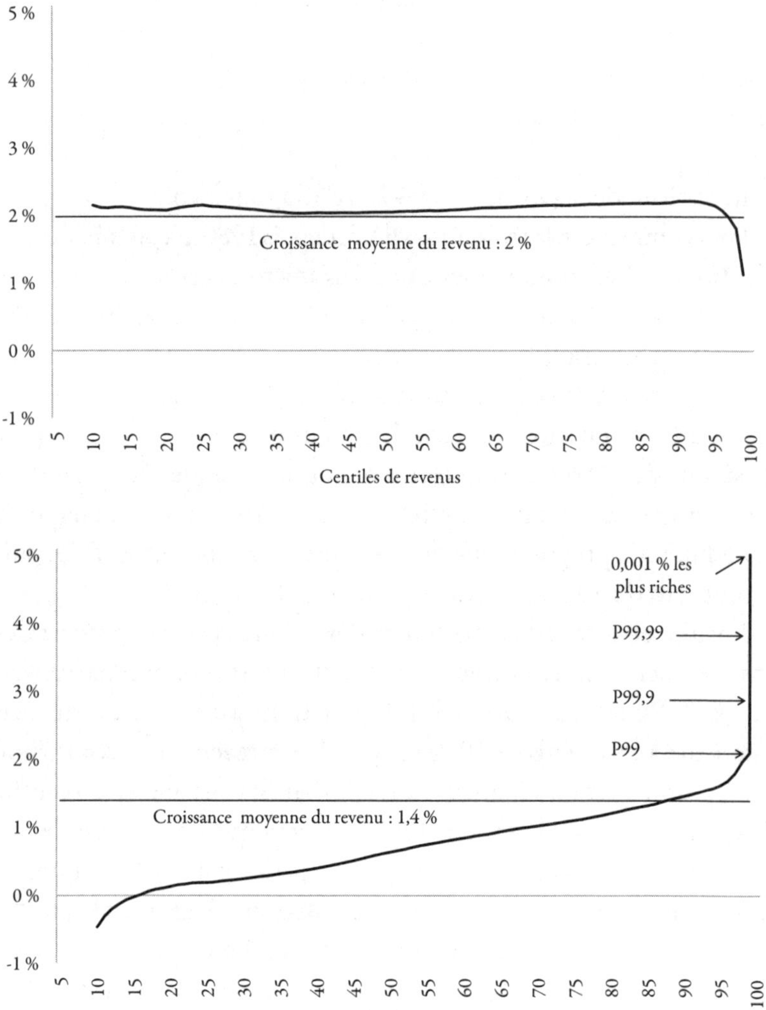

Lecture : Cette figure montre la croissance annuelle réelle du revenu avant impôts par adulte pour chaque centile de la distribution pendant les périodes 1946-1980 et 1980-2018. Entre 1946 et 1980, la croissance était distribuée uniformément, tous les groupes de revenus connaissant un taux de croissance annuel de 2 % en moyenne (à l'exception des 1 % les plus riches, pour lesquels la croissance était plus lente). Entre 1980 et 2018, la croissance a été inégalement répartie, avec des taux de croissance très bas pour les revenus les plus faibles, médiocres pour les classes moyennes et très élevés au sommet.

Sources et méthodologie : TaxJusticeNow.org.

Les plus riches, bien sûr, ont connu une grande prospérité pendant cette période. Regardez le pic de la courbe sur le graphique 8.1 : il montre que les adultes appartenant aux 1 % les plus aisés (ceux qui touchent plus de 500 000 dollars aujourd'hui) ont vu leurs revenus fortement augmenter. Pour une infime minorité, la croissance a été exponentielle : pour les 0,1 % du haut, les revenus ont augmenté de 320 % depuis 1980 ; pour les 0,01 %, de 430 % ; et pour les 0,001 % (soit les deux mille trois cents Américains les plus riches), de plus de 600 %.

Au cours de ces mêmes décennies, les classes populaires (la moitié de la population qui perçoit les revenus les plus bas) n'ont pratiquement bénéficié d'aucun gain de revenu réel. Leur revenu moyen avant impôts, qui se monte à 18 500 dollars en 2018, n'a presque pas progressé : si l'on tient compte de l'inflation, il était d'environ 17 500 dollars à la fin des années 1970. Cela correspond à un taux de croissance annuel de 0,1 % sur quarante ans. Ce n'est pas seulement que la part du revenu national captée par les plus aisés a augmenté depuis 1980 : le revenu absolu de ces catégories s'est envolé, tandis que celui de la moitié de la population dessinait un encéphalogramme plat. Pour le dire autrement, quarante ans après le début de la révolution reaganienne, rien ne vient étayer l'hypothèse selon laquelle les revenus des plus riches auraient « ruisselé » vers les classes populaires. Celles-ci ont au contraire été exclues de la croissance.

Ces données ne prouvent certes pas que les politiques fondées sur le « ruissellement » ont nui aux classes populaires, ni que les fortunes amassées par les ultra-riches l'ont été aux dépens du reste de la population. On pourrait après tout imaginer que la situation des catégories les plus modestes aurait été encore plus mauvaise si la politique fiscale n'avait pas favorisé les plus aisés. Qu'au lieu de croître de 0,1 % par an en moyenne sur une période de quarante ans, leur revenu réel aurait en fait chuté. Cela ne semble à vrai dire pas très plausible ; toutefois, d'un point de vue strictement logique, on ne peut pas exclure cette hypothèse *a priori*. Les statistiques sur la croissance du revenu de chaque centile sont très utiles, mais, à elles seules, elles n'apporteront jamais de réponses définitives sur les vertus ou les inconvénients de telle ou telle politique publique. Et malheureusement, nous ne pouvons pas remonter dans le temps et réaliser une expérience dans laquelle les taux d'imposition resteraient à leur niveau de 1980 sur toute la période pour voir ce qui se passerait.

La seule chose que l'on puisse dire, c'est que, quand on compare la dynamique des revenus dans les trois décennies d'après-guerre et celle de l'Amérique des décennies suivantes, le bien-fondé de la théorie du ruissellement ne saute guère aux yeux.

Croissance des revenus des classes populaires en France et aux États-Unis

La comparaison entre les États-Unis et d'autres pays développés – qui ont appliqué des politiques différentes depuis 1980 – ne plaide pas davantage en faveur des thèses reaganiennes.

Prenons le cas de la France, pays globalement représentatif de l'Europe continentale. Le revenu national moyen par adulte y est moins élevé qu'aux États-Unis, d'environ 30 % aujourd'hui. Cela ne tient pas au fait que les Américains seraient en moyenne plus productifs, mais s'explique principalement par le fait qu'ils travaillent davantage : ils commencent à travailler plus tôt dans la vie (en partie pour financer des frais d'inscription à l'université plus lourds), prennent leur retraite plus tard (en partie pour compenser des pensions de retraite plus faibles) et ont entre-temps moins de vacances et des congés parentaux plus courts. Sur le plan de la productivité, la France et les États-Unis font à peu près jeu égal. Le PIB divisé par le nombre d'heures travaillées (l'indicateur le plus pertinent pour mesurer la productivité) est comparable dans les deux pays (de l'ordre d'environ 75 dollars en 2019) et les courbes se suivent depuis 2010[1].

Bien que les Américains travaillent davantage que les Français, si l'on se concentre maintenant sur la moitié inférieure de la distribution, le revenu moyen par adulte est 11 % plus *élevé* en France qu'outre-Atlantique. D'un point de vue strictement monétaire (c'est-à-dire même en mettant de côté les différences en matière de santé, de temps de loisir, etc.), les classes populaires apparaissent légèrement mieux loties en France qu'aux États-Unis. Précisons immédiatement qu'il ne faut pas y voir là l'effet de la redistribution, car nous parlons ici du revenu *avant* impôts et transferts. Quand on prend en compte les dépenses publiques consacrées à la petite enfance, à la santé et à l'éducation, la situation des classes populaires françaises s'améliore – ce n'est pas une grosse surprise. Ce qu'il est plus intéressant de relever, c'est qu'à la majorité de la population le *marché* accorde de plus hauts revenus en France qu'aux États-Unis.

Or il n'en a pas toujours été ainsi. Le revenu moyen des 50 % les plus modestes est aujourd'hui inférieur de 2 000 dollars aux États-Unis par rapport à la France. En 1980, c'était l'inverse. Au cours des quatre décennies suivantes, le revenu des classes populaires a stagné aux États-Unis, alors qu'en France il augmentait. Cette croissance n'a certes pas été phénoménale, loin de là (0,8 % par an en moyenne) ; et depuis la crise de 2008-2009, elle est au point mort. Mais 0,8 % par an sur une génération, même si c'est peu, a suffi aux classes populaires françaises pour dépasser leurs homologues américaines, dont le revenu n'a crû que de 0,1 % l'an.

1. Bertrand Garbinti, Jonathan Goupille-Lebret et Thomas Piketty, « Income Inequality in France, 1900-2014 : Evidence from Distributional National Accounts (DINA) », *Journal of Public Economics*, vol. 162, 2018, p. 63-77.

***Graphique 8.2* – L'abandon économique des classes populaires américaines**

(revenu moyen avant impôts des 50 % les plus modestes aux États-Unis et en France, en dollars constants de 2018, 1962-2018)

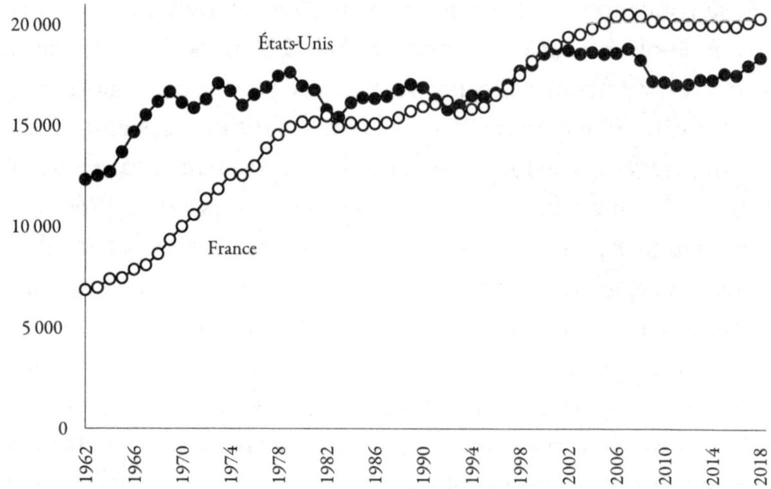

Lecture : Ce graphique montre le revenu moyen par adulte pour les 50 % des plus bas revenus aux États-Unis et en France depuis 1962, avant impôts et transferts. Les séries sont exprimées en dollars américains de 2018, en appliquant la parité de pouvoir d'achat pour la conversion des euros en dollars. En France, les revenus des plus modestes ont augmenté plus vite qu'aux États-Unis et sont désormais plus élevés qu'outre-Atlantique.

Sources et méthodologie : TaxJusticeNow.org.

Pour certains commentateurs, la stagnation des classes populaires américaines était inévitable ; ils invoquent à l'appui de cette thèse une convergence de facteurs économiques (en particulier le progrès technique et l'intensification du commerce international) qui auraient rendu la main-d'œuvre relativement peu qualifiée durablement moins productive et le fruit de son travail moins demandé. La comparaison entre les États-Unis et la France permet de faire un sort à cette analyse. Car, de part et d'autre de l'Atlantique, les mêmes forces économiques se sont exercées : l'usage des ordinateurs n'est pas plus développé ici que là ; la France comme les États-Unis commercent avec les pays émergents. Ces deux pays ont vu de nombreux ouvriers être remplacés par des robots dans le secteur automobile et d'autres pans de l'industrie. En France, le revenu moyen des classes populaires a néanmoins légèrement progressé (pas beaucoup, c'est certain, mais tout de même de 30 % depuis 1980), alors qu'il stagnait aux États-Unis. Il y a là un enseignement important : les bouleversements technologiques et la mondialisation du commerce ne peuvent pas être les principaux responsables du malheur des classes populaires américaines.

L'idée que celles-ci seraient subitement devenues moins productives ne tient pas la route. Les comparaisons internationales suggèrent plutôt que les politiques publiques ont redistribué les revenus des catégories les plus modestes vers les plus favorisées. Les gouvernements qui se sont succédé aux États-Unis depuis les années 1980 ont délibérément fait des choix allant dans ce sens, notamment en laissant le salaire minimum fédéral s'effondrer, en baissant les impôts des plus fortunés, en restreignant le pouvoir des syndicats et en renchérissant l'accès aux universités publiques[1]. La France et la plupart des autres pays riches ont connu des évolutions du même type, mais le virage vers le fondamentalisme de marché a été plus radical aux États-Unis.

Une croissance sous-estimée ?

La stagnation des revenus des classes populaires sur plus d'une génération est sans doute l'évolution la plus marquante qu'ait connue l'économie américaine depuis 1980, celle qui a les retentissements politiques et économiques les plus profonds. De fait, elle est si saisissante que, pour certains observateurs, il doit y avoir erreur : la

1. College Board, *Trends in Higher Education Series : Trends in College Pricing 2019*, novembre 2019.

progression réelle du niveau de vie des catégories modestes doit être sous-estimée. C'est là une objection qu'il nous faut examiner avant de pouvoir formuler des préconisations en matière de politiques publiques. Elle se présente sous trois formes.

La première est que les statistiques officielles sous-estiment la croissance économique parce qu'elles surestiment l'inflation. Quand ils mesurent l'évolution du revenu national, les statisticiens s'efforcent de faire la part de ce qui vient de l'accroissement réel de la production et de ce qui provient simplement de la hausse générale des prix. Disons-le clairement : ce n'est pas une science exacte. Si nous produisions tous les ans strictement les mêmes biens et services, la tâche serait facile. Mais avec le temps, et par un processus inhérent à la croissance, la qualité des produits tend à s'améliorer. Alors, quand le prix d'un bien augmente, est-ce parce qu'il est de meilleure qualité ou à cause de l'inflation ? Les gains de qualité sont parfois aisément observables et faciles à prendre en compte dans les statistiques : par exemple, les écrans de télévision sont plus grands aujourd'hui qu'il y a vingt ans. Mais il arrive aussi qu'ils soient moins faciles à quantifier, par exemple dans le cas de techniques de chirurgie moins invasives ou de logiciels plus faciles d'utilisation. Autre difficulté : certaines entreprises, parmi lesquelles Google et Facebook, fournissent des services qu'elles ne facturent pas à leurs clients. Nous ne payons pas pour le service de géolocalisation rendu par Google Maps et, par conséquent, celui-ci n'est pas pris en compte dans le revenu national.

Ces questions épineuses ont donc conduit certains observateurs à penser que les statistiques macroéconomiques officielles (et en conséquence nos comptes nationaux distributifs qui se fondent sur elles) sous-estiment la croissance. La plupart des économistes ayant participé à la conduite de la politique économique américaine depuis le début des années 1980 ou ayant joué un rôle influent dans la nouvelle économie, tiennent plus ou moins ce discours. Dixit Martin Feldstein, proche conseiller économique de Reagan : « Les statistiques officielles sous-estiment l'évolution de la production et de la productivité réelles[1]. » Selon Bill Gates : « Le PIB sous-estime la croissance, même dans les pays riches[2]. » L'argument est repris à satiété par les économistes travaillant dans les entreprises du numérique : « On ne se rend pas bien compte de ce qui est en train de se passer dans la Silicon Valley, parce qu'on ne dispose pas des bons outils pour le mesurer », d'après l'économiste en chef de Google, Hal Varian[3]. Autant de commentaires qui laissent entendre que de miraculeux gains de productivité seraient à l'œuvre, et qu'il suffirait de se donner les moyens de les mesurer.

Sur le principe, ces objections sont légitimes. Les travaux les plus récents suggèrent néanmoins que, lorsque l'on prend au sérieux ces complications, le tableau de l'économie américaine n'est guère plus rose que celui qui ressort de la comptabilité nationale officielle. Le ralentissement de la croissance depuis 1980 par rapport à la période 1946-1980 pourrait même avoir été plus marqué qu'on ne le croit[4]. La raison en est simple : les difficultés soulignées par Bill Gates et d'autres ne sont pas nouvelles ; elles sont inhérentes au processus de croissance économique. Les mêmes questions se sont posées avant les années 1980, et peut-être même de manière plus aiguë. Oui, la qualité de nos smartphones s'est améliorée – tout comme celle des voitures et des appareils électroménagers dans les décennies d'après-guerre. Oui, certains des nouveaux services fournis par la Silicon Valley sont gratuits – mais les programmes de la radio et de la télévision l'étaient aussi. L'un dans l'autre, le revenu national par adulte a peut-être augmenté de 1,5 % par an en moyenne depuis 1980, au

1. « Underestimating the Real Growth of GDP, Personal Income, and Productivity », *Journal of Economic Perspectives*, vol. 31, n° 2, 2017, p. 145-164.

2. « GDP Is a Terrible Way to Measure a Country's Economy », Slate.com, 9 mai 2013.

3. Cité par Timothy Aeppel, « Silicon Valley Doesn't Believe US Productivity Is Down », *Wall Street Journal*, 16 juillet 2015.

4. Brent R. Mouton, « The Measurement of Output, Prices, and Productivity : What's Changed since the Boskin Commission ? », Brookings.edu, 25 juillet 2018.

lieu de 1,4 % dans les statistiques officielles. De la même manière cependant, la croissance a sans doute été plus forte que nous ne le croyons entre 1946 et 1980, peut-être de l'ordre de 2,2 % l'an au lieu de 2 %. Corriger les séries sur toute la période ferait apparaître un tassement de la croissance encore plus sévère. Et cela ne modifierait qu'à peine la croissance du revenu des classes populaires (peut-être 0,2 % par an au lieu de 0,1 %).

À l'inverse, les statistiques officielles, au lieu d'être trop pessimistes, pourraient en fait se montrer trop optimistes. Car, si les progrès sont parfois difficiles à quantifier, il en va de même des pertes de qualité. Le transport aérien constitue un exemple classique de service dont la qualité s'est dégradée depuis les années 1980. Plus grave, les chiffres de la croissance ne tiennent pas compte de la dramatique détérioration du climat et du recul de la biodiversité. Si l'on met tout dans la balance, ces dégradations absentes des statistiques pèsent sans doute plus lourd que les éventuelles hausses de productivité mal mesurées. Google Maps est un outil formidable, mais peut-être pas aussi important que l'avenir de la planète.

Le deuxième argument visant à soutenir que les chiffres de la croissance donnent une image inexacte de l'amélioration du niveau de vie des classes populaires a trait à la mobilité sociale. Les individus qui composent le groupe des 50 % les moins riches ne sont pas les mêmes d'une année sur l'autre. Certains montent dans l'échelle des revenus et rejoignent les classes moyennes, tandis que d'autres rejoignent les classes populaires. Des immigrants entrent aussi dans le pays. Si, au lieu de comparer le revenu moyen de chaque groupe au fil du temps, on suivait la trajectoire des revenus individuels, d'aucuns pensent pouvoir démontrer que les classes populaires américaines ont en réalité prospéré. On retrouve dans cet argument la foi commune dans l'idée que les États-Unis sont un pays où chacun peut réussir – le mythe du rêve américain.

Malheureusement, il s'agit d'un raisonnement spécieux. Il y a bien sûr une certaine mobilité des revenus individuels : en règle générale, ces derniers augmentent au cours de la vie. Les rémunérations croissent avec l'expérience, les salariés obtiennent des promotions, etc. Mais ce que les statistiques disponibles montrent est fort simple : les Américains modestes ne gagnent pas plus, en moyenne, que leurs parents au même âge[1]. À chaque étape de leur cycle de vie, ils ne sont pas mieux lotis que la génération précédente. Pour comprendre pourquoi il est fallacieux de prétendre que les classes populaires ont prospéré si l'on suit les individus au fil du temps, faites l'expérience suivante : imaginez que nous vivions dans un monde sans croissance du revenu national, un monde où les anciennes cohortes seraient simplement remplacées année après année par de jeunes générations touchant des revenus relativement faibles par rapport à ceux des ménages plus âgés. Dans un tel monde, le revenu de chacun augmenterait au cours de la vie, malgré la stabilité du revenu national. Devant cette économie par définition en stagnation, y aurait-il un sens quelconque à chanter les vertus du progrès ? Non. Le fait que les revenus des plus modestes augmentent avec l'âge n'indique en rien que la situation des catégories populaires s'améliore réellement.

Et *quid* de l'immigration ? Est-il vrai que beaucoup d'Américains des classes populaires sont arrivés de pays où leurs salaires étaient encore plus bas ? C'est parfois le cas, mais le poids statistique de ces immigrés est trop faible pour expliquer les tendances à l'œuvre. Entre 2010 et 2016, les flux d'immigration permanente aux États-Unis se sont élevés à 0,33 % de la population par an, soit deux à trois fois moins que dans des pays comme le Canada, l'Allemagne, les pays scandinaves ou le Royaume-Uni[2]. Les États-Unis étaient devenus un pays de faible immigration bien avant l'arrivée au pouvoir de Donald Trump.

1. Raj Chetty, David Grusky, Maximilian Hell, Nathaniel Hendren, Robert Manduca et Jimmy Narang, « The Fading American Dream : Trends in Absolute Income Mobility since 1940 », *Science*, vol. 356, n° 6336, 2017, p. 398-406.

2. OCDE, *Perspectives des migrations internationales 2018*, Paris, Éditions OCDE, 2018 ; disponible sur Read.OECD-iLibrary.org.

Les limites de la redistribution

Le troisième et dernier argument qui voudrait que les chiffres de la croissance ne rendent pas bien compte de l'amélioration du niveau de vie des classes populaires renvoie à la redistribution. Lorsque nous estimons que le revenu moyen des catégories modestes américaines n'a crû que de 0,1 % par an depuis 1980, il s'agit du revenu avant impôts et transferts. Or les impôts ont augmenté, nous l'avons vu, mais les transferts publics aussi, et même davantage, si bien que le revenu des classes populaires après impôts et transferts a progressé à un rythme un peu plus rapide.

Mais la différence n'est pas énorme. Après impôts et transferts, la croissance pour les plus défavorisés reste médiocre : environ 0,6 % par an depuis 1980. Et avant de vanter trop vite les effets égalisateurs des dépenses publiques, arrêtons-nous un instant. Quels sont ces transferts qui ont augmenté ? La réponse est simple : principalement Medicare et Medicaid. Ce n'est pas que l'État ait protégé les plus vulnérables par des transferts monétaires. Ni qu'il ait allégé le coût croissant de l'éducation des enfants en versant des allocations à leurs parents. Non, il a pour l'essentiel réglé une bonne partie de la facture médicale – de plus en plus exorbitante – des Américains. C'est une bonne chose ; cependant, il faut bien comprendre que les « bénéficiaires » de ces largesses ne peuvent pas décider de dépenser cet argent comme ils l'entendent. Ces transferts n'alimentent pas leurs comptes en banque, mais ceux des professionnels du secteur de la santé, dont certains sont confortablement installés dans le groupe des 1 % les plus riches. Sommes-nous certains que les services rendus en échange soient bien à la hauteur des dépenses engagées ?

En fin de compte, l'acte d'accusation le plus implacable contre le fondamentalisme de marché pratiqué aux États-Unis est sans doute la chute de l'espérance de vie. Car il s'agit là d'un indicateur plus facile à mesurer que le revenu et, d'une certaine manière, d'une statistique qui en dit aussi davantage que les mesures strictement matérialistes du bien-être que nous avons analysées jusqu'à présent : la plupart des gens tiennent à vivre longtemps et en bonne santé plus qu'à quoi que ce soit d'autre. En moyenne, chaque fois qu'ils gagnent cinq dollars, les Américains en versent un aux médecins, aux hôpitaux, aux laboratoires pharmaceutiques et aux compagnies d'assurances santé. Ils n'ont jamais dépensé autant pour leur santé (et consacrent à la santé des sommes plus élevées que les habitants de n'importe quel autre pays). Et pourtant, leur espérance de vie a baissé en 2017 pour la troisième année consécutive. En 1980, elle était supérieure d'une année et demie à celle des habitants des autres pays de l'OCDE. Aujourd'hui, elle est inférieure de près de deux ans[1].

La détérioration de l'espérance de vie des Américains, au regard de celle constatée dans les autres pays développés, a été progressive et son rythme a suivi pas à pas la dégradation des conditions de vie matérielles relatives des catégories les plus modestes. Les riches vivent plus longtemps, les pauvres meurent plus jeunes. Dans l'histoire récente, il n'y a qu'un seul exemple comparable d'un décrochage de l'espérance de vie en temps de paix : celui de la Russie, pendant la transition chaotique qui suivit la chute du communisme dans la première moitié des années 1990.

Au vu de cette stupéfiante inversion de la courbe de l'espérance de vie, il y a de bonnes raisons de penser que nos estimations de la croissance des revenus, loin d'exagérer la détresse des catégories modestes, la sous-estiment au contraire.

1. Cf. OCDE, *Statistiques de l'OCDE sur la santé 2019*, *op. cit.* Anne Case et Angus Deaton analysent l'évolution de la mortalité aux États-Unis et montrent que la hausse se concentre sur les populations blanches âgées d'une cinquantaine d'années et sans diplôme de l'enseignement supérieur. Une partie de ce phénomène serait liée à des « morts de désespoir », la médiocrité des perspectives économiques engendrant consommation de drogue, alcoolisme et suicides (« Rising Morbidity and Mortality in Midlife among White Non-Hispanic Americans in the 21st Century », *Proceedings of the National Academy of Sciences*, vol. 112, n° 49, 2015, p. 15078-15083).

Déconcentrer les richesses : un impôt radical sur la fortune

Qu'on compare les quarante années après 1980 aux décennies d'après-guerre ou bien l'Amérique d'aujourd'hui aux autres pays riches, il semble que l'envolée des très grandes fortunes n'ait guère profité au reste de la population, mais qu'à l'inverse elle se soit principalement faite au détriment des classes populaires.

Rétrospectivement, cela n'est pas complètement étonnant. Les politiques de l'offre stimulent l'offre, comme leur nom l'indique. Mais l'offre de quoi, au juste ? Est-ce qu'elles encouragent les enseignants, les inventeurs et les chercheurs à travailler davantage ? Peut-être. Cela ne paraît pas très plausible, mais on ne peut pas complètement exclure qu'au moins une partie d'entre eux, motivés par la perspective d'immenses profits, redoublent d'efforts quand les impôts baissent. Quelle que soit leur sensibilité au rendement après impôts, il est clair toutefois que ce ne sont pas là les acteurs économiques qui vont être le plus « stimulés ». En revanche, les marchands de produits financiers douteux, les promoteurs de techniques d'évasion fiscale et les avocats qui les valident, les as du chantage au brevet, les fabricants de faux diplômes universitaires, les inventeurs d'opiacés mortels : voilà les individus, exclusivement mus par l'appât du gain, qui sauront tirer parti de la situation et proposer davantage de leurs services, qui innoveront avec plus d'audace – et toujours plus vite, de sorte qu'il sera de plus en plus difficile aux régulateurs de les contrôler et aux citoyens de découvrir leurs combines avant d'être victimes des suivantes. Si de faibles taux supérieurs d'imposition encouragent l'innovation, alors ils doivent galvaniser toutes les formes d'extraction de rente, toutes les arnaques à somme nulle.

Parmi les nombreuses politiques susceptibles de limiter le pouvoir des immenses fortunes et de contenir ces formes de prédation, celle qui consiste à appliquer des taux quasi confiscatoires aux très hauts revenus a historiquement fait ses preuves. Mais elle se heurte à un obstacle majeur : comme nous l'avons vu, il n'est devenu que trop facile aux grandes fortunes de posséder un immense patrimoine tout en ne déclarant que peu de revenus imposables. Porter le taux supérieur de l'impôt sur le revenu à 90 % ne changerait pas grand-chose à la facture d'un grand nombre de milliardaires.

Surmonter cet écueil exige de taxer fortement les gros patrimoines eux-mêmes à des taux élevés. Un impôt modéré sur la fortune, au taux marginal de 2 % au-dessus de 50 millions de dollars et de 3 % au-dessus d'un milliard, tel que nous l'avons décrit au chapitre précédent, générerait beaucoup de recettes (de l'ordre de 1 % du PIB chaque année, d'après nos estimations). Il serait du « bon » côté de la courbe de Laffer.

Imaginons à présent un impôt plus radical sur la fortune, avec un taux marginal de 10 % au-dessus d'un milliard de dollars. Un individu qui posséderait 1 milliard de dollars en paierait 19 millions, comme dans notre scénario de taxation modérée des fortunes[1]. Un tel impôt ne rendrait pas plus difficile le fait de devenir milliardaire, mais simplement plus compliqué celui de rester longtemps multimilliardaire. Car qui posséderait 2 milliards de dollars paierait presque 5 % par an ; qui en posséderait une dizaine comme George Soros, 9 % ; et qui en posséderait une centaine comme Jeff Bezos, 10 %. À l'instar des taux quasi confiscatoires sur les revenus de 90 % mis en place par Roosevelt, qui avaient nettement réduit le nombre de familles gagnant plus de l'équivalent de 10 millions de dollars d'aujourd'hui, un impôt radical sur la fortune entraînerait à terme une baisse du nombre de multimilliardaires. Plutôt que de collecter des recettes, il déconcentrerait la richesse.

1. Comme le taux d'imposition est de 2 % au-dessus de 50 millions de dollars, un individu en possédant 1 milliard paie 2 % de 950 millions, soit 19 millions de dollars.

***Graphique 8.3* – Un impôt sur la fortune pour limiter la hausse des inégalités... ou déconcentrer la richesse ?**

(part de la richesse totale détenue par les quatre cents plus grosses fortunes des États-Unis, dans la situation actuelle et avec un impôt sur la fortune, 1982-2018)

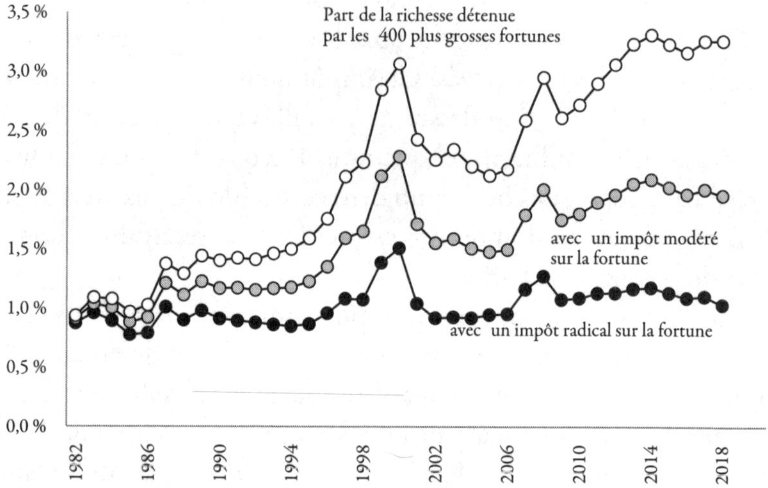

Lecture : Ce graphique montre la part de la richesse totale détenue par les quatre cents plus grosses fortunes des États-Unis telles que recensées par le magazine *Forbes* depuis 1982. Il montre aussi ce qu'aurait été cette part si un impôt modéré ou plus radical sur la fortune avait été en place depuis 1982. L'impôt modéré a un taux marginal supérieur de 3 % au-dessus d'un milliard de dollars, l'impôt radical un taux de 10 %. La part des quatre cents premières fortunes est passée de moins de 1 % en 1982 à près de 3,5 % en 2018. Avec un impôt modéré sur la fortune depuis 1982, leur part aurait été de l'ordre de 2 % en 2018. Avec un impôt plus radical, elle aurait été de l'ordre de 1 % en 2018, comme au début des années 1980.

Sources et méthodologie : TaxJusticeNow.org.

Il y aurait encore des multimilliardaires, c'est certain. Si un impôt radical sur la fortune avait existé ces dernières décennies, Mark Zuckerberg pèserait encore 21 milliards de dollars en 2018 (au lieu des 61 milliards estimés par *Forbes*). Car sa fortune a crû au rythme de 40 % par an depuis 2008, date à laquelle il a franchi le cap du milliard. Un impôt de 10 % par an n'aurait guère stoppé cette croissance exponentielle. Mais celle de Bill Gates, milliardaire depuis trois décennies, ne serait en 2018 plus « que » de 4 milliards de dollars (au lieu de 97 milliards) parce que l'impôt radical aurait eu le temps de la raboter. Si ce dernier avait existé depuis 1982, la plupart des quatre cents Américains les plus riches seraient encore milliardaires en 2018, mais leurs fortunes ne représenteraient environ que le tiers de ce qu'elles sont actuellement. Leur part de la richesse du pays serait comparable à ce qu'elle était en 1982, avant la flambée des inégalités de patrimoine.

Pour la seule année 2018, un impôt radical sur la fortune fraîchement instauré aurait levé 250 milliards de dollars auprès des quatre cents premières fortunes, soit plus de 1 % du PIB. Mais, s'il avait existé depuis 1982, il n'aurait levé que 66 milliards, tandis que l'impôt modéré, malgré son taux beaucoup plus faible, aurait rapporté presque autant : environ 50 milliards. À long terme, l'impôt radical érode les plus grandes fortunes à tel point qu'il réduit les impôts payés par les ultra-riches relativement à un impôt à taux plus modéré : il dépasse le sommet de la courbe de Laffer[1].

Un tel impôt se justifie-t-il ? La société américaine se porterait-elle mieux si elle jugulait les fortunes astronomiques en appliquant un impôt annuel de 10 % au-dessus d'un milliard, même si cela devait réduire à terme les recettes prélevées sur les ultra-riches ? Sur cette question, notre conviction a évolué au fil des années, à mesure que la stagnation du revenu moyen des classes populaires et l'explosion de la richesse des milliardaires apparaissaient plus clairement dans les données. Peut-être la vôtre changera-t-elle aussi à la lecture de ces statistiques.

1. Pour le détail complet des calculs concernant l'impôt sur la fortune décrit ici, cf. Emmanuel Saez et Gabriel Zucman, « Progressive Wealth Taxation », Brookings Papers on Economic Activity, octobre 2019.

Chapitre 9

Financer l'État social

Dans la plupart des débats fiscaux, on trouve un argument qui pourrait vous surprendre arrivé à ce stade de votre lecture : celui selon lequel la progressivité du système fiscal n'aurait au fond pas grande importance. L'État, pour les défenseurs de cette thèse, peut toujours redistribuer comme il le souhaite via la dépense publique. Du moment que celle-ci aide les catégories les plus modestes, peu importe comment les impôts sont prélevés. Cette façon de voir, très répandue aux États-Unis et également en Europe, a profondément influencé le Fonds monétaire international et la Banque mondiale. Depuis les années 1990, ces institutions ont ainsi encouragé les États d'Asie et d'Afrique à augmenter leurs taxes sur la valeur ajoutée (des impôts qui frappent plus lourdement les plus démunis que les plus aisés) afin de financer leurs programmes sociaux. Mais elles se sont bien gardées d'aider les pays en développement à construire leurs impôts progressifs sur le revenu, à créer des droits de succession ou des impôts sur la fortune – tous perçus comme superflus et peut-être même dangereux politiquement.

Cette stratégie n'est pas totalement dénuée de fondement : les taxes sur la valeur ajoutée peuvent en effet générer des rentrées fiscales importantes qui permettent de financer l'éducation, la santé ainsi que les autres biens et services publics qui constituent le moteur de la croissance économique. Le problème vient plutôt de la conception du processus de développement qui sous-tend le discours de ces experts bien intentionnés. Car il ne suffit pas de collecter mécaniquement des impôts en vue de financer des dépenses publiques, aussi judicieuses soient-elles, pour garantir la prospérité ; encore faut-il aussi créer les conditions d'une confiance au long cours des citoyens envers les institutions, et en particulier envers l'État. Or, quand celui-ci prend davantage aux pauvres qu'aux riches, installer cette confiance dans la durée relève de la gageure.

Cette idée est fondamentale si l'on veut comprendre l'histoire de l'impôt, depuis les révoltes fiscales du Moyen Âge jusqu'à l'apparition du mouvement des « gilets jaunes » en France en 2018. Et elle restera sans doute importante pour s'orienter dans les débats fiscaux futurs[1]. Prenons le cas des taxes environnementales. Mettre un prix sur le carbone est essentiel afin de lutter contre le réchauffement de la planète. Les taxes environnementales sont cependant le plus souvent régressives, dans la mesure où les dépenses de carburant et la consommation de produits fortement émetteurs de gaz à effet de serre absorbent une part relativement importante du revenu des plus démunis. Le combat pour le climat exigera aussi d'autres taxes, progressives celles-là, pour compenser la régressivité des taxes environnementales et rendre la lutte contre le changement climatique socialement acceptable. Il y a fort à parier que les gouvernements qui oublient cette vérité essentielle l'apprendront à leurs dépens.

Prenons encore le cas du financement de la santé. Aux États-Unis, les deux tentatives les plus poussées pour créer un système d'assurance

1. Ilyana Kuziemko et ses collègues montrent qu'aux États-Unis le soutien de l'opinion publique en faveur d'une redistribution dans un contexte de fortes inégalités est beaucoup plus faible quand la confiance dans l'État est fragile (« How Elastic Are Preferences for Redistribution ? Evidence from Randomized Survey Experiments », *American Economic Review*, vol. 105, n° 4, 2015, p. 1478-1508).

maladie universelle (la proposition de loi portée par Bill et Hillary Clinton en 1993 et le projet de l'État du Vermont en 2014) se sont soldées par des échecs, non pas faute de bénéficier d'un large soutien, mais essentiellement en raison de l'absence de solutions de financement acceptables et équitables. Voici ce qui arrive quand l'on se convainc que seule compte la dépense et non la manière dont les fonds seront prélevés : bien souvent, de dépense il n'y a point. Depuis l'échec du plan Clinton en 1993, des milliers d'Américains sont morts, faute d'avoir pu accéder à des soins adéquats parce qu'ils n'avaient pas d'assurance maladie[1] ; et des millions d'autres vivent dans la crainte de perdre leur couverture santé.

Comme nous l'avons vu dans le septième chapitre, les États-Unis pourraient augmenter leur taux de prélèvements obligatoires de l'ordre de quatre points de revenu national en taxant davantage les plus riches. Ces recettes supplémentaires seraient suffisantes pour fournir une assurance santé aux millions d'Américains qui n'en ont pas aujourd'hui. Mais cela pourrait aussi être le point de départ d'une extension plus ambitieuse de l'État social américain, centrée sur le financement public d'un système de santé et d'éducation pour tous, de la petite enfance à l'université. Une telle réforme nécessiterait davantage de recettes que ce qu'il est possible de collecter auprès des 1 % les plus riches. Dans ce chapitre, nous présentons un nouveau mode de financement possible de l'État social du XXIe siècle.

La montée de l'État social

Pourquoi la plupart des gens pensent-ils que la puissance publique devrait financer la santé et l'éducation ? Pour la même raison qu'ils

1. Un important corpus de travaux empiriques prouve que l'assurance santé publique sauve des vies (bien qu'il soit difficile de quantifier précisément cet effet) ; cf., par exemple, David Card, Carlos Dobkin et Nicole Maestas, « Does Medicare Save Lives ? », *The Quarterly Journal of Economics*, vol. 124, n° 2, 2009, p. 597-636.

considèrent que la retraite devrait aussi être largement assurée par l'État. Le droit à un niveau de vie suffisant est reconnu comme un droit fondamental ; or en pratique, sans éducation, sans prestations de retraite et sans soins médicaux, ce droit ne peut être satisfait.

Avant le XXe siècle, les familles (plutôt que la puissance publique) subvenaient aux besoins des personnes âgées et des malades. Les parents payaient les études de leurs enfants ; les enfants prenaient soin de leurs parents durant leurs vieux jours. Les institutions religieuses venaient en aide à ceux qui n'avaient pas de famille. Tout cela se passait néanmoins à une époque où la plupart des individus ne faisaient que des études courtes, où les soins médicaux étaient rudimentaires et où les personnes âgées ne pouvaient espérer vivre longtemps. Avec le progrès technologique, les études sont devenues plus longues, l'espérance de vie s'est allongée et la médecine s'est perfectionnée, si bien que le coût de l'éducation, de la retraite et de la santé s'est alourdi, rendant nécessaire un financement collectif.

Aux États-Unis, le revenu annuel des classes populaires (donc de la moitié de la population) s'est élevé à 18 500 dollars par adulte en 2019, et ce dans un pays qui dépense 20 % de son revenu national pour la santé, soit l'équivalent de 15 000 dollars par adulte. Toutes les économies développées consacrent au moins 10 % de leur revenu national aux dépenses de santé, même lorsqu'elles s'efforcent de maîtriser les coûts[1]. Si les États-Unis imitaient les autres pays développés et ramenaient leurs dépenses de santé à 10 % du revenu national, ces dernières s'élèveraient tout de même à 7 500 dollars par an et par adulte en moyenne, une somme inaccessible quand on gagne 18 500 dollars par an. On comprend aisément pourquoi le financement des dépenses de santé ne peut se faire que par le biais de la collectivité, sauf à exclure les catégories défavorisées de tout accès aux soins.

Mais les pauvres ne peuvent-ils pas s'offrir des soins et une éducation à bas coût ? Non, car la médecine bon marché (tout

1. Cf. OCDE, *Statistiques de l'OCDE sur la santé 2019*, *op. cit.*.

comme l'éducation bon marché) n'existe pas. L'idée – étonnamment répandue – selon laquelle il n'y aurait guère de différence entre, d'un côté, des prestations de santé et, de l'autre, une coupe de cheveux ou un repas au restaurant (des services pour lesquels il existe un produit adapté à chaque budget) n'a pas grand sens, car il n'y a aucune façon de soigner un cancer ou un problème cardiaque au rabais. Aucune économie avancée n'arrive à fournir à moindres frais des soins de santé et une éducation de qualité. Or les ménages les plus pauvres ont besoin d'autant de soins médicaux que les plus riches, de même qu'ils ont besoin d'autant d'instruction. Presque tous les enfants américains, quel que soit leur milieu, vont jusqu'au bout de leurs études secondaires, après une douzaine d'années sur les bancs de l'école ; et tout le monde souhaiterait voir davantage d'enfants issus de familles défavorisées aller à l'université.

C'est pour cette raison qu'au fil du XXe siècle l'ensemble des pays développés ont progressivement confié à l'État la tâche de financer l'éducation (y compris la garde des enfants en bas âge), les retraites et la santé. Il est bien sûr légitime de débattre des sommes que l'État devrait consacrer à ces diverses politiques, de la façon dont les bénéficiaires de ces dépenses devraient ou non être mis à contribution directement, et du rôle respectif que peuvent jouer les prestataires publics et privés. Quoi qu'il en soit, le fait est qu'il n'y a aucun exemple probant dans ces trois domaines qui ne soit en grande partie financé par l'impôt ou par des prélèvements obligatoires assimilables à des impôts. Dans toutes les économies avancées, le taux de prélèvements obligatoires est passé de moins de 10 % du revenu national vers 1900 à une fourchette allant de 30 % à 50 % aujourd'hui, et ce essentiellement pour financer les trois piliers de l'État social : l'éducation pour les jeunes, des prestations de retraite pour les personnes âgées et des soins de santé pour tous[1].

1. Singapour est souvent cité comme exemple d'une économie avancée ayant un faible niveau d'imposition. Le ratio impôts/PIB n'y est que de 13,5 % en 2016, mais ce chiffre est trompeur parce que la cité-État impose de très grosses

L'assurance santé privée : une gigantesque capitation

Les États-Unis ne font pas exception. La sécurité sociale, créée en 1935 et financée par des prélèvements sur les salaires, dépense chaque année 6 % du revenu national en pensions de retraite (ainsi qu'en allocations pour personnes handicapées). L'enseignement secondaire de masse (et pendant longtemps l'enseignement supérieur) a été pour l'essentiel organisé par l'État et financé sur son budget[1]. En dépit de l'explosion des frais d'inscription à l'université et des prêts étudiants, l'État assume encore les deux tiers des dépenses éducatives. Il offre également une assurance santé aux plus démunis (Medicaid), aux personnes âgées (Medicare, à partir de 65 ans) et aux anciens combattants.

L'État social américain présente cependant des lacunes béantes. Première faille : l'absence quasi complète de politique familiale, les États-Unis figurant au fond des classements internationaux en la matière. Le gouvernement fédéral ne garantit aucun congé parental rémunéré ; hormis dans quelques villes d'avant-garde, il n'existe aucune école publique pour les moins de cinq ans, ni aucune crèche publique. Les autres pays développés ont depuis longtemps compris que l'éducation (y compris celle des plus jeunes enfants) est un service mieux rendu, et avec plus d'efficacité, par la collectivité que par le marché ; les États-Unis, pas encore.

---

contributions obligatoires sur les salaires pour financer les dépenses de santé, de retraite et d'éducation, dans le cadre d'un système baptisé « *Central Provident Fund* » (CPF.gov.sg). Ces contributions sont assimilables à des impôts sur les salaires et, quand on additionne les parts employeur et salarié, les taux sont très élevés : 37 % sur les revenus des salariés (OCDE, « Base de données mondiale des statistiques des recettes publiques », OECD.org, 2019).

1. Pour les statistiques sur le niveau des investissements publics et privés dans l'éducation par rapport au PIB, dans les pays de l'OCDE, cf. OCDE, « Dépenses d'éducation », Data.OECD.org, 2019.

La garde d'enfant ayant un coût prohibitif (atteignant facilement environ 20 000 dollars par an et par enfant), de nombreuses familles s'en chargent elles-mêmes. En pratique, cette tâche retombe essentiellement sur les mères. L'absence de financement public fait *de facto* payer aux femmes un lourd tribut en nature – la forme d'impôt la plus archaïque qui soit. Cette taxe sur le temps des jeunes mères a un profond retentissement sur leur carrière et contribue à creuser les inégalités entre hommes et femmes. Le revenu des mères américaines chute en moyenne de 31 % après la naissance d'un premier enfant par rapport à celui des pères. C'est ainsi qu'on se retrouve dans une situation où, bien que les femmes fassent davantage d'études et soient plus fréquemment diplômées de l'enseignement supérieur que les hommes, d'énormes écarts de rémunérations subsistent à leur détriment[1]. N'est-il pas absurde, même du strict point de vue de l'efficacité économique, de consacrer des ressources à l'enseignement supérieur, pour ensuite abandonner les jeunes mères à un moment crucial de leur carrière en n'offrant pas de structures d'accueil pour leurs enfants ?

La seconde spécificité des États-Unis par rapport aux autres économies avancées, c'est évidemment que l'assurance santé publique est loin d'y être universelle. Même si environ la moitié des dépenses de santé du pays (donc 10 % du revenu national) sont financées sur fonds publics, une grande partie de la population doit recourir à l'assurance privée. Ce système hybride exclut

1. Pour le pourcentage de diplômés de l'enseignement supérieur par sexe et par cohorte, cf. Claudia Goldin, Lawrence F. Katz et Ilyana Kuziemko, « The Homecoming of American College Women : The Reversal of the College Gender Gap », *Journal of Economic Perspectives*, vol. 20, n° 4, 2006, p. 133-156 ; pour une analyse de l'écart de rémunérations entre hommes et femmes, cf. Francine D. Blau, Marianne A. Ferber et Anne E. Winkler, *The Economics of Women, Men, and Work*, 7e éd., Upper Saddle River (N. J.), Prentice Hall, 2014 ; pour une estimation de l'impact négatif d'une naissance sur les revenus dans différents pays, cf. Henrik J. Kleven *et al.*, « Child Penalties across Countries : Evidence and Explanations », *AEA Papers and Proceedings*, vol. 109, 2019, p. 122-126.

des millions d'Américains et fait peser une charge financière colossale sur les salariés.

Ainsi que nous l'avons vu au cinquième chapitre, les primes versées aux compagnies d'assurances s'apparentent à un impôt privatisé. Ces primes, bien que souvent payées nominalement par les employeurs (car la plupart des salariés sont assurés *via* leur emploi), n'en représentent pas moins une taxe sur le travail ; à l'instar des cotisations sociales, elles renchérissent le coût de la main-d'œuvre et en dernière instance sont acquittées par les salariés. La différence principale entre prime d'assurance obligatoire et cotisation sociale ? La prime est encore plus régressive parce que sans lien aucun avec la rémunération. Il s'agit d'une somme forfaitaire fixe par travailleur (qui ne dépend que de l'âge de l'assuré et de la couverture familiale), exactement comme dans le cas d'un impôt par tête. Cadres dirigeants et secrétaires s'acquittent littéralement du même montant.

Les impôts par tête, on s'en doute, ne sont pas très populaires. Quand, en 1988, Margaret Thatcher voulut imposer sa fameuse *poll tax* pour remplacer la taxe foncière, elle se heurta à une révolte sans précédent qui lui valut d'être chassée du pouvoir deux ans plus tard. Aucun gouvernement n'imposerait du jour au lendemain un impôt de ce type pour financer la santé ; ce serait une charge écrasante pour les familles modestes. Et pourtant, c'est au fond ce qui se passe actuellement aux États-Unis : les entreprises administrent un gigantesque impôt par tête à la place de l'État. Depuis 2010 et le vote du *Patient Protection and Affordable Care Act*, les employeurs de plus de cinquante salariés sont tenus de fournir une assurance santé à leurs employés, faute de quoi ils s'exposent à une amende (de 2 500 dollars par employé en 2019). Étant donné l'envolée du coût moyen des primes d'assurance santé (13 000 dollars par an et par assuré en moyenne en 2019), un tel système n'est pas soutenable.

Pour illustrer l'ampleur de cette taxe privatisée, le graphique 9.1 montre la progressivité du système fiscal américain – c'est-à-dire le taux effectif d'imposition acquitté par chaque catégorie de la population – quand on y intègre les primes d'assurance santé obligatoire. Comme nous l'avons vu au premier chapitre, si l'on ne considère que les impôts au sens strict, le système fiscal américain ressemble à une immense *flat tax* qui devient régressive au sommet. Cependant, si l'on y ajoute les primes versées aux assureurs privés, il apparaît en fait franchement régressif : le taux moyen d'imposition passe d'un peu moins de 30 % pour les bas revenus à près de 40 % pour les classes moyennes, avant de tomber à 23 % pour les milliardaires.

Graphique 9.1 – Le système fiscal américain : proportionnel… ou fortement régressif ?

(taux d'imposition incluant l'assurance santé obligatoire, 2018)

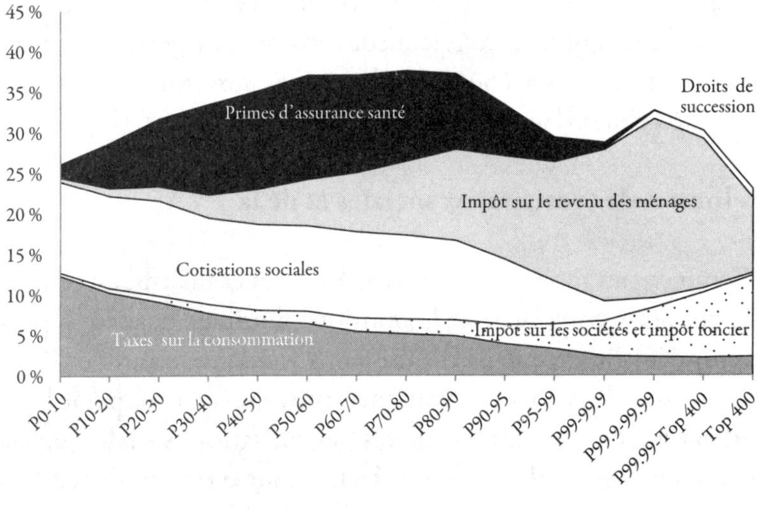

Lecture : Ce graphique montre le taux moyen d'imposition par groupe de revenus et sa décomposition par type d'impôt en 2018. Tous les impôts prélevés par l'État fédéral, les États et les collectivités locales sont pris en compte. Le graphique y ajoute les primes d'assurance santé obligatoires versées par les employeurs, traitées comme un impôt additionnel acquitté par les salariés. Si l'on prend en compte ces quasi-impôts, le système fiscal américain est fortement régressif, les classes populaires, et plus encore les classes moyennes, payant proportionnellement davantage que les très riches.

Sources et méthodologie : TaxJusticeNow.org.

Cet impôt par tête assomme les classes moyennes et populaires. En bas de la distribution, il ne pèse pas aussi lourd que les taxes sur la consommation et les cotisations sociales, mais c'est parce que beaucoup d'Américains modestes ne sont pas assurés par l'intermédiaire de leur employeur. Ils doivent assumer eux-mêmes le coût de leur assurance, compter sur un membre de leur famille pour les couvrir, s'inscrire à Medicaid ou se passer d'assurance. Si l'*Affordable Care Act* a élargi le contingent d'Américains éligibles à Medicaid et subventionne la souscription de polices d'assurance privées pour les individus à bas revenus qui ne seraient pas couverts autrement, l'ensemble du dispositif laisse malgré tout quelque 14 % de la population adulte sans assurance en 2019[1]. Et il ne soulage en rien les salariés qui financent leur couverture santé par le biais d'un impôt par tête dont le coût, pour les classes moyennes, dépasse de beaucoup celui de l'impôt sur le revenu.

Les limites des cotisations sociales et de la TVA

Comment les autres pays riches (où l'assurance maladie est universelle ou quasi universelle et la politique familiale beaucoup plus développée) financent-ils ces missions fondamentales de l'État social ? En règle générale, l'assurance santé est financée par le biais de prélèvements assis sur les salaires (les cotisations sociales) ou via des ressources générales, telles que les taxes sur la valeur ajoutée. Ces modes de financement n'ont cependant rien d'idéal.

Les cotisations sociales sont certes plus équitables qu'un impôt fixe par tête puisqu'elles sont proportionnelles à la rémunération salariale, du moins jusqu'à un certain plafond. Mais elles ont un gros inconvénient : elles ne frappent en général que les revenus du travail, exonérant de ce fait les revenus du capital. Certains pays ont

1. Cf. Dan Witters, « US Uninsured Rate Rises to Four-Year High », Gallup.com, 23 janvier 2019.

essayé d'élargir l'assiette de ces prélèvements pour y inclure certains revenus du capital, mais malgré ces efforts les salariés continuent à supporter l'essentiel du financement de la santé[1].

Si tout un chacun a accès aux soins indépendamment de la nature de ses revenus, il n'y a aucune raison pour que seul le travail contribue à financer les dépenses de santé. D'autant que, ainsi que nous l'avons vu, les revenus du capital sont de moins en moins taxés (alors que, dans la plupart des pays, ils augmentent plus rapidement que le revenu national) et ceux du travail de plus en plus (alors qu'ils progressent moins vite que le revenu national, quand ils ne stagnent pas). Dans ce contexte, dispenser le capital de toute contribution aux dépenses de santé – en constante augmentation – ne semble ni raisonnable ni viable dans la durée.

Outre les cotisations sociales, toutes les économies avancées hormis les États-Unis prélèvent de lourdes taxes sur la valeur ajoutée. Le principe de la TVA fut mis au point au début du XXe siècle par l'industriel allemand Wilhelm von Siemens et par l'économiste américain Thomas Adams, chacun de son côté. La France fut le premier pays à l'expérimenter en 1948, avant d'en adopter une version plus étendue en 1954. L'idée se répandit comme une traînée de poudre dans les années 1960 et fut adoptée par la plupart des pays dans les décennies suivantes[2], la TVA se substituant à d'autres impôts plus archaïques sur la consommation, tels que les droits d'accise sur des produits spécifiques, les taxes sur les ventes et les taxes sur le chiffre d'affaires (semblables à la TVA, à la différence près qu'elles frappent les biens intermédiaires[3]).

1. C'est le cas, par exemple, en France avec la contribution sociale généralisée (Camille Landais, Thomas Piketty et Emmanuel Saez, *Pour une révolution fiscale*, *op. cit.*).

2. Pour une histoire détaillée de la TVA, cf. Liam P. Ebrill, Michael Keen et Victoria J. Perry, *The Modern VAT*, Washington (D. C.), Fonds monétaire international, 2001.

3. Les taxes sur le chiffre d'affaires sont des taxes sur les ventes brutes réalisées par une entreprise, que ces ventes soient faites auprès d'un consommateur final

La TVA a des avantages indéniables par rapport aux impôts qu'elle a remplacés et qui existent encore aux États-Unis. Elle frappe les services et non pas seulement les biens. Contrairement aux prélèvements sur le chiffre d'affaires, elle ne crée pas de taxes en cascade le long de la chaîne de production, parce que les coûts des produits intermédiaires achetés par les entreprises peuvent être déduits du prix des biens et des services qu'elles vendent. Elle est plus difficile à frauder que les taxes sur les ventes parce qu'elle est collectée à chaque étape de la production et pas seulement au moment de la vente au consommateur final. Toutes raisons qui expliquent que, dans le sillage de la France, la plupart des pays du monde se soient ralliés à cet impôt.

Aux yeux de certains observateurs, la solution coule de source : les États-Unis devraient mettre en place une taxe sur la valeur ajoutée pour financer l'extension de leur État social lacunaire. À notre avis, cependant, ce serait là une erreur. Car la TVA a deux gros défauts : elle est régressive et son assiette, quoique plus large que celle des cotisations sociales, reste trop étroite.

La TVA est régressive parce qu'elle taxe la consommation et non le revenu. La plupart des contribuables des classes populaires et une bonne partie de ceux des classes moyennes n'ont guère les moyens d'épargner : ils consomment tout leur revenu – et parfois même davantage. La TVA les frappe durement au portefeuille. Cependant, plus on monte vers le haut de l'échelle des richesses, plus la consommation devient faible en proportion des revenus. Difficile de consommer à hauteur de centaines de millions de dollars par an, même quand on est dispendieux. Il vient certes un moment où même les plus riches consomment leur épargne, mais cela peut se produire des décennies après avoir engrangé le revenu correspondant

ou d'une autre entreprise. De telles taxes sont toujours en vigueur dans certains États américains (cf. Garrett Watson, « Resisting the Allure of Gross Receipts Taxes : An Assessment of Their Costs and Consequences », TaxFoundation.org, 6 février 2019).

(si l'épargne est utilisée pour financer la retraite), voire des siècles plus tard (si l'épargne est transmise d'une génération à l'autre). L'injustice fondamentale des impôts sur la consommation, par rapport aux impôts sur le revenu, c'est que les plus aisés peuvent les différer en épargnant, tandis que les pauvres doivent les payer rubis sur l'ongle. « Une justice trop tardive est un déni de justice[1] » : cette vérité vaut aussi en matière de fiscalité.

Second problème : contrairement à ce que l'on croit souvent, la TVA épargne des pans entiers de l'économie. La finance, l'éducation et la santé, trois secteurs majeurs de nos économies modernes, en sont le plus souvent exonérées. La finance a contribué plus que tout autre secteur à l'explosion des inégalités de revenus aux États-Unis ; et la santé figure également en bonne place sur la liste des coupables[2]. Introduire une nouvelle taxe dont elles seraient exonérées ne ferait pas vraiment progresser le combat contre les inégalités.

Pourquoi la finance échappe-t-elle à la TVA ? Parce qu'il n'existe aucun moyen facile de calculer la « valeur ajoutée » du secteur financier. Pour une entreprise lambda, la valeur ajoutée est égale aux ventes faites aux clients moins le coût des biens intermédiaires utilisés lors du processus productif. Le secteur financier, quant à lui, gère des avoirs (comptes en banque, fonds communs de placement et fonds de pension) en prélevant une part de leur rendement et prête de l'argent (cartes de crédit, prêts étudiants, prêts immobiliers) à des taux plus élevés que ceux auxquels il l'emprunte. Mais il ne facture pas ses services indépendamment et explicitement.

La finance, la santé et l'éducation étaient des secteurs de plus petite taille au moment de l'institution des premières TVA dans les

1. L'expression est de Martin Luther King, dans sa « lettre de la prison de Birmingham », sortie sous le manteau en 1963.

2. Jon Bakija, Adam Cole et Bradley T. Heim, « Jobs and Income Growth of Top Earners and the Causes of Changing Income Inequality : Evidence from US Tax Return Data », document de travail n° 2010-22, Williams College Department of Economics, révisé en 2012.

années 1950 qu'ils ne le sont aujourd'hui. De plus, comme la TVA est considérée (à juste titre) comme un impôt régressif, les biens de première nécessité tels que les denrées alimentaires bénéficient de taux réduits. Pour toutes ces raisons, la France et l'Allemagne, où le taux normal de la TVA s'élève respectivement à 20 % et à 19 %, ne collectent que 8 % environ de leur revenu national par l'intermédiaire de cet impôt[1]. Ce qui revient à dire que la TVA ne porte que sur 40 % de leur revenu national. Aux États-Unis (où la santé et la finance pèsent plus lourd qu'en Europe, mais où le taux d'épargne est moindre), l'assiette de la TVA ne représenterait également que 40 % environ du revenu national. Pour collecter l'équivalent de 6 % du revenu national en impôt, il faudrait appliquer un taux de TVA de 15 %.

Les inconvénients présentés par la TVA et les cotisations sociales en font des outils inadaptés pour financer l'État-providence à une époque de fortes inégalités. Ces deux taxes avaient le vent en poupe en Europe dans les décennies d'après-guerre, lorsque les inégalités étaient à leur plus bas niveau historique, mais elles sont aujourd'hui dépassées. Il faut innover.

Financer l'État social du XXIe siècle : l'impôt sur le revenu national

Les États-Unis peuvent sauter l'étape de la TVA et montrer la voie en créant une nouvelle institution fiscale adaptée à l'économie du XXIe siècle – ainsi qu'ils l'ont fait au XXe siècle. Comment ? En créant un impôt sur le revenu national.

Le principe est simple : l'impôt sur le revenu national porte sur l'ensemble des revenus, qu'ils soient issus du travail ou du capital, qu'ils viennent de l'industrie manufacturière, de la finance, d'organisations à but non lucratif ou de tout autre secteur de l'économie. Il frappe la consommation mais aussi l'épargne, qui est fortement

1. OCDE, *Statistiques des recettes publiques 2018*, *op. cit.*, tableau 3.14.

concentrée dans les couches les plus aisées et plus efficacement encouragée par l'instauration de réglementations (comme l'encadrement de l'offre de crédits à la consommation, par exemple) que par la création d'exonérations fiscales. Afin de faciliter sa mise en œuvre, l'impôt sur le revenu national a un taux unique et ne prévoit aucune déduction.

Soyons clairs : cet impôt sur le revenu national n'a absolument pas vocation à remplacer l'impôt progressif sur le revenu des personnes physiques, ni d'ailleurs aucun autre impôt progressif. Il vise au contraire à s'y ajouter et à remplacer les impôts *régressifs* qui pèsent aujourd'hui à l'excès sur les classes moyennes et populaires – au premier rang desquels on trouve, dans le cas des États-Unis, les primes d'assurance santé privée, le prélèvement obligatoire le plus régressif possible.

L'impôt sur le revenu national peut se voir comme un impôt véritablement proportionnel au revenu. Il ne doit pas être confondu avec la *flat tax* (impôt à taux unique) proposée par les économistes Robert Hall et Alvin Rabushka en 1985 et défendu par de nombreux conservateurs américains, qui est en réalité un impôt à taux unique sur la consommation, comme la TVA – bien que souvent présenté comme étant un impôt sur le revenu pour le rendre plus attractif[1]. Notre impôt sur le revenu national est plus complet et plus équitable, car il ne fait aucune distinction entre les différentes formes d'utilisation des revenus (consommation ou épargne).

1. Robert E. Hall et Alvin Rabushka proposent un « impôt à taux unique » – *La Flat tax. La révolution fiscale* (1981), trad. fr. Jan Krepelka, Paris, Les Éditions du Cri, 2009. Robert Carroll et Alan Viard offrent un panorama des différentes propositions d'impôts sur la consommation – *Progressive Consumption Taxation : The X Tax Revisited*, Washington (D. C.), AEI Press, 2012. Les auteurs font remarquer avec justesse que les propositions d'impôts à taux unique qu'on veut faire passer pour des « impôts sur le revenu » emportent difficilement l'adhésion de la population parce que les intérêts, dividendes et plus-values en seraient exonérés, c'est-à-dire les formes de revenus les plus fortement concentrées entre les mains des riches.

Avant d'étudier plus précisément comment cet impôt pourrait fonctionner, il est important de rappeler que le revenu national est la somme des revenus du travail, des bénéfices des entreprises et des intérêts perçus. Concrètement, taxer le revenu national signifie taxer chacun de ces flux de revenus.

Pour ce qui concerne les revenus du travail, cet impôt serait géré et versé par les employeurs. Tous (qu'il s'agisse d'entreprises, d'organismes à but non lucratif ou d'administrations publiques) paieraient un impôt proportionnel à leur masse salariale. Cela ressemblerait à une grosse cotisation sociale patronale sur les salaires, mais calculée sur une assiette plus large, incluant toutes les formes de rémunération non salariale (comme les cotisations à des caisses de retraite privées, par exemple), et sans plafond. Toutes les rémunérations (qui représentent 62 % du revenu national américain et qui sont déjà reportées sur les déclarations fiscales des entreprises) seraient concernées.

Ensuite, toutes les entreprises (du petit restaurant familial aux géants de l'industrie financière) verraient leurs bénéfices soumis à cet impôt. L'assiette serait la totalité des profits, sans déductions ni exonérations de quelque nature que ce soit. Les entreprises pourraient déprécier leurs actifs immobilisés pour tenir compte de leur usure, mais elles n'auraient pas le droit de déduire, par exemple, les impôts acquittés par ailleurs. À nouveau aucune difficulté de mise en œuvre à noter, puisque les bénéfices des entreprises sont déjà connus, grâce toujours à leurs déclarations fiscales.

L'impôt sur le revenu national frapperait aussi les intérêts. Car comme les intérêts que les entreprises paient sur leurs emprunts et obligations sont déductibles de leurs bénéfices, ces mêmes intérêts doivent être taxés au moment où ils sont perçus par les prêteurs. Les intérêts perçus par des entreprises sont déjà inclus dans les bénéfices. Ne restent donc à ajouter à l'assiette fiscale que les intérêts touchés par des particuliers et des organismes à but non lucratif, ce qui ne présente par de difficulté sur le plan administratif. Les dividendes (et les salaires) reçus de l'étranger seraient également assujettis à l'impôt sur le revenu national.

Ainsi défini, cet impôt impose toutes les sources de revenu, et les impose une seule fois. Il n'est donc pas nécessaire de taxer les dividendes versés par des entreprises américaines (cette forme de revenus a déjà été imposée via la taxation des bénéfices des entreprises), ni les pensions de retraite (car les revenus du travail, y compris les contributions à des plans d'épargne retraite, ont déjà été imposés), ni tout autre transfert du type prestation de sécurité sociale ou allocation chômage. Il s'agit là d'une différence essentielle avec la TVA : l'impôt sur le revenu national ne frappe pas les individus qui vivent de revenus de transfert et qui se trouvent en général parmi les catégories les plus modestes, ce qui le rend nettement plus progressif que la TVA.

D'après nos calculs, l'impôt que nous proposons a une assiette qui s'approche de 100 % du revenu national. Elle est légèrement inférieure à celui-ci car les loyers fictifs que les propriétaires se versent à eux-mêmes (qui font partie du revenu national mais ne sont pas faciles à taxer) en seraient exclus, même si les intérêts d'emprunt immobilier ne seraient pas déductibles. Surtout, l'évasion fiscale rétrécirait légèrement l'assiette. L'économie informelle (travail au noir ou indépendants se faisant payer en liquide) échapperait toujours aux radars et certaines entreprises sous-déclareraient leurs bénéfices. D'après les estimations disponibles, cela réduirait la base de quelque 7 % dans le contexte américain[1].

1. US Department of Commerce, Bureau of Economic Analysis, *National Income and Product Accounts of the United States, 1929-2018*, *op. cit.*, tableaux 7-14, 7-16, et 7-18. Les revenus non déclarés en 2015 s'élevaient à 86,2 milliards de dollars pour les salaires, à 672 milliards pour les revenus d'activité non salariée et à 367 milliards pour les bénéfices des sociétés. Le total se monte à 1 125 milliards de dollars, soit 7,2 % du revenu national en 2015. Pour les détails complets, cf. Emmanuel Saez et Gabriel Zucman, « A National Income Tax », document de travail cité.

Du fait de sa large assiette, l'impôt sur le revenu national permettrait de lever des recettes considérables avec des taux faibles. Il s'agirait d'une source de recettes stables (puisque le revenu national ne varie guère d'une année sur l'autre), ce qui est important pour financer les principales missions à long terme de l'État social. On lit parfois qu'une taxe carbone permettrait de financer en partie les dépenses de santé ou la politique familiale, mais c'est une erreur. Il est, bien entendu, nécessaire de taxer le carbone pour lutter contre le changement climatique. La taxe carbone n'a cependant pas vocation à faire rentrer de l'argent à moyen terme, mais à éradiquer les émissions de gaz à effet de serre. Au final, une taxe carbone efficace ne devrait rien rapporter du tout.

Si l'impôt sur le revenu national est une idée tellement formidable, pourquoi n'a-t-il pas été proposé et mis en œuvre plus tôt ? Sans doute à cause de la concurrence fiscale internationale, puisque c'est un fait qu'un tel impôt accroîtrait la taxation des bénéfices des entreprises. Comme on l'a vu au sixième chapitre, il est cependant possible de vaincre la concurrence fiscale internationale, et ainsi de rendre cet argument caduc.

Pour une assurance maladie universelle

L'impôt sur le revenu national a de nombreuses applications possibles. Aux États-Unis, il pourrait être utilisé pour financer une assurance maladie universelle, des politiques à destination de la petite enfance et un accès plus démocratique à l'enseignement supérieur, notamment en augmentant les budgets des universités publiques. Le système d'enseignement supérieur américain est actuellement particulièrement inégalitaire : à vingt-deux ans, seuls 30 % des jeunes issus des familles les plus pauvres sont ou ont été à l'université, contre près de 100 % pour ceux venant des familles les plus riches[1] ; et les

1. Raj Chetty, John Friedman leurs collègues analysent la probabilité de faire des études supérieures en fonction du revenu de la famille ; ils montrent que les

étudiants sont accablés de dettes, qui empêchent les classes moyennes de se constituer un patrimoine. L'impôt sur le revenu national permettrait aussi de supprimer les taxes sur les ventes prélevées par les États (archaïques et très régressives) et fournirait à ces derniers un puissant levier pour financer leur propre État social, au cas où le gouvernement fédéral n'agirait pas. Les pays européens pourraient se servir d'un tel impôt pour réduire leur TVA ou leurs cotisations sociales pesant sur le travail, ce qui rendrait leur système fiscal moins régressif.

Aux États-Unis, un impôt de 6 % sur le revenu national, associé à une hausse des impôts pour les plus riches, génèrerait des recettes publiques à hauteur de dix points de revenu national. Si six points allaient à la santé, un point à un système universel de garde d'enfant et un demi-point à l'enseignement supérieur, l'Amérique se doterait enfin d'un État social digne du XXIe siècle. Le reste pourrait servir à abolir les taxes sur les ventes (et les tarifs douaniers de Trump) qui matraquent les plus modestes.

---

chances d'être passé par l'université avant l'âge de vingt-deux ans augmentent de manière linéaire par centile de revenus des parents, passant de 32 % en bas de l'échelle à 95 % en haut (« Mobility Report Cards : The Role of Colleges in Intergenerational Mobility », document de travail n° 23618, NBER, 2017, annexe, graphique 1). Les enfants riches fréquentent par ailleurs de meilleurs établissements que les pauvres.

***Tableau 9.1* – Financer l'État social du XXIe siècle**

Recettes fiscales		
	Type d'impôt	Recettes (en % du revenu national)
Impôt sur la fortune	Taux de 2 % au-dessus de 50 millions Taux de 3,5 % au-dessus d'un milliard	1,2%
Impôt sur le revenu	Taxation intégrale des dividendes et plus-values Taux marginal supérieur de 60 %	1,7%
Impôt sur les sociétés	Taux effectif de 30 % sur les entreprises américaines Taux minimum de 25 % pays par pays	1,2%
Impôt sur le revenu national	Taux fixe de 6 %	5,6%
Total		**9,8%**
Dépenses		
	Type de dépenses	Coût (en % du revenu national)
Santé pour tous	8 000 $ pour les salariés déjà couverts 8 000 $ pour les non-assurés	6,0%
Éducation pour tous	Politique familiale (crèches, maternelles, et congés parentaux)	1,0%
	Gratuité de l'université publique	0,5%
Taxes sur les ventes	Suppression des taxes sur les ventes et des tarifs douaniers de Trump	2,3%
Total		**9,8%**

Lecture : La réforme que nous proposons finance un système de santé et d'éducation pour tous (de la petite enfance jusqu'à l'université) et supprime les taxes sur les ventes, rétrogrades et régressives (mais conserve les droits d'accise, qui frappent essentiellement l'essence, l'alcool et le tabac, et visent donc à corriger les externalités). Elle est financée par

une hausse de l'imposition des plus riches (impôt progressif sur la fortune, augmentation de la progressivité de l'impôt sur le revenu et meilleure taxation des sociétés), ainsi que par un impôt sur le revenu national, plus équitable et à l'assiette plus large qu'une TVA.
Sources et méthodologie : TaxJusticeNow.org.

Bien qu'il soit difficile de quantifier précisément les effets économiques d'une amélioration de l'état de santé de la population et d'une hausse du niveau d'instruction de la main-d'œuvre, tout porte à croire que ces changements auraient un impact positif sur la croissance. Libérés du risque de perdre l'assurance santé que leur fournit leur employeur, davantage d'Américains pourraient créer leur entreprise. L'augmentation du nombre de diplômés de l'enseignement supérieur donnerait un coup de fouet à la productivité. La création d'un service universel de garde d'enfant permettrait à davantage de femmes de rejoindre le marché du travail. À terme, l'accroissement des revenus qui résulterait de cette augmentation de la production gonflerait les rentrées fiscales, contribuant à réduire le déficit public.

Si cet impôt était utilisé pour financer les dépenses de santé, voici comment cela fonctionnerait. Un taux de 4,5 % suffirait à remplacer l'assurance santé fournie par les employeurs par un système d'assurance publique couvrant tous les besoins médicaux standard, et à étendre à tous ceux qui s'assurent par eux-mêmes les crédits d'impôts introduits par l'*Affordable Care Act*. En portant le taux à 6 %, il deviendrait possible de couvrir les trente millions d'Américains sans assurance et de mettre ainsi en place une véritable assurance santé universelle.

La plupart des Américains sortiraient gagnants de cette réforme. Un impôt sur le revenu national de 6 % réduirait certes les revenus du travail de 6 %. Mais la plupart des salariés paient leur assurance santé plus cher que cela. Imaginez que vous gagniez 40 000 dollars et que votre patron verse aujourd'hui 12 000 dollars en sus à votre assureur. En réalité, votre revenu du travail est de 52 000 dollars, mais 23 % sont engloutis par ces primes d'assurance santé forfaitaires.

Les salariés déjà couverts par l'intermédiaire de leur employeur sortiraient gagnants du nouveau système dès lors que leurs primes actuelles représentent plus de 6 % de leurs revenus du travail, ce qui est le cas pour 90 % d'entre eux. Les Américains qui touchent des salaires élevés et des revenus du capital substantiels devraient néanmoins payer davantage.

La principale objection pratique à la mise en œuvre d'un tel programme d'assurance maladie universelle, c'est que les salariés déjà couverts pourraient ne pas vouloir renoncer à l'assurance privée qu'ils connaissent en faveur d'une assurance publique nouvelle. Une façon de résoudre le problème consisterait à leur donner la possibilité de conserver leur assurance actuelle. Imaginez de nouveau que vous gagniez 40 000 dollars et que votre employeur verse 12 000 dollars à votre assureur. Et supposons que la puissance publique fournisse une assurance d'une valeur de 8 000 dollars. Dans ce cas, l'État verserait ces 8 000 dollars à votre employeur, qui n'aurait plus qu'à verser de sa poche 4 000 dollars, et non 12 000, pour que vous soyez couvert par votre assureur préféré. La loi pourrait obliger les employeurs à répercuter sur les salaires les 8 000 dollars reçus de l'État ; votre rémunération nette augmenterait donc de 8 000 dollars, soit un bond de 20 %. L'allégement du coût de l'assurance maladie serait neutre pour les employeurs et se verrait immédiatement sur les fiches de paie.

Le graphique 9.2 montre à quoi ressemblerait le système fiscal américain après notre réforme, c'est-à-dire à travers une taxation accrue des riches (avec des taux permettant d'atteindre le sommet de la courbe de Laffer), un impôt sur le revenu national, l'abolition des taxes sur les ventes et la disparition de l'énorme capitation privatisée qui finance aujourd'hui la santé.

Graphique 9.2 – Un système fiscal progressif pour le XXIe siècle
(taux d'imposition, en pourcentage du revenu avant impôts)

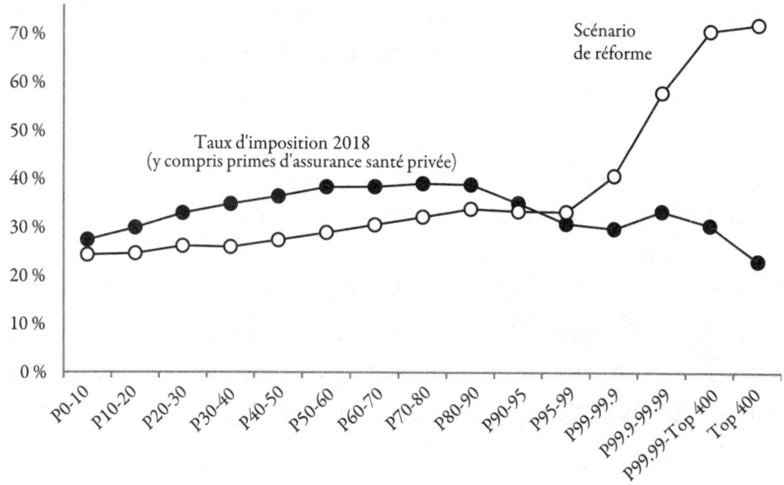

Lecture : Ce graphique montre les taux moyens d'imposition par groupe de revenus en 2018, en traitant les primes d'assurance santé versées par l'employeur comme un impôt. Le scénario de réforme abolit toutes les taxes sur les ventes et les primes d'assurance santé, introduit un impôt sur le revenu national au taux de 6 %, crée un impôt progressif sur la fortune et augmente l'impôt sur les sociétés, ainsi que la progressivité de l'impôt sur le revenu des personnes physiques.

Sources et méthodologie : TaxJusticeNow.org.

Toutes les catégories sociales, des plus démunies jusqu'au quatre-vingt-quinzième centile environ, seraient moins taxées qu'actuellement si l'on tient compte des primes d'assurance santé. Les classes populaires (pour qui les taxes sur la consommation sont particulièrement élevées) et les classes moyennes (pour qui les frais d'assurance santé sont prohibitifs) verraient leur revenu disponible augmenter. Autour de la médiane, le taux d'imposition passerait de 38 % à 28 % : quelque treize points d'assurance santé disparaîtraient, de même que trois points de taxes sur la consommation, l'ensemble étant remplacé par six points d'impôt sur le revenu national.

Un tel système fiscal nuirait-il à la croissance ? Signerait-il la fin de l'Amérique telle que nous la connaissons ? Ce n'est pas ce que semble indiquer l'histoire. Comme nous l'avons vu, les États-Unis ont déjà connu de tels niveaux de progressivité dans les années 1950, avant que les baisses d'impôts pour les plus riches, l'explosion des dépenses de santé et la hausse des cotisations sociales ne transforment le système fiscal américain en vaste machine à fabriquer de l'injustice. C'est via l'investissement collectif dans l'éducation, la santé et les autres biens et services publics que les pays les plus développés d'aujourd'hui sont devenus riches, et non pas grâce à la déification d'une toute petite élite de privilégiés. Les nations les plus prospères de demain resteront sans doute celles qui investissent dans la réussite de tous.

Conclusion

L'exigence de justice fiscale

Nous tirons de notre enquête une conclusion principale : les sociétés peuvent choisir d'adopter le niveau de progressivité de l'impôt qu'elles désirent. La mondialisation soulève d'épineuses questions relatives à la taxation des multinationales et des grandes fortunes – mais l'ouverture des frontières ne nous condamne pas à toujours davantage d'injustice fiscale. L'évasion a été tolérée depuis les années 1980 – mais techniquement rien ne nous empêche de l'endiguer. La course au moins-disant qui fait rage actuellement menace la progressivité – mais elle n'a rien de naturel ni d'inexorable, car la mondialisation actuelle n'est qu'une forme parmi bien d'autres possibles.

Dans ces pages, nous avons formulé des propositions pour répondre aux défis inégalitaires contemporains : la création d'un impôt sur la fortune fortement progressif pour contenir les formes de rente associées à la concentration extrême des richesses ; une taxation efficace des entreprises qui opèrent aux quatre coins de la planète pour réconcilier mondialisation et justice fiscale ; un impôt sur le revenu national pour financer l'État social moderne et alléger le coût de la santé pour les classes moyennes. Nos solutions sont loin d'être parfaites, et il va de soi qu'elles ne sont pas les seules envisageables. L'histoire nous enseigne que l'inventivité des sociétés humaines est sans limites. Là où les économistes peuvent se montrer utiles, ce n'est pas en élevant au rang de loi universelle de prétendues contraintes incontournables (qui souvent ne sont incontournables ou universelles qu'à leurs yeux), mais en rendant plus concrète la multiplicité des futurs possibles.

C'est pour cette raison que nous avons développé TaxJusticeNow.org. Ce livre propose un ensemble de solutions ; le site qui l'accompagne montre l'infinité des trajectoires possibles. Ce dernier prend comme point de départ le système fiscal américain actuel – cette gigantesque *flat tax*, régressive au sommet. Mais il fait ensuite ce qu'aucun livre, quelle que soit sa longueur, ne pourrait faire : il montre comment le fait d'ajuster les impôts existants, de supprimer certains d'entre eux, d'en créer de tout nouveaux ou de muscler la politique de recouvrement, affecterait le taux effectif d'imposition de chaque catégorie de la population, des bas salaires jusqu'aux milliardaires. Chaque internaute peut en quelques instants évaluer le montant des recettes fiscales qui seraient prélevées en imaginant la création d'un impôt sur la fortune, une hausse des taux d'imposition pour les hauts revenus ou une taxation plus stricte des grandes entreprises – et comment chacune de ces réformes affecterait la progressivité d'ensemble du système.

Une des nouveautés essentielles de notre simulateur consiste à illustrer l'effet de la politique fiscale sur la dynamique des inégalités à long terme. Concrètement, si votre impôt sur la fortune préféré avait existé depuis 1980, quelle serait aujourd'hui la fortune de Jeff Bezos, de Bill Gates, ou de Warren Buffett ? Quelle conséquence aurait un relèvement du taux marginal supérieur de l'impôt sur le revenu à 70 % pour la part du revenu national captée par les 1 % les plus riches ?

Disons-le d'emblée : il est impossible de répondre parfaitement à ces questions. Les économistes ont certes fait quelques progrès dans la compréhension des conséquences des changements fiscaux et dans l'analyse des forces qui régissent l'évolution des inégalités ; mais nous sommes encore loin de pouvoir prédire avec certitude les effets de la fiscalité sur la distribution des revenus et des patrimoines. Ce n'est néanmoins pas une raison pour ne pas faire de notre mieux. Car la fiscalité, bien plus qu'elle n'affecte le taux de croissance macroéconomique, modifie avant tout la répartition des ressources entre les différentes catégories sociales – parce qu'elle change le revenu disponible de chaque groupe social, mais aussi et surtout parce qu'elle modifie les incitations des acteurs économiques et, ce faisant, la distribution primaire des revenus. Toute réflexion sérieuse sur la fiscalité doit donc mettre la question des inégalités au premier plan, d'autant plus dans le contexte actuel de concentration croissante des richesses.

C'est ce que nous avons tenté de faire avec TaxJusticeNow.org. Notre but n'est pas de fournir un modèle définitif des interactions complexes entre politiques fiscales et inégalités, mais de mettre les connaissances actuelles au service d'un débat démocratique sur l'impôt. Notre simulateur est transparent et toutes ses sources entièrement publiques : toutes nos données et tous nos programmes informatiques sont accessibles en ligne ; chacun de nos résultats peut être reproduit à l'identique ; chacune de nos hypothèses est modifiable ; et tous nos choix sont justifiés par les recherches académiques les plus récentes. Mais il n'est pas nécessaire d'être un expert pour se servir de cet outil ; c'est un site conçu pour le grand public, pour quiconque s'intéresse à l'avenir de l'action collective[1]. Nous

1. Des simulateurs sont utilisés au sein de certaines institutions publiques, notamment le bureau du budget du Congrès, le Trésor américain et la commission mixte de l'impôt du Congrès, de même que dans des centres d'étude tels que le Tax Policy Center. Ces outils tiennent compte d'infimes détails de la réglementation, ce qui permet de simuler avec précision des modifications de la loi fédérale, mais ils ne sont pas accessibles au grand public. Notre simulateur, qui pour sa part est accessible à tous, s'attache en particulier aux interactions entre

entendons l'améliorer dans les années à venir, à mesure que s'enrichiront les connaissances au sujet de l'impôt et de ses effets sur les inégalités, et nous remercions par avance nos lecteurs de leurs réactions et suggestions.

Rendez-vous sur TaxJusticeNow.org !

---

fiscalité et inégalités. Combiner ces deux approches serait fructueux et nous espérons pouvoir y contribuer à l'avenir.

Remerciements

Ce livre n'aurait pas vu le jour sans les nombreux coauteurs et collègues avec qui nous avons collaboré au fil des années et qui ont pris le temps de lire et de commenter nos travaux sur l'impôt et les inégalités, et sans le soutien de notre université : l'université de Californie à Berkeley. Nous souhaitons en particulier remercier Heather Boushey, Lucas Chancel, Kimberly Clausing, Camille Landais, Claire Montialoux et Thomas Piketty pour leurs commentaires détaillés sur le manuscrit de cet ouvrage. Merci également à nos assistants de recherche : Akcan Balkir, Katie Donnelly Moran et Clancy Green, ainsi qu'à notre agent Raphael Sagalyn. Un grand merci enfin à notre éditeur Brendan Curry et à ses collègues chez W. W. Norton pour leur précieux travail.

Bibliographie

« Gutting the IRS: Who Wins When a Crucial Agency Is Defunded », ProPublica.org, 2018-2019.

« Tracking Tax Runaways », Bloomberg.com, 1er mars 2017.

AEPPEL, Timothy, « Silicon Valley Doesn't Believe US Productivity Is Down », *Wall Street Journal*, 16 juillet 2015.

AGOSTINI, Claudio A., ENGEL, Eduardo, REPETTO, Andrea, et VERGARA, Damián, « Using Small Businesses for Individual Tax Planning: Evidence from Special Tax Regimes in Chile », *International Tax and Public Finance*, vol. 25, n° 6, 2018, p. 1449-1489.

ALSTADSÆTER, Annette, « Small Corporations Income Shifting Through Choice of Ownership Structure – a Norwegian Case », *Finnish Economic Papers*, vol. 23, n° 2, 2010, p. 73-87.

–, JOHANNESEN, Niels, et ZUCMAN, Gabriel, « Who Owns the Wealth in Tax Havens? Macro Evidence and Implications for Global Inequality », *Journal of Public Economics*, vol. 162, 2018, p. 89-100.

–, JOHANNESEN, Niels, et ZUCMAN, Gabriel, « Tax Evasion and Inequality », *American Economic Review*, vol. 109, n° 6, 2019, p. 2073-2103.

ALVAREDO, Facundo, ATKINSON, Anthony, CHANCEL, Lucas, PIKETTY, Thomas, SAEZ, Emmanuel et ZUCMAN, Gabriel, « Distributional National Accounts (DINA) Guidelines: Concepts and Methods Used in the World Wealth and Income Database », document de travail n° 2016/1, WID.world, 2016.

ALVAREDO, Facundo, CHANCEL, Lucas, PIKETTY, Thomas, SAEZ, Emmanuel, et ZUCMAN, Gabriel, *Rapport sur les inégalités mondiales 2018*, trad. fr. Cécile Deniard et Marie-Christine Guyon, Paris, Seuil, 2018.

ATACK, Jeremy, et PASSELL, Peter, *A New Economic View of American History from Colonial Times to 1940*, 2e éd., New York (N. Y.), W. W. Norton, 1994.

ATKINSON, Anthony B., PIKETTY, Thomas, et SAEZ, Emmanuel, « Top Incomes in the Long Run of History », *Journal of Economic Literature*, vol. 49, n° 1, 2011, p. 3-71.

– et STIGLITZ, Joseph E., « The Design of Tax Structure: Direct Versus Indirect Taxation », *Journal of Public Economics*, vol. 6, n° 1-2, 1976, p. 55-75.

AUERBACH, Alan J., et SLEMROD, Joel, « The Economic Effects of the Tax Reform Act of 1986 », *Journal of Economic Literature*, vol. 35, n° 2, 1997, p. 589-632.

BAKIJA, Jon, COLE, Adam, et HEIM, Bradley T., « Jobs and Income Growth of Top Earners and the Causes of Changing Income Inequality: Evidence from US Tax Return Data », document de travail n° 2010-22, Williams College Department of Economics, révisé en 2012.

BARBIER, Edward B., « Account for Depreciation of Natural Capital », *Nature*, vol. 515, n° 7525, 2014, p. 32-33.

BARSTOW, David, CRAIG, Susanne, et BUETTNER, Russ, « Trump Engaged in Suspect Tax Schemes as He Reaped Riches From His Father », *New York Times*, 2 octobre 2018.

BESHEARS, John, CHOI, James J., LAIBSON, David, et MADRIAN, Brigitte C., « The Importance of Default Options for Retirement Savings Outcomes: Evidence from the United States », *in* Jeffrey R. Brown, Jeffrey B. Liebman et David A. Wise (dir.), *Social Security Policy in a Changing Environment*, Chicago (Ill.), University of Chicago Press, 2009, p. 167-195.

BLACK, Fischer, « The Dividend Puzzle », *Journal of Portfolio Management*, vol. 2, n° 2, 1976, p. 5-8.

BLAU, Francine D., FERBER, Marianne A., et WINKLER, Anne E., *The Economics of Women, Men, and Work*, 7e éd., Upper Saddle River (N. J.), Prentice Hall, 2014.

BOWERS, Simon, « Luxembourg Tax Files: How Juncker's Duchy Accommodated Skype and the Koch Empire », *Guardian*, 9 décembre 2014.

BOZIO, Antoine, GARBINTI, Bertrand, GOUPILLE-LEBRET, Jonathan, GUILLOT, Malka, et PIKETTY, Thomas, « Inequality and Redistribution in France 1990-2018: Evidence from Post-Tax Distributional National Accounts », document de travail n° 2018/10, WID.world, 2018.

BRENNAN, Geoffrey, et BUCHANAN, James M., *Collected Works of James M. Buchanan*, t. 9, *The Power to Tax: Analytical Foundations of a Fiscal Constitution*, Indianapolis (Ind.), Liberty Fund, 2000.

BUETTNER, Russ, et CRAIG, Susanne, « Decade in the Red: Trump Tax Figures Show Over $1 Billion in Business Losses », *New York Times*, 8 mai 2019.

BURGIN, Angus, *The Great Persuasion: Reinventing Free Markets since the Depression*, Cambridge (Mass.), Harvard University Press, 2012.

CARD, David, DOBKIN, Carlos, et MAESTAS, Nicole, « Does Medicare Save Lives? », *The Quarterly Journal of Economics*, vol. 124, n° 2, 2009, p. 597-636.

CARROLL, Robert, et VIARD, Alan D., *Progressive Consumption Taxation: The X Tax Revisited*, Washington (D. C.), AEI Press, 2012.

CASE, Anne, et DEATON, Angus, « Rising Morbidity and Mortality in Midlife among White Non-Hispanic Americans in the 21st Century », *Proceedings of the National Academy of Sciences*, vol. 112, n° 49, 2015, p. 15078-15083.

CHAMLEY, Christopher, « Optimal Taxation of Capital Income in General Equilibrium With Infinite Lives », *Econometrica*, vol. 54, n° 3, 1986, p. 607-622.

CHETTY, Raj, FRIEDMAN, John N., LETH-PETERSEN, Søren, NIELSEN, Torben Heien, et OLSEN, Tore, « Active vs. Passive Decisions and Crowd-Out in Retirement Savings Accounts: Evidence from Denmark », *The Quarterly Journal of Economics*, vol. 129, n° 3, 2014, p. 1141-1219.

CHETTY, Raj, FRIEDMAN, John N., SAEZ, Emmanuel, TURNER, Nicholas, et YAGAN, Danny, « Mobility Report Cards: The Role of Colleges in Intergenerational Mobility », document de travail n° 23618, NBER, 2017.

CHETTY, Raj, GRUSKY, David, HELL, Maximilian, HENDREN, Nathaniel, MANDUCA, Robert et NARANG, Jimmy, « The Fading American Dream: Trends in Absolute Income Mobility since 1940 », *Science*, vol. 356, n° 6336, 2017, p. 398-406.

CLAUSING, Kimberly A., « The US State Experience under Formulary Apportionment: Are There Lessons for International Tax Reform? », *National Tax Journal*, vol. 69, n° 2, 2016, p. 353-386.

–, « The Effect of Profit Shifting on the Corporate Tax Base in the United States and Beyond », *National Tax Journal*, vol. 69, n° 4, 2016, p. 905-934.

–, *Open: The Progressive Case for Free Trade, Immigration, and Global Capital*, Cambridge (Mass.), Harvard University Press, 2019.

COLLEGE BOARD, *Trends in Higher Education Series: Trends in College Pricing 2019*, novembre 2019.

COOK, Tim, « A Message to the Apple Community in Europe », Apple.com, 30 août 2016.

Cooper, George, *A Voluntary Tax? New Perspectives on Sophisticated Estate Tax Avoidance*, Washington (D. C.), Brookings Institution, 1979.

Crystal, Graef S., *In Search of Excess: The Overcompensation of American Executives*, New York (N. Y.), W. W. Norton, 1992.

Dafny, Leemore S., « Are Health Insurance Markets Competitive? », *American Economic Review*, vol. 100, n° 4, 2010, p. 1399-1431.

de Mooij, Ruud A., et Ederveen, Sjef, « Taxation and Foreign Direct Investment: A Synthesis of Empirical Research », *International Tax and Public Finance*, vol. 10, n° 6, 2003, p. 673-693.

Diamond, Peter A., « Optimal Income Taxation: An Example with a U-Shaped Pattern of Optimal Marginal Tax Rates », *American Economic Review*, vol. 88, n° 1, 1998, p. 83-95.

– et Saez, Emmanuel, « The Case for a Progressive Tax: From Basic Research to Policy Recommendations », *Journal of Economic Perspectives*, vol. 25, n° 4, 2011, p. 165-190.

Drucker, Jesse, « Google 2.4 % Rate Shows How $60 Billion Is Lost to Tax Loopholes », Bloomberg.com, 21 octobre 2010.

Ebrill, Liam P., Keen, Michael, et Perry, Victoria J., *The Modern VAT*, Washington (D. C.), Fonds monétaire international, 2001.

Edmark, Karin, et Gordon, Roger H., « The Choice of Organizational Form by Closely-Held Firms in Sweden: Tax versus Non-Tax Determinants », *Industrial and Corporate Change*, vol. 22, n° 1, 2013, p. 219-243.

Einhorn, Robin L., *American Taxation, American Slavery*, Chicago (Ill.), University of Chicago Press, 2006.

Fack, Gabrielle, et Landais, Camille (dir.), *Charitable Giving and Tax Policy: A Historical and Comparative Perspective*, Oxford, Oxford University Press, 2016.

Feldstein, Martin S., « Underestimating the Real Growth of GDP, Personal Income, and Productivity », *Journal of Economic Perspectives*, vol. 31, n° 2, 2017, p. 145-164.

Fisher, Irving, « Economists in Public Service: Annual Address of the President », *American Economic Review*, vol. 9, n° 1, 1919, p. 5-21.

Fixler, Dennis, et Johnson, David S., « Accounting for the Distribution of Income in the US National Accounts », *in* Dale W. Jorgenson, J. Steven Landefeld et Paul Schreyer (dir.), *Measuring Economic Stability and Progress*, Chicago (Ill.), University of Chicago Press, 2014, p. 213-244.

Fonds monétaire international, « Fiscalité des entreprises dans l'économie mondiale », document d'orientation n° 19/007, mars 2019 ; disponible sur IMF.org.

GALLMAN, Robert E., « Trends in the Size Distribution of Wealth in the Nineteenth Century: Some Speculations », *in* Lee Soltow (dir.), *Six Papers on the Size Distribution of Wealth and Income*, New York (N. Y.), NBER, 1969, p. 1-30.

GARBINTI, Bertrand, GOUPILLE-LEBRET, Jonathan, et PIKETTY, Thomas, « Income Inequality in France, 1900-2014: Evidence from Distributional National Accounts (DINA) », *Journal of Public Economics*, vol. 162, 2018, p. 63-77.

GATES, Bill, « GDP Is a Terrible Way to Measure a Country's Economy », Slate.com, 9 mai 2013.

GOLDIN, Claudia, KATZ, Lawrence F., et KUZIEMKO, Ilyana, « The Homecoming of American College Women: The Reversal of the College Gender Gap », *Journal of Economic Perspectives*, vol. 20, n° 4, 2006, p. 133-156.

GUYTON, John, LANGETIEG, Patrick, RECK, Daniel, RISCH, Max, et ZUCMAN, Gabriel, « Tax Evasion by the Wealthy: Measurement and Implications », document de travail, UC Berkeley, 2019.

HALL, Challis A., *Effects of Taxation on Executive Compensation and Retirement Plans*, t. 3, Cambridge (Mass.), Harvard University Press, 1951.

HALL, Robert E., et RABUSHKA, Alvin, *La Flat tax. La révolution fiscale* (1981), trad. fr. Jan Krepelka, Paris, Les Éditions du Cri, 2009.

HODGE, Scott A., « "The Missing Profits of Nations" Mistakes Tax Competition for Tax Evasion », TaxFoundation.org, 15 août 2018.

HOLMES, George K., « The Concentration of Wealth », *Political Science Quarterly*, vol. 8, n° 4, 1893, p. 589-600.

HUBMER, Joachim, KRUSELL, Per, et SMITH, Anthony A., Jr., « The Historical Evolution of the Wealth Distribution: A Quantitative-Theoretic Investigation », document de travail n° 23011, NBER, 2016.

HURET, Romain D., *American Tax Resisters*, Cambridge (Mass.), Harvard University Press, 2014.

INSTITUTE ON TAXATION AND ECONOMIC POLICY, *Who Pays? A Distributional Analysis of the Tax Systems in All 50 States*, 6e éd., Washington (D. C.), ITEP, 2018 ; disponible sur ITEP.org.

INTERNATIONAL CONSORTIUM OF INVESTIGATIVE JOURNALISTS, « The Panama Papers: Exposing the Rogue Offshore Finance Industry », ICIJ.org.

JAKOBSEN, Katrine, JAKOBSEN, Kristian, KLEVEN, Henrik J., et ZUCMAN, Gabriel, « Wealth Taxation and Wealth Accumulation: Theory and Evidence from Denmark », document de travail n° 24371, NBER, 2018, à paraître dans *The Quarterly Journal of Economics*.

JOHANNESEN, Niels, et ZUCMAN, Gabriel, « The End of Bank Secrecy? An Evaluation of the G20 Tax Haven Crackdown », *American Economic Journal: Economic Policy*, vol. 6, n° 1, 2014, p. 65-91.

JOHNSTON, David Cay, *Perfectly Legal: The Covert Campaign to Rig Our Tax System to Benefit the Super Rich – and Cheat Everybody Else*, New York (N. Y.), Portfolio, 2003.

JUDD, Kenneth L., « Redistributive Taxation in a Simple Perfect Foresight Model », *Journal of Public Economics*, vol. 28, n° 1, 1985, p. 59-83.

KAISER FAMILY FOUNDATION, « 2018 Employer Health Benefits Survey », KFF.org, 3 octobre 2018.

KAMAL, Rabah, et COX, Cynthia, « How Do Healthcare Prices and Use in the US Compare to Other Countries? », HealthSystemTracker.org, 8 mai 2018.

KERTSCHER, Thomas, « Paul Ryan Claims 1986 Tax Reform, like the Current One, Had Low Public Support just before Passage », PolitiFact.com, 18 décembre 2017.

KIEL, Paul, et EISINGER, Jesse, « How the IRS Was Gutted », ProPublica.org, 11 décembre 2018.

–, « The IRS Tried to Take on the Ultrawealthy. It Didn't Go Well », ProPublica.org, 5 avril 2019.

KLEINBARD, Edward D., « Stateless Income », *Florida Tax Review*, vol. 11, n° 9, 2011, p. 699-774.

KLEVEN, Henrik J., KNUDSEN, Martin B., KREINER, Claus Thustrup, PEDERSEN, Søren, et SAEZ, Emmanuel, « Unwilling or Unable to Cheat? Evidence from a Tax Audit Experiment in Denmark », *Econometrica*, vol. 79, n° 3, 2011, p. 651-692.

KLEVEN, Henrik J., LANDAIS, Camille, POSCH, Johanna, STEINHAUER, Andreas, et ZWEIMÜLLER, Josef, « Child Penalties across Countries: Evidence and Explanations », *AEA Papers and Proceedings*, vol. 109, 2019, p. 122-126.

KLEVEN, Henrik J., et SCHULTZ, Esben Anton, « Estimating Taxable Income Responses Using Danish Tax Reforms », *American Economic Journal: Economic Policy*, vol. 6, n° 4, 2014, p. 271-301.

KOPCZUK, Wojciech, et SAEZ, Emmanuel, « Top Wealth Shares in the United States, 1916-2000: Evidence from Estate Tax Returns », *National Tax Journal*, vol. 57, n° 2, 2004, p. 445-487.

KUZIEMKO, Ilyana, NORTON, Michael I., SAEZ, Emmanuel, et STANTCHEVA, Stefanie, « How Elastic Are Preferences for Redistribution? Evidence from Randomized Survey Experiments », *American Economic Review*, vol. 105, n° 4, 2015, p. 1478-1508.

KUZNETS, Simon, *Shares of Upper Income Groups in Income and Savings*, New York (N. Y.), NBER, 1953.

LANDAIS, Camille, PIKETTY, Thomas, et SAEZ, Emmanuel, *Pour une révolution fiscale. Un impôt sur le revenu pour le XXIe siècle*, Paris, Seuil, 2011.

LERNER, Eugene M., « Money, Prices and Wages in the Confederacy, 1861-65 », *Journal of Political Economy*, vol. 63, n° 1, 1955, p. 20-40.

LEWELLEN, Wilbur G., *Executive Compensation in Large Industrial Corporations*, New York (N. Y.), NBER, 1968.

LINDERT, Peter H., « Three Centuries of Inequality in Britain and America », *in* Anthony B. Atkinson et François Bourguignon (dir.), *Handbook of Income Distribution*, t. 1, Amsterdam, Elsevier, 2000, p. 167-216.

MADISON, James, « Parties », *National Gazette*, 23 janvier 1792.

–, « Political Observations », 20 avril 1795, in *Letters and Other Writings of James Madison*, t. 4, Philadelphie (Pa.), J. B. Lippincott & Co., 1865, p. 491-492.

MADRIAN, Brigitte C., et SHEA, Dennis F., « The Power of Suggestion: Inertia in 401(k) Participation and Savings Behavior », *The Quarterly Journal of Economics*, vol. 116, n° 4, 2001, p. 1149-1187.

MARTIN, Isaac William, *Rich People's Movements: Grassroots Campaigns to Untax the One Percent*, Oxford, Oxford University Press, 2015.

MAYER, Jane, *Dark Money: The Hidden History of the Billionaires Behind the Rise of the Radical Right*, New York (N. Y.), Anchor Books, 2017.

MCCORMICK, John, « Koch-Backed Groups Are Selling Trump's Tax Cuts Door-to-Door Ahead of the Midterms », Bloomberg.com, 2 mai 2018.

MEHROTRA, Ajay K., *Making the Modern American Fiscal State: Law, Politics, and the Rise of Progressive Taxation, 1877-1929*, New York (N. Y.), Cambridge University Press, 2013.

MEYER, Gregory, et HUME, Neil, « Cargill Guards Private Life in 150th Year », *Financial Times*, 19 avril 2015.

MOFFITT, Robert A., et WILHELM, Mark, « Taxation and the Labor Supply: Decisions of the Affluent », *in* Joel Slemrod (dir.), *Does Atlas Shrug? The Economic Consequences of Taxing the Rich*, New York (N. Y.), Russell Sage Foundation, 2000, p. 193-234.

MOUTON, Brent R., « The Measurement of Output, Prices, and Productivity: What's Changed since the Boskin Commission? », Brookings.edu, 25 juillet 2018.

MURPHY, Andrea, PONCIANO, Jonathan, HANSEN, Sarah, et TOURYALAI, Halah, « GLOBAL 2000: The World's Largest Public Companies », Forbes.com, 15 mai 2019.

MUSGRAVE, Richard A., « Short of Euphoria », *Journal of Economic Perspectives,* vol. 1, n° 1, 1987, p. 59-71.

NORTON-TAYLOR, Duncan, « How Top Executives Live », *Fortune*, juillet 1955 ; disponible sur Fortune.com.

OKNER, Benjamin A., et PECHMAN, Joseph A., « Who Paid the Taxes in 1966? », *American Economic Review*, vol. 64, n° 2, 1974, p. 168-174.

ORGANISATION DE COOPÉRATION ET DE DÉVELOPPEMENT ÉCONOMIQUES (OCDE), « Board-Level Employee Representation », OECD.org, 2017.

–, « Country-Specific Information on Country-by-Country Reporting Implementation », OECD.org, 2018.

–, *Perspectives des migrations internationales 2018*, Paris, Éditions OCDE, 2018 ; disponible sur Read.OECD-iLibrary.org.

–, *Statistiques des recettes publiques 2018*, Paris, OCDE, 2018 ; disponible sur Read.OECD-iLibrary.org.

–, « Base de données mondiale des statistiques des recettes publiques », OECD.org, 2019.

–, « Country-by-Country Exchange Relationships », OECD.org, 2019.

–, « Dépenses d'éducation », Data.OECD.org, 2019.

–, *Les Impôts sur les salaires 2019*, Paris, OCDE, 2019 ; disponible sur Read.OECD-iLibrary.org.

–, *Statistiques de l'OCDE sur la santé 2019*, Paris, OCDE, 2019 ; disponible sur OECD.org.

PALAN, Ronen, « Tax Havens and the Commercialization of State Sovereignty », *International Organization*, vol. 56, n° 1, 2002, p. 151-176.

PECHMAN, Joseph A., « Tax Reform: Theory and Practice », *Journal of Economic Perspectives*, vol. 1, n° 1, 1987, p. 11-28.

PERLSTEIN, Rick, *Before the Storm: Barry Goldwater and the Unmaking of the American Consensus*, New York (N. Y.), Hill & Wang, 2001.

PHILLIPS, Richard, GARDNER, Matt, ROBINS, Alexandria, et SURKA, Michelle, « Offshore Shell Games 2017: The Use of Offshore Tax Havens by *Fortune* 500 Companies », US PIRG Education Fund-Institute on Taxation and Economic Policy, 2017.

PIKETTY, Thomas, *Le Capital au XXI*e *siècle*, Paris, Seuil, 2013.

–, *Capital et idéologie*, Paris, Seuil, 2019.

– et SAEZ, Emmanuel, « Income Inequality in the United States, 1913-1998 », *The Quarterly Journal of Economics*, vol. 118, n° 1, 2003, p. 1-39.

– et SAEZ, Emmanuel, « A Theory of Optimal Inheritance Taxation », *Econometrica*, vol. 81, n° 5, 2013, p. 1851-1886.

– et SAEZ, Emmanuel, « Optimal Labor Income Taxation », *in* Alan J. Auerbach, Raj Chetty, Martin S. Feldstein et Emmanuel Saez (dir.), *Handbook of Public Economics*, t. 5, Amsterdam, Elsevier, 2013, p. 391-474.

–, SAEZ, Emmanuel, et STANTCHEVA, Stefanie, « Optimal Taxation of Top Labor Incomes: A Tale of Three Elasticities », *American Economic Journal: Economic Policy*, vol. 6, n° 1, 2014, p. 230-271.

–, SAEZ, Emmanuel, et ZUCMAN, Gabriel, « Distributional National Accounts: Methods and Estimates for the United States », *The Quarterly Journal of Economics*, vol. 133, n° 2, 2018, p. 553-609.

– et ZUCMAN, Gabriel, « Capital Is Back: Wealth-Income Ratios in Rich Countries, 1700-2010 », *The Quarterly Journal of Economics*, vol. 129, n° 3, 2014, p. 1255-1310.

– et ZUCMAN, Gabriel, « Wealth and Inheritance in the Long Run », *in* Anthony B. Atkinson et François Bourguignon (dir.), *Handbook of Income Distribution*, t. 2, Amsterdam, Elsevier, 2015, p. 1303-1368.

PIRTTILÄ, Jukka, et SELIN, Håkan, « Income Shifting within a Dual Income Tax System: Evidence from the Finnish Tax Reform of 1993 », *Scandinavian Journal of Economics*, vol. 113, n° 1, 2011, p. 120-144.

PLAGGE, Arnd, SCHEVE, Kenneth, et STASAVAGE, David, « Comparative Inheritance Taxation Database », ISPS Data Archive, Yale University, 2011.

POMEROY, Eltweed, « The Concentration of Wealth », *Arena*, vol. 16, 1896, p. 82.

RAMSEY, Frank P., « A Contribution to the Theory of Taxation », *Economic Journal*, vol. 37, n° 145, 1927, p. 47-61.

RAUB, Brian, JOHNSON, Barry, et NEWCOMB, Joseph, « A Comparison of Wealth Estimates for America's Wealthiest Decedents Using Tax Data and Data from the Forbes 400 », *Proceedings of the 103rd Annual Conference on Taxation*, Washington (D. C.), National Tax Association, 2010, p. 128-135.

RAWLS, John, *Théorie de la justice* (1971), trad. fr. Catherine Audard, Paris, Seuil, 1997.

REEVES, Richard, *Dream Hoarders: How the American Upper Middle Class Is Leaving Everyone Else in the Dust, Why That Is a Problem, and What to Do About It*, Washington (D. C.), Brookings Institution, 2017.

ROMANOV, Dmitri, « The Corporation as a Tax Shelter: Evidence from Recent Israeli Tax Changes », *Journal of Public Economics*, vol. 90, n° 10-11, 2006, p. 1939-1954.

ROSENTHAL, Steven M., et AUSTIN, Lydia S., « The Dwindling Taxable Share of US Corporate Stock », *Tax Notes*, 16 mai 2016.

SAEZ, Emmanuel, « Using Elasticities to Derive Optimal Income Tax Rates », *Review of Economic Studies*, vol. 68, n° 1, 2001, p. 205-229.

–, « Reported Incomes and Marginal Income Tax Rates, 1960-2000: Evidence and Policy Implications », *in* James Poterba (dir.), *Tax Policy and the Economy*, t. 18, Cambridge, MIT Press, 2004, p. 117-174.

–, SLEMROD, Joel, et GIERTZ, Seth H., « The Elasticity of Taxable Income with Respect to Marginal Tax Rates: A Critical Review », *Journal of Economic Literature*, vol. 50, n° 1, 2012, p. 3-50.

– et STANTCHEVA, Stefanie, « A Simpler Theory of Optimal Capital Taxation », *Journal of Public Economics*, vol. 162, 2018, p. 120-142.

– et ZUCMAN, Gabriel, « Wealth Inequality in the United States since 1913: Evidence from Capitalized Income Tax Data », *The Quarterly Journal of Economics*, vol. 131, n° 2, 2016, p. 519-578.

– et ZUCMAN, Gabriel, « A National Income Tax », document de travail, UC Berkeley, 2019.

– et ZUCMAN, Gabriel, « Clarifying Distributional Tax Incidence: Who Pays Current Taxes vs. Tax Reform Analysis », document de travail, UC Berkeley, 2019.

– et ZUCMAN, Gabriel, « Progressive Wealth Taxation », *Brookings Papers on Economic Activity*, octobre 2019.

SCHEVE, Kenneth, et STASAVAGE, David, *Taxing the Rich: A History of Fiscal Fairness in the United States and Europe*, Princeton (N. J.), Princeton University Press, 2017.

SELIGMAN, Edwin R. A., « The Income Tax », *Political Science Quarterly*, vol. 9, n° 4, 1894, p. 610-648.

SLEMROD, Joel (dir.), *Do Taxes Matter? The Impact of the Tax Reform Act of 1986*, Cambridge (Mass.), MIT Press, 1990.

–, « Cheating Ourselves: The Economics of Tax Evasion », *Journal of Economic Perspectives*, vol. 21, n° 1, 2007, p. 25-48.

– et BAKIJA, Jon, *Taxing Ourselves: A Citizen's Guide to the Debate over Taxes*, 5ᵉ éd., Cambridge (Mass.), MIT Press, 2017.

SPAHR, Charles B., *An Essay on the Present Distribution of Wealth in the United States*, New York (N. Y.), T. Y. Crowell, 1896.

TELES, Steven M., *The Rise of the Conservative Legal Movement: The Battle for Control of the Law*, Princeton (N. J.), Princeton University Press, 2010.

THALER, Richard H., *Misbehaving. Les découvertes de l'économie comportementale* (2015), trad. fr. Christophe Jaquet, Paris, Seuil, 2018.

– et SUNSTEIN, Cass R., *Nudge. La méthode douce pour inspirer la bonne décision* (2008), trad. fr. Marie-France Pavillet, Paris, Vuibert, 2010.

THORNDIKE, Joseph J., « Historical Perspective: Pecora Hearings Spark Tax Morality, Tax Reform Debate », *Tax Notes*, 10 novembre 2003.

TODER, Eric, « Explaining the TCJA's International Reforms », TaxPolicyCenter.org, 2 février 2018.

TØRSLØV, Thomas R., WIER, Ludvig S., et ZUCMAN, Gabriel, « The Missing Profits of Nations », document de travail n° 24701, NBER, 2018.

US BUREAU OF LABOR STATISTICS, « National Compensation Survey: Employee Benefits in the United States », BLS.org, 2 mars 2018.

US CENTERS FOR MEDICARE AND MEDICAID SERVICES, *National Health Expenditure Accounts*, Washington (D. C.), Government Printing Office, 2019.

US CONGRESSIONAL BUDGET OFFICE, « The Distribution of Household Income, 2015 », Washington (D. C.), Government Printing Office, 2018.

US DEPARTMENT OF COMMERCE, BUREAU OF ECONOMIC ANALYSIS, *National Income and Product Accounts of the United States, 1929-2018*, Washington (D. C.), Government Printing Office, 2019.

US DEPARTMENT OF COMMERCE, BUREAU OF THE CENSUS, *Historical Statistics of the United States, 1789-1945*, 1949.

–, *Historical Statistics of the United States, Colonial Times to 1970*, 1975.

US JOINT COMMITTEE ON TAX EVASION AND AVOIDANCE, *Hearings before the Joint Committee on Tax Evasion and Avoidance*, 75e Congrès, première session, juin 1937.

US TREASURY DEPARTMENT, INTERNAL REVENUE SERVICE, *Statistics of Income: Individual Income Tax Returns 1960*, Washington (D. C.), Government Printing Office, 1962 ; disponible sur IRS.gov.

–, *Annual Report of the Commissioner of Internal Revenue 1975*, Washington (D. C.), Government Printing Office, 1975.

–, *Federal Tax Compliance Research: Individual Income Tax Gap Estimates for 1985, 1988, and 1992*, Washington (D. C.), Government Printing Office, 1996.

–, *Country-by-Country Report: Tax Jurisdiction Information*, Washington (D. C.), Government Printing Office, 2018.

–, *Foreign Portfolio Holdings of US Securities*, Washington (D. C.), Government Printing Office, 2018.

–, *Internal Revenue Service Databook 2018*, Washington (D. C.), Government Printing Office, 2019.

VENTRY, Dennis J., « Tax Shelter Opinions Threatened the Tax System in the 1970s », *Tax Notes*, 22 mai 2006.

WANG, Ben, « Supplying the Tax Shelter Industry: Contingent Fee Compensation for Accountants Spurs Production », *Southern California Law Review*, vol. 76, 2002, p. 1237-1273.

WARTZMAN, Rick, *The End of Loyalty: The Rise and Fall of Good Jobs in America*, New York (N. Y.), PublicAffairs, 2017.

WATSON, Garrett, « Resisting the Allure of Gross Receipts Taxes: An Assessment of Their Costs and Consequences », TaxFoundation.org, 6 février 2019.

WEARDEN, Graeme, et ELLIOTT, Larry, « Google CEO: We're Happy to Pay More Tax », *Guardian*, 24 janvier 2018.

WITTERS, Dan, « US Uninsured Rate Rises to Four-Year High », Gallup.com, 23 janvier 2019.

WOLFF, Edward N., *Top Heavy: A Study of Increasing Inequality of Wealth in America*, New York (N. Y.), Brookings Institution, 1995.

–, « Time for a Wealth Tax? », *Boston Review*, 1er février 1996.

WRIGHT, Ronald, *La Fin du progrès ?* (2004), trad. fr. Marie-Cécile Brasseur, Paris, Naïve, 2006.

WRIGHT, Thomas, et ZUCMAN, Gabriel, « The Exorbitant Tax Privilege », document de travail n° 24983, NBER, 2018.

ZUCMAN, Gabriel, *La Richesse cachée des nations. Enquête sur les paradis fiscaux*, Paris, Seuil, 2013.

–, « The Missing Wealth of Nations: Are Europe and the US Net Debtors or Net Creditors? », *The Quarterly Journal of Economics*, vol. 128, n° 3, 2013, p. 1321-1364.

–, « Taxing across Borders: Tracking Personal Wealth and Corporate Profits », *Journal of Economic Perspectives*, vol. 28, n° 4, 2014, p. 121-148.

–, « Global Wealth Inequality », *Annual Review of Economics*, vol. 11, 2019, p. 109-138.

ZWIJNENBURG, Jorrit, BOURNOT, Sophie, et GIOVANNELLI, Federico, « Expert Group on Disparities in a National Accounts Framework: Results from a 2015 Exercise », document de travail n° 2016/10, OCDE, 2017.

Liste des graphiques et tableau

Table

Des mêmes auteurs

Emmanuel Saez (avec Camille Landais et Thomas Piketty)
Pour une révolution fiscale
Un impôt sur le revenu pour le XXIe siècle
Le Seuil / La République des Idées, 2011

Gabriel Zucman
La Richesse cachée des nations
Enquête sur les paradis fiscaux
Le Seuil / La République des Idées, 2013

Dans la même collection

Pierre Rosanvallon
La Contre-Démocratie
La politique à l'âge de la défiance
2006

Amy Chua
Le Monde en feu
Violences sociales et mondialisation
2007

Stéphane Audoin-Rouzeau
Combattre
Une anthropologie historique de la guerre moderne (XIXe-XXIe siècle)
2008

Pierre Rosanvallon
La Légitimité démocratique
Impartialité, réflexivité, proximité
2008

Jon Elster
Le Désintéressement
Traité critique de l'homme économique I
2009

Jon Elster
L'Irrationalité
Traité critique de l'homme économique II
2010

Charles Taylor
L'Âge séculier
2011

Pierre Rosanvallon
La Société des égaux
2011

Abhijit V. Banerjee et Esther Duflo
Repenser la pauvreté
2012

Alain Prochiantz
Qu'est-ce que le vivant ?
2012

John Scheid
Les Dieux, l'État et l'Individu
Réflexions sur la religion civique à Rome
2013

Thomas Piketty
Le Capital au XXIe siècle
2013

Thomas Römer
L'Invention de Dieu
2014

Pierre Rosanvallon
Le Bon Gouvernement
2015

Patrice Flichy
Les Nouvelles Frontières du travail à l'ère numérique
2017

Pierre Rosanvallon
Notre histoire intellectuelle et politique
1968-2018
2018

François Déroche
Le Coran, une histoire plurielle
2019

Ivan Jablonka
Des hommes justes
Du patriarcat aux nouvelles masculinités
2019

Thomas Piketty
Capital et idéologie
2019

Pierre Rosanvallon
Le Siècle du populisme
2020

RÉALISATION : NORD COMPO À VILLENEUVE-D'ASCQ
IMPRESSION : NORMANDIE ROTO IMPRESSION S.A.S. À LONRAI
DÉPÔT LÉGAL : FÉVRIER 2020. N° 141212 (1906248)
Imprimé en France